中央高校基本科研业务费专项资金
中国地质大学(武汉)学术著作出版基金 资助

户外运动专业教学训练系列教程

户外运动营销

——理论、案例与实务

HUWAI YUNDONG YINGXIAO

主 编 著：刘华荣 董 范 邹 占
副 编 著：张生康 秦长胜 刘良辉 周 云
卢志成 张 军 邱承柏 张 轩
参编人员：胡 玲 周文源 赵小江 胡 犇

中国地质大学出版社有限责任公司
ZHONGGUO DIZHI DAXUE CHUBANSHE YOUXIAN ZEREN GONGSI

图书在版编目(CIP)数据

户外运动营销——理论、案例与实务/刘华荣，董范，邹占等编著. —武汉：中国地质大学出版社有限责任公司，2013.6

ISBN 978 - 7 - 5625 - 3062 - 6

Ⅰ. ①户…

Ⅱ. ①刘…②董…③邹…

Ⅲ. ①体育-市场营销学

Ⅳ. ①G80 - 05

中国版本图书馆 CIP 数据核字(2013)第 140879 号

户外运动营销——理论、案例与实务　　刘华荣　董　范　邹　占　等编著

责任编辑：段连秀　李菊凤　　技术编辑：阮一飞　　责任校对：张咏梅

出版发行：中国地质大学出版社有限责任公司(武汉市洪山区鲁磨路 388 号)　邮政编码：430074
电　　话：(027)67883511　　传真：67883580　　E - mail：cbb @ cug.edu.cn
经　　销：全国新华书店　　http://www.cugp.cug.edu.cn

开本：787mm×960mm 1/16　　字数：350 千字　　印张：17.25
版次：2013 年 6 月第 1 版　　印次：2013 年 6 月第 1 次印刷
印刷：武汉教文印刷厂　　印数：1—2 000 册

ISBN 978 - 7 - 5625 - 3062 - 6　　定价：39.80 元

户外运动专业教学训练系列教程

编 委 会

总序1

户外运动教学是以户外运动项目群所共有的基本知识、技术、技能为主要教学内容,以培养学生参与户外运动及相关竞赛所具有的身体素质、心理品质和适应能力为主要教学目的,帮助学生形成完满人格、全面提高综合素质的系列体育课程,对促进学生成长成才具有独特的、不可替代的重要作用。

户外运动课程系列教材付梓出版,我由衷地感到高兴。这是近半个世纪来,我校体育教师科研团队在董范教授的带领下,在特色体育教育教学领域中取得的最新科学研究成果。这一系列教材的出版,将有助于更多有志于从事户外运动的人士分享我校特色体育教学和科研成果,促进户外运动教学培训进一步规范高效发展。

自建校以来,我校就以特色体育为方向,充分发挥学科专业优势,不断拓展体育教育的内容和途径。2012 年 5 月 19 日 8 时 16 分,我校大学生登山队成功从北坡登上海拔 8844.43m 的珠穆朗玛峰顶峰,成为登上世界最高峰的首支中国大学生登山队,其中我校 2011 级户外运动专业硕士研究生陈晨成为全国第一位登顶珠峰的在校女大学生。当晚,校友、时任国务院总理温家宝向学校表示热烈祝贺,并指出:“这给我们一个重要的启示,那就是只要不畏艰苦和挫折,就一定能够达到光辉的顶点,这应该是我们的传统。”2013 年 5 月 4 日,在“实现中国梦、青春勇担当”主题团日座谈会上,陈晨同学作为全国大学生代表,畅谈了她去年登顶珠峰的体会,受到习近平总书记的勉励和肯定。2012 年 9 月,我校承办了中国登山协会主办的“中日韩三国大学生登山交流活动”,在亚洲户外运动界产生了巨大的反响,进一步促进了我校户外运动的国际影响力。

从20世纪80年代开始,我校就把登山训练引入到课堂教学,把登山的基本技术——攀岩,确定为学校体育必修课教学项目;90年代中期,又在国内首创了集体育学、地理学、管理学、气象学、医学等学科为一体的野外生存体验课,引入了智力与体力相结合的体育项目——定向越野。随后,又率先在国内开设了“户外运动”普修课。2005年开始招收全国第一届社会体育专业(户外运动方向)本科生,由此而成为了全国高校户外运动课程和登山户外运动专门人才的“发源地”。经过我校体育教师多年的教学实践、研究与积累,户外运动的教学内容、方法、手段以及组织形式不断完善,逐渐形成了一整套较科学系统的“课内课外相结合”的教学模式和较全面、丰富、前沿的教学内容体系,得到了社会各界的广泛认同。2012年我校体育课部董范教授主持申报,杨汉、刘华荣、牛小洪、冯岩等骨干教师参与的“坚持特色教育,培养拔尖人才——创建登山户外运动教育教学体系的理论与实践”项目荣获湖北省教学成果一等奖。60多年来,我校先后有1万多名学生接受了各类登山户外运动训练,向国家登山、攀岩队输送了多名高水平专业运动员,王富洲、李致新、王勇峰、次落就是其中的杰出代表。

户外运动的发展急需完善的人才培养体系提供理论支撑。面对社会的迫切需求,我校体育教师结合多年来开展户外运动教学的经验和科研积累,编写了一套面向户外运动相关专业的应用型教材。本系列教材内容丰富而系统,涉及户外运动教学的各个方面,具有如下鲜明的教学与实践特征:

(1)体系完整。本系列教材系统总结了我校长期开展户外运动教学与实践积累的经验,吸收了近些年开展户外运动教学、实践与科研取得的最新成果,深入剖析了各户外运动项目之间的知识结构,并进行了有机组合,整个结构体系十分完整。

(2)内容丰富。本系列教材涵盖户外运动下辖的登山、攀岩、野外生存、定向越野、拓展训练等项目课程,内容涉及户外运动教学、训练、活动与赛事组织、营销等各个方面，教材中的很多内容都是我校优秀体育教师对多年教学、训练、实践成果的经验积累，具有较强的借鉴价值。

(3)注重实践。本系列教材在阐述基本理论的基础上，特别注重学生实践技术与技能的培养和锻炼，力求做到不断强化学生的思维能力、动手能力以及创造性解决问题的能力，促进学生理论知识水平和实践操作能力的全面提高，教学实践操作性强。

对从事户外运动教学、实践、训练与科研的高校教师、研究生、本科生而言，本系列教材均有重要的学习指导价值。希望本系列教材的编写能够成为我国更多高水平、高质量的户外运动教材或专业书籍出版的起点，能吸引更多专业人士参与户外运动的科学研究，为促进我国户外运动事业科学、健康、快速发展做出更大的贡献！

中国地质大学校长

2013年6月

总序2

欣闻中国地质大学编写出版户外运动系列配套教材，谨致热烈祝贺。

户外运动是一项新兴的体育运动，是人们休闲娱乐的重要方式。随着我国经济社会的发展，特别是人民生活水平的提高，人们对高质量、有品位、有个性的生活和休闲娱乐方式越来越看重，并一直在努力追寻。户外运动作为一种愉悦身心、锻炼自我、亲近自然的生活方式受到广大群众的青睐。此项运动在全国发展十分迅猛，据了解，目前我国户外运动活动组织形式多达几十种，各类户外运动俱乐部有 700 余家，每年参与户外运动人数超过 5 000 万人，已逐渐形成了装备制造与销售、竞赛表演、培训服务等市场，有效刺激了户外运动装备、户外运动服务、户外运动赛事，甚至是旅游等相关产业的发展，成为全民健身运动的重要组成部分和经济社会协调发展的重要促进力量，很好地推动了资源节约型和环境友好型社会的建设，传达了积极健康的生活方式和文明行为观念，为增进人与自然的协调发展和社会的和谐开拓了有效的空间。

促进户外运动健康有序地发展，是全社会非常关注的事情。中国地质大学作为以地球科学为主要特色的重点大学，为我国的登山和户外运动发展做出了卓越的贡献，积累了丰富的成功经验。学校深知该项运动发展离不开高素质专业人才的培育，非常注重规范科学的教材建设，努力改变当前教材和教育教学与蓬勃开展的户外运动及其教育不相适应的状况。多年来，学校一直在酝酿编写户外运动规范教材，总结户外运动实践经验，不断提高户外运动教育教学的针对性和有效性。经过多方面的努力，数易其稿，终于成就了本套系列教材。作者在教材的编写过程中，努力做到体育理论和运动实践的统一，人体运动科学和社会哲学的统一，理念战略和技术方法的统一，全方位、多层次、有重点地展示了户外运动的全貌，有利于广大读者和户外运动爱好者全面系统地掌握户外运动的基本内涵、重大意义、发展趋势、技术要领等知识和技能，从而推动户外运动健康有序地发展。可以说本教材既是开展户外运动教育的好教材，也是广大运动爱好者的理想读物，既有较强的针对性和时效性，又有较强的趣味性和严密的科学性。

与天浮游、幕天席地是古人笃定的最为旷达的生活方式。“天地与我并生，万物与我为一”。处在现代化和都市化进程的人们，在繁缛的生活中向往着奔赴自然。户外运动成为了人们锻炼身体、适意生活、亲近自然、回归自我、愉悦身心的重要方式。而教材的编写和出版发行，必将更大地推动该项运动的科学开展及其理念的普及，推进其大众化、规范化、科学化、系统化。

最后，衷心希望本教材对户外运动及其教学发挥重要的作用，也希望本教材不断完备，臻于至善，为我国户外运动的科学发展做出积极的贡献。

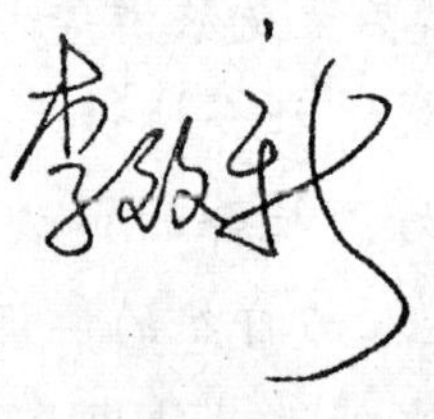

国家体育总局登山运动管理中心主任

中国登山协会常务副主席

2009年9月

前言

2009年1月7日,国务院颁布《全民健身条例》,将远足、野营等户外运动项目纳入全民健身活动的范围;2011年2月15日,国务院颁发《全民健身计划(2011—2015年)》,将组织开展户外运动、群众登山等作为创新全民健身活动形式和内容的主要措施。两大文件的颁布,既确立了户外运动在全民健身事业中的重要地位,又明确了户外运动从业机构在全民健身事业中肩负的历史重任。

20世纪80年代至今,我国户外运动历经"引入—兴起—繁荣"三个阶段,时间虽然短暂,发展却十分迅猛。目前,我国户外运动市场发展呈现强劲势头,活动与赛事形式多样,服务与产品琳琅满目。有关研究表明,截至2010年,全国户外运动俱乐部、公司企业已近1 000家,户外运动产品销售额已突破60亿元,每年参加活动人次逾5 000万。21世纪以来,我国经济形势持续良好,城镇居民消费能力日益提高,户外运动消费逐渐从"高收入人群的时尚体验"转为"普通民众的普遍爱好和追求"。

随着从业机构数量的激增,户外运动经济行为也日益丰富。与此同时,我国户外运动俱乐部成长缓慢,户外运动市场也十分混乱。究其原因,业内人士有所共识——企业的管理经营、组织结构、人员素质、市场定位、服务产品质量、融资渠道等方面均存在一定问题,具体表现有:未经认证或注册的与认证或注册俱乐部并存;持证上岗与无证上岗并存;市场定价混乱;一锤子买卖屡见不鲜;假冒伪劣产品鱼目混珠;从业人员及消费者法律意识淡薄。这些问题严重影响了经营主体的发展，同时也给户外运动产业的健康发展埋下了隐患。

笔者在"构建户外运动营销基础理论的研究"、"中国户外俱乐部现状及其发展模式研究"两项"中央高校基本科研业务费专项资金"的资助下，基本完成了全国户外运动从业机构的抽样调查和数据统计，并进行了深入分析和研究。结果表明：户外运动营销的内涵十分丰富，且具有明显特色。市场营销学的理论不能为户外运动营销行为提供全面、有针对性的指导，体育市场营销的理论架构也不能完全涵盖户外运动有形产品与无形服务的实践行为。比如，目前国内颇具实力的户外运动俱乐部大都采用"实体店＋网站"的形式进行"器材装备＋服务产品"的推销，简单表述就是，通过户外运动用品实体店和俱乐部网站进行产品与服务的一体销售，类似的特殊营销方式，在体育营销或一般市场营销几乎从未发现。户外运动在市场细分、目标市场选择与定位、营销调研与市场预测、营销策略等方面都显示出其不同于其他体育运动或一般商品的特殊性。由此，我们对户外运动营销基本理论进行探索研究，显得尤为必要。本书的编著，参考了大量市场营销、体育营销的教材、著作与学术论文。基础理论部分参考了市场营销的经典理论，实操性极强的方法部分则来源于各位编著者多年户外运动从业经历的经验概括。

本书包括理论和实践两方面，对户外运动营销的相关知识进行了系统梳理和深入分析。全书共分10章，第一章详细阐述了户外运动营销的相关概念；第二、三、四、五章介绍了户外运动市场的相关知识，包括户外运动市场的概述、户外运动市场细分、目标市场的选择与定位，以及户外运动市场的竞争策略；第六章以大量的案例，将理论和实践紧密结合，重点介绍了户外运动营销调查的相关知识；第七、八、九、十章则介绍了户外运动产品或服务的产品策略、促销策略、分销策略和价格策略。

该书重点突出，特点鲜明，典型案例针对性、实用性强，方便学生掌握。相信本书对从事高校户外运动及相关专业的教学及研究工作者、从事户外运动销售活动的经营者、户外运动行业部门的管理者具有参考及指导价值。

本书的主编著为刘华荣。全书由主编著负责设计、策划写作框架和编写思路，并在其主持下完成撰写。参加编著的人员有：刘华荣（中国地质大学（武汉））编写第一、三、六、七、八章；邹占（西南科技大学）编写第四、五、八章；周云（中国地质大学（武汉））、张生康（湖北警官学院）编写第七、九章；秦长胜（中国地质大学（武汉））编写第九、十章；刘良辉编写第二、四章。此外，中国地质大学（武汉）体育教育训练学硕士研究生胡玲、周文源主要负责本书典型案例的搜集。

本书的编著参考、借鉴了一些学者和专家的研究成果，得到了中国地质大学（武汉）科技处出版基金项目、中国地质大学（武汉）教务处、体育课部以及中央高校基本科研业务费专项资金项目的资助，在此一并表示感谢。

由于编著人员的水平有限，书中缺点和不足在所难免，希望专家与读者批评指正，以便今后不断修缮、充实、提高。

编著者

2013 年 6 月

目　录

第一章

户外运动营销概述

【内容提要】 户外运动是一项在自然场地举行的一组集体项目群，户外运动产品（服务）是一种最能体现和适应体验经济时代的旅游活动，体验经济与户外运动的结合推动了户外运动营销学的产生与发展。户外运动市场营销学与市场营销学、体育市场营销学有着不可分割的渊源关系，前者的基本理论是建立在后两者的基础之上，依据户外运动项目特点、分类方法、研究内容等方面，建立起的一个市场营销学的新分支。本章主要讲解有关户外运动的产生与发展，以及户外运动营销学研究对象、研究内容和方法的问题。

【学习要求】 了解户外运动的产生与发展；掌握户外运动的定义和分类；掌握户外运动营销学的研究对象；了解户外运动营销学的产生与发展；熟悉户外运动营销学的研究内容和方法。

第一节 户外运动概述

一、户外运动的产生与发展

（一）户外运动的产生

户外运动的历史，最早可以追溯到18世纪的欧洲。在那以前人们很怕接近山区，总认为那是魔鬼一样的地方。直到18世纪，才开始有一些传教士为了传教，不得不穿越山区。随后，科学家开始走入山区，做一些自然生态的科学研究。除了这些人外，还有一些因工业革命所赐而形成的实业家和企业家等社会新阶层，这些人有了一定的资金后，开始追求体验式刺激，就把登山当成一种体验方式。在当时，首登（某座山头被人类第一次登顶）就成为所有登山者追求的目标，当那些在阿尔卑斯山区中，比较平缓而容易到达的山头都被首登过后，剩下的就是有着相当难度的大山了。当时的登山者，为了克服这些终年积雪的冰岩地形，进而研究出一整套技术和装备。只是当时无论技术上还是装备上都还相当简陋。

早期的户外运动其实是一种生存手段，采药、狩猎等活动无一不是人类为了生存或发展而被迫进行的活动。在二战期间，为了适应战争的需要，英国特种部队开始利用自然屏障和绳网进行障碍训练，以配合登陆作战，提高野外作战能力和团队合作能力，这是人类第一次系统地把户外活动有目的地运用到实际中。二战中发生的多起海难，后来经过统计发现，在海难中能逃生的人群的年龄段分布在28～38岁之间最多。经过专家研究发现，在这一年龄群中的人员大多心理成熟，有各式各样的生活经历，有良好的身体素质和团队精神，而恰恰是这些因素能帮助他们逃生。二战后，随着战争的远离和经济的发展，户外活动开始走出军事和求生范畴，成为人类娱乐、休闲和提升生活质量的一种全新的生活方式。

(二)户外运动的发展

1. 户外运动在国外的发展

现代户外运动的大众化发展，是伴随着西方社会经济的工业化和城市化进一步发展而产生的。人们为了逃避现代工业文明下繁忙的都市生活，开始将目光投向森林、山地、湖泊、水库、海滩等广阔的自然资源，逐渐利用这些自然资源进行体育活动，户外运动由于其活动的独特休闲性，而受到人们的普遍欢迎。自然环境、休闲、户外娱乐成为不可分割的一个整体。可以说，国外户外运动的兴起，与人们对环境的关注、社会的富裕、汽车的普及、美国人的拓荒传统以及渴望生活的丰富多彩等因素有关。

由于户外运动受到世界各国人民的普遍欢迎，各国政府也十分重视户外运动的开展，因此户外运动热潮在西方各国一直居高不下。到20世纪70年代，户外运动已逐步发展形成分类的体育项目。虽然户外运动许多分类项目的历史都很短，但是由于其非常受欢迎，而在短短几十年中迅速发展成为各个发达国家很普及的运动。比如，在欧美国家，野外露营已经成为上至老人下至孩子都十分喜爱的活动；户外探险运动在欧美和亚洲的日韩等国家非常普及。

2. 户外运动在国内的发展

(1)探索和学习阶段(20世纪50年代至90年代初)。户外运动在中国的发展最早是从登山探险运动开始的。随着世界登山探险运动的发展，人们渴望攀登比阿尔卑斯更高的山脉，中国的青藏高原成为他们更大更高的目标，我国为了顺应国际化发展形势，于1956年组建了第一支国家级登山队——中华全国总工会登山队。两年后，国家体委正式成立登山处，与国家登山队一并归入同年成立的中国登山协会。登山协会作为最早的国家登山运动组织，曾组织过多次在国内外有重大影响的高山探险活动。例如，1960年首次从北坡登上珠穆朗玛峰；1975年有9名运动员再次集体登上珠峰；1988年中、日、尼三国联合登山队实现在珠峰顶峰会师和南上北下、北上南下大跨越等。与此同时，其他一些欧美流行的户外运动，如攀岩、攀冰等项目也开始传入我国。由于这些项目大都有其特殊的场地和装备要求，需要花费大量时间和经费，因此我国在起步上要落后很多，为以，登山协会开始着力扶持这些项目。1987 年，中国登山协会派学员到日本学习攀岩运动的相关攀爬技术和运动规则。同年 10 月在北京市郊怀柔大水裕水库自然岩壁举办了第一届全国攀岩比赛。1990 年怀柔国家登山队训练基地建立了国内第一座大型人工攀岩场并举办了大型比赛。在这一时期，国内的户外运动几乎局限于一些登山探险爱好者以及一些青年前卫推动者，户外运动的推广也更多地采用各种比赛以及探险活动的形式，开展的内容也非常有限。户外运动在这一时期基本上处于探索和学习阶段。

(2)兴起和推广阶段(20 世纪 90 年代至 2003 年)。“我国大规模的民间户外运动始于 1995—1996 年，最初是一些比较前卫的大学效仿国外的大学相继组建了登山队，像北大山鹰社就是 1989 年成立的。随着这些学生的毕业和运动的扩延，户外运动逐渐传入了社会，成为一项时尚的都市运动。”中国登山协会前秘书长于良璞曾经这样描述中国户外运动的开始兴起。

1990 年“昆明市登山探险协会”正式成立，这也是中国最早进行有偿服务的户外探险组织。北京的“三夫户外运动俱乐部”于 1997 年成立，它是目前北京最大的户外运动俱乐部之一，现有会员 3 000 多人。从 1998 年开始，户外运动首先在北京、广州、昆明、上海等地悄然兴起，电视、杂志、报纸和互联网等媒体给予了强力的报道，使户外运动迅速成为一种社会时尚，这种时尚很快影响到国内其他大城市。户外运动在我国大规模开展也只有近 10 年的光景。中国真正意义上的户外探险最近几年才兴起。据有关统计资料，我国以登山、攀岩、野营、远足等为主体的社会性大众俱乐部截至 2001 年底已经发展到 150 多家，主要集中在北京、广州、深圳、成都、上海等经济发达地区和大中城市。而到 2005 年前后，仅北京市各种规模的户外运动俱乐部就达到 100 余家。另外，网络上各种各类的户外运动门户网站和论坛数量之多，增加速度之快，也为户外运动的开展提供了良好、快捷的传播平台，对于传播户外运动相关知识和信息、户外运动参与的组织和管理起到了有效的媒介作用。

(3)规范化发展阶段(2004 年至今)。2005 年 4 月，山地户外运动被设立为我国正式开展的体育项目，隶属于登山项目下属分项，其业务工作由国家体育总局登山运动管理中心管理。这标志着我国户外运动正式进入规范化发展的轨道。2004 年，教育部设立了“大学生野外生存生活训练”课题，并于 2004 年 7 月至 2006 年 7 月在全国部分高校进行实验。从 2007 年 7 月开始，“野外生存生活训练”课程作为体育课的选修科目在全国各高校全面推广。教育部已在 19 个试点学校，进行过野外生存素质培训，目前“野外生存素质培训”开始成为许多学校的选修课或必修课。中国地质大学体育课部已经设立了户外运动专业，这是国内第一所开设户外运动专业的大学。这项举措对于户外运动在学校的推广有着非常重要的意义。

进入21世纪,人们对于户外运动的需求还会持续增长,发展前景良好。与中国其他的体育项目不同,户外运动是先有市场,后有行业,中国应该走行政管理与市场相结合的道路,以推动户外运动的进一步发展。目前在我国进行户外运动推广的主要是户外运动的组织者、网站、俱乐部以及一些户外装备公司,主要参与人群集中在都市白领、高校学生群体。今后,随着我国社会经济的进一步发展,城市生活质量的进一步提高,户外运动将逐渐向大众化的趋势发展。总体而言,户外运动在中国的发展还处在初级阶段。

二、户外运动的定义与分类

(一)户外运动的定义

随着经济全球化及信息社会化的迅猛发展,人们的生活水平和生活质量不断提高。高效率、快节奏的生活方式使现代人在工作中经常处于激烈竞争和超负荷运行的高度紧张状态,城市化使人们与大自然交流的机会越来越少。因此远离城市的喧嚣,摆脱工作和生活中的压力,到轻松愉快的自然环境中娱乐身心,充分享受自然山水和新鲜空气给人的身心带来的愉悦和轻松,成为现代人的需求。户外运动正是在这一背景下产生并迅速发展起来的。

户外运动,从狭义上说,是一种带有探险挑战性质的运动,包括徒步及器械穿越、负重行军、徒手及器械攀岩、洞穴探险、峡谷运动、河湖横渡、定向、野外生存、拓展、溯溪、速降、漂流、野外生存、攀冰、山地滑雪、登山等。从广义上理解,应该解释为与城市相区别的一种生活形态,而不仅仅是探险和挑战,就像国际上通行的解释那样:To outdoor to happy, to outdoor to be myself(在户外运动中得到快乐,实现自我)。

(二)户外运动的特征与理念

1. 户外运动的特征

(1)以自然环境为运动场地,具有回归自然、返璞归真的特征。这要求户外运动的参与者对自然要有发自内心的热爱,这种热爱不仅是对自然环境美妙温情的一面,也包括它残酷恶劣的一面;同时,在认知上户外运动的参与者需要有自然界与人平等的人文理念,学习和自然对话的方法,只有这样才会真正感悟到这一运动所带来的乐趣。

(2)具有不同程度的挑战性和探险性。户外运动属于极限或亚极限运动项目,会面临自然界千变万化的各种未知的威胁,具有极高的风险;参与者要有挑战自我极限、应对一切可能发生的危险甚至死亡的心理准备;要保持积极健康的心态,要有对生命的责任感。

(3)强调团队精神。团队的力量远远大于个人的力量，尤其是在恶劣环境中；个人的力量在大自然面前始终是微不足道的；户外运动不是冒险，不是挑战自然，更不是个人名利实现的手段，其爱好者要有良好的团队合作精神。

(4)对身体、意志、技能等方面有全面的要求。户外运动是一项专业性非常强的体育运动，强调科学的运动方法和训练方式，对参与者在心理、生理、装备及其使用技能、技巧等方面有着非常高的专业要求，不可简单混淆为户外活动。

(5)是一门综合性的学科。户外运动不仅受到地理环境的影响，还受到气候、植被、动物、天象、水文甚至地域文化等因素的影响，这要求参与者不仅具有一定运动体能方面的素质，还应该是一个具备各种综合知识，懂得和尊重地域文化差别的人才。

(6)是体验教育的重要组成部分。户外运动通过组织和引导参与者在亲身实践中，自觉自然地学习体育运动的相关理论、各种野外生存技能和技术装备的使用技巧，以及地理天文、气候水文、运动医学、动物植物乃至人文历史等方面的科学文化知识；同时也是将团队、坚持、自主、互助、奉献、尊重自然、环保等基本理念内化为健康的心理品格，转化为良好的行为习惯的过程，是参与者发现和再造自我的途径。

综上所述，户外运动的特性决定了它是一项有别于传统的竞技体育运动项目的高风险、高技能的运动，参与者将会直接面对各种复杂、恶劣甚至危险的自然环境，受环境影响而缺乏统一的运动规律，对参与者在生理、心理、教育、文化道德等方面，乃至对社会的经济发展状况都有全方位的要求，是一个综合性较强的体育运动分支学科。

2.户外运动的理念

(1)安全。户外运动不同于旅行，更不是旅游。户外运动是以自然环境为活动区域，带有探险性质或体验探险的运动。自然环境的恶劣，自然环境的气候千变万化，有时候甚至与死亡只有一线之隔。所以我们要尽量选择避开危险的境况，不断增加自我的户外运动基本知识，不断加强自我户外运动基础技能的训练，提高野外恶劣环境下的适应与生存能力。在户外得到快乐的同时，切记：我们需要全身而退！

(2)科学。在自然的面前人是渺小的，所以不要试图想征服什么，要随意顺其自然，掌握自然规律，科学地使用装备，正确地进行技术操作。要周密地制定活动计划，理智地处理危机，甚至理智地面对死亡。

(3)自助。户外运动首先必须具备自身基本的体能、知识、技能、经验及装备，唯有在自我保全的基础上，才能达到体验自然、锻炼身心的效果，自助也是互助的基础和前提。

(4)团队。参加活动的人员在具备良好的体能、稳定的心理素质、良好的道德水准的同时,必须具备乐于助人的团队精神。在队伍里形成友爱互助的氛围是非常重要的。团队中每个人都要明确自己扮演的角色和肩负的责任,努力发挥自己的优势,与队友进行优势互补,提高整体的战斗力。精良的团队在活动中必须分工明确,形成紧张有序、组织纪律性强的高素质活动团体。

(5)环保。在自然环境中活动,我们获得了与自然心灵相通、感应交流的权利的同时,也得相应地担负起保护大自然本来面貌的义务,这是作为一个合格的户外运动爱好者最基本的品质要求。

(三)户外运动的项目分布

按户外运动资源类型可将户外运动划分为山地项目、水上项目、空中项目和冰雪项目。

1.山地项目

山地项目主要是依托山地资源开展户外运动,一般利用山地的险、峻、恶、高、远、难等特点开展户外活动。山地户外运动代表性项目有登山、攀岩、探险、山洞徒步、沙漠徒步、越野挑战、高山速降、高山探险、野营等。该项目极富有挑战性,是人类挑战自我、超越极限的最佳选择。通过陆上体育旅游活动,能够锻炼人的意志品质,培养人的坚强毅力,增强人的智慧胆识,以及激发人战胜自我、战胜困难、战胜孤独与寂寞的顽强精神。正因为如此,山地户外项目深受青少年的青睐。山地项目资源比较丰富,发展的时间较长,参加的人数也较多,是户外运动拓展的一个重要方向。

2.水上项目

这里的"水上"其实包括"水上"、"水中"和"水下"的含义。水上户外运动包括漂流、冲浪、帆船帆板、悬崖跳水、横渡江河湖海、航海、潜泳、海底探险、水下狩猎等代表性项目。

水上户外运动主要是利用水的变化无穷、深不可测、激流险滩、清澈凉爽等特点来开展活动。这类项目既富有惊险、刺激、浩瀚、狂野等特点,又具有清新、明快、欢娱、休闲等情趣,颇受户外运动爱好者的喜爱。

3.冰雪项目

冰雪项目主要是以冰雪为依托开展的项目,这类项目主要有滑雪、溜冰、冰帆、雪橇、冰雪雕塑等。

4.空中项目

空中项目顾名思义,就是在空中进行体育旅游活动,主要包括热气球、高空滑翔、高空速降、空中跳伞、空中飞行表演、空中巡游、滑翔、蹦极等项目。其主要特点是惊险和飘逸,能给人居高临下、一览无遗、自由自在、飘飞欲仙等精神感受和失重、超重、高空眩晕、空中速坠等身体体验，让旅游者一次经历、终身难忘。空中项目的参与者一般具有较高的经济收入。因为空中项目危险性大，对器材要求高，而这些器材也是价值不菲，没有一定的经济实力是难于参加此类项目的。这类项目开展得较普及的有滑翔伞、热气球等。在西方发达国家，一些有钱人也自驾飞机进行户外活动。

当然，上述户外运动项目只是目前开展的户外运动的一部分代表性项目。要想从整体上把握户外运动的丰富内涵，必须从不同的角度对其加以分类和研究。

第二节　户外运动营销概述

一、市场营销、体育营销与户外运动营销

"市场营销"是从英文 Marking 一词翻译过来的。它包括两层含义：一是指一种经济行为或实践活动，即一个组织以消费者需求为中心，生产适销对路的产品，并且搞好定价、分销和实行有效的促销的一整套经济活动，可译为"市场营销"或"营销活动"；二是指一门学科，即建立在经济科学、行为科学、现代管理理论基础上的应用科学，是以市场营销活动为研究对象的科学，可译为"市场营销学"或"市场学"。

体育营销不同于市场营销，它的范畴小一些，它是以体育活动为载体来推广配套的产品或品牌的一种市场营销活动，是市场营销的一种手段。体育营销也有两个层面：一是其体育活动本身作为产品营销，通常可以指一场赛事、一个体育商品等；二是利用非体育产品的营销，往往是通过广告的投放、品牌的赞助等形式存在。

户外体育营销是以户外体育为载体，建立在户外运动产品或服务上的营销方式，通常是以户外体育服饰或用品作为产品营销。与体育营销类似，它也会采取广告或者其他形式展开营销手段。

二、户外运动营销学的产生与发展

（一）户外运动市场的日趋繁荣推动了户外运动营销学的产生

20 世纪 80 年代，户外运动开始传入我国。目前，户外运动在北京、上海、广州、深圳等一线大城市以及绝大多数省会城市已经成为一种"社会时尚"。在 30 年的发展历程中，户外运动以其广博的项目结构、丰富的体验内涵得到迅速发展，已经形成以服装与装备器材的生产和销售、器材装备租赁、娱乐休闲服务、赛事组织与策划、竞赛表演、技术咨询等为主要内容的产业链。尤其是北京奥运会前后几年发展势头迅猛，户外运动服装与器材装备销售、户外运动服务的消费需求等明显增

加，各类户外运动赛事如雨后春笋般蓬勃发展起来。

据统计，到2005年底中国已有200多家国内户外用品生产商，户外运动用品及装备的年销售额已达10亿元。2009年我国正式注册登记的户外运动俱乐部大约有700余家，每年参与活动人数逾5 000万人次。在我国每年举办的大型比赛有重庆武隆国际户外挑战赛、广西百色国际户外运动挑战赛、全国户外运动挑战赛、全国户外俱乐部技能大赛等，户外竞赛的数量也逐年增加。户外运动营销的发展及繁荣，促进了户外运动产业的形成及繁荣，推动了户外运动的发展水平。由此可见，我国户外运动用品市场潜力巨大，并带动了户外运动、自助旅游服务市场的迅速发展。

人口规模巨大，生活水平提高，直接决定了当前我国户外运动发展的繁荣景象，但丝毫不能掩盖诸多的矛盾与问题。协调户外运动市场发展的各类矛盾；指导与规范各类户外运动经营实体（俱乐部、户外运动用品及装备生产商、赛事主办承办单位等）的经营行为；规避户外运动产业发展的风险；促进户外运动市场良性发展等，不仅需要行业主管部门通过制定政策法规，采取宏观管理和引导举措，还需要户外运动经营者钻研营销业务知识，正确选择营销策略，规范经营行为，规避风险。无论是管理者，还是营销者，都必须也只能依靠户外运动营销的科学研究创造性解决问题。但现实情况十分窘迫。相比形式多样、丰富多彩的户外运动实践现象，我国户外运动营销的理论研究已经远远滞后。因户外运动产业规模迅速扩大，并具有其特殊性，户外运动营销已经不可否认地成为了一种不同于体育营销、旅游营销、休闲体育营销等的营销分支领域。有悖事实、盲目地运用体育营销或旅游营销的科学理论经营、指导或管理户外运动经营实体，都有生搬硬套之嫌。只有构建户外运动营销基础理论，才能有效解决“营销实践需要理论指导”的现实问题。

（二）体验经济的兴起以及与户外运动的结合推动了户外运动营销学的产生与发展

1. 体验经济的含义

体验经济，就是一种以商品为道具，以服务为舞台，通过满足人们的体验而产生的经济形态，是一种最新的经济发展浪潮。从根本上说，体验经济与产品经济、服务经济一样是生产力发展与人们需求不断升级相互作用的产物。体验一直存在于我们周围，只是直到现在才刚开始将它作为一种独特的经济提供物方式对待。

2. 体验经济的兴起

体验经济时代是人类需要层次升华的必然趋势。马斯洛把人的需要分为生理、安全、社会、尊重和自我实现五个层次。他认为，人往往是在满足了低层次的需要之后，才将注意力转向更高层次的需要。因此，人们需要更加个性化、人性化的消费来实现自我，消费方式从大众的简单划一的“标准化消费”，转向旨在让人性获得全面发展的“个性化消费”。体验经济正是为适应这种社会经济和消费变化而出现的与人类的需要层次需求相吻合的经济形态。产品与服务的有机结合,意味着单向度的产品经济和服务经济的结束,融产品和服务的双向度的体验时代开始,创造“顾客体验”便成为众多企业的共同追求。当然,现代信息技术、网络技术和人们闲暇时间的增多,为消费体验创造了必要的条件,一起推动了体验经济的到来。

3.体验经济与户外运动的结合推动了户外运动营销学的产生与发展

(1)体验经济与户外运动具有很好的对接性。体验经济的本质特点是:消费是一个过程,消费者是这一过程的“产品”,当过程结束的时候,记忆将长久保存对过程的“体验”。户外运动消费从本质上就是为了追求经历和体验,户外运动产品的设计与服务配置就是为消费者塑造独特的体验。

首先,户外运动开发商意识到,消费者不再满足于传统的“有物可看,有话可说”的经历,而希望通过视觉、味觉、嗅觉、听觉等全方位的参与或体验,充分理解运动所在地的内涵和特色。户外运动产品是一种精神享受产品,如果没有体验过程,消费完成以后很快就消失了。户外运动产品是一种最能体现和适应体验经济时代的旅游活动。

其次,户外运动受自然条件和设施的限制较小,春夏秋冬四季可游,特色鲜明,室内、室外都可以感受惊险和刺激。不同的地域环境更能体现户外运动产品的精彩,如海洋中潜水、海滨的沙滩排球;平原地区的球类运动;内陆水域的垂钓、漂流;山地探险、滑雪等。户外运动产品的庞大体系是任何旅游产品所无法比拟的,它既可让精力充沛的青年人在竞技中体现旺盛的生命力和创造力,又可让青少年在娱乐性户外运动中好奇心得到满足。多种多样的户外运动产品为不同消费者展示和张扬个性提供了广阔的空间。

再次,户外运动过程能让消费者经历和感受各种各样的属于自己的体验。在垂钓过程中,要让鱼儿上钩,必须磨练耐性,还要经历多次失败的打击,当坐在餐桌上享受一天的垂钓“成果”时,人们会情不自禁地回味垂钓过程,使“成果”享用更有滋味,也许会成为永恒的话题。即使参与同一项运动,由于旅游者性别、年龄、职业、性格的差异,也会有不同的体验:惊险、刺激、愉快、挫折感和成就感等,这些体验使每次户外活动都牢牢地印在消费者的记忆里,值得回味。

(2)户外运动消费提供的“体验内容”。

第一,竞技体验。现代人生活节奏的加快,工作压力的加大,生存空间的缩小,使许多人开始把兴趣转移到富有挑战性的竞技体育上,如帆船、射箭、滑翔伞等项目在国外受到越来越多的人的喜爱。人们在亲身感受竞技体育活动中,体现出旺盛的生命力和创造力,从而有可能享受到竞技的快乐感受。

第二,健身体验。大众健身户外运动已经为老百姓所接受,如网球、健美、瑜咖、沙滩排球、溜冰、滑雪、潜水等。消费者在直接参与某项体育活动的过程中,达到健身和娱乐身心的目的。

第三，刺激体验。在进行一些具有冒险性和挑战性、既标新立异又使人特别兴奋和惊心动魄的体育活动时，如蹦极、漂流、攀岩运动等，人们获得了刺激的感受，在一定程度上能满足人们的好奇心理和挑战欲望，从而更有勇气去参与其他的刺激性户外运动项目，使一次户外活动得以延伸，让人久久不能忘怀。

第四，休闲体验。随着现代社会的演进，物质生活的丰富，人们更多地渴望能走出自我生活、工作的狭小空间，到广袤的大自然中去。在户外从事轻松愉悦的体育活动，如钓鱼、登山、骑马等，能有效地缓解现代生活快节奏给人带来的紧张情绪；而始终贯穿活动中的团队合作，融洽的人际关系，又能有效地克服现代社会所带来的冷漠感与孤单感，进而得到休闲的体验。

第五，其他体验。不同的活动项目会让消费者产生不同的体验，然而即使相同的项目，由于消费者性别、年龄、职业、性格的差异，也会有不同的体验。这也是驱动当今户外运动迅速升温的一个根本原因。

体验经济时代的到来，带动了户外运动这一新行业的迅速发展。体验经济的兴起推动了户外运动营销学的产生与发展。

第三节　户外运动营销学的研究内容与方法

一、户外运动营销学的研究对象

户外运动市场营销学是市场营销学的分支，是以与户外运动有关的营销活动为研究对象的一门应用性学科，其基本原理、理论和方法是相通的，如营销概念、市场细分、目标市场选择、市场定位以及营销组合策略等。只是户外运动业提供的产品和服务比一般物质性产品要复杂得多，具有比一般物质性消费品更为不同的特点。因而，相应的营销战略和策略必须适应旅游产品和服务的特点；针对户外运动消费者的需要，要有所创新和发展。

户外运动营销是营销学在户外运动市场领域中的应用，也是户外运动发达国家在现代旅游市场经营活动的基础上发展起来的一门经营管理学科。户外运动营销学的研究对象是，以户外运动者的需求为中心的营销活动及其发展规律，或者是研究户外运动产品和服务的交换活动及其发展规律。

作为户外运动企业，对营销学的应用来说，户外运动营销就是要研究户外运动企业如何满足消费者的消费需求，如何进行战略规划，开拓市场，实现营销目标，如何有效运用户外运动营销组合策略，即通过对产品、价格、分销与促销等要素进行有效整合，以适应外部环境的变化，从而获取最佳的经济效益。

户外运动营销不仅要从一个旅游企业或某一种旅游产品出发，去分析户外运动营销问题，而且要从旅游市场的整体出发，去研究市场作用、市场调节、市场控制和市场管理等问题。

户外运动营销不仅要研究户外运动产品的销售活动，而且要研究与实现产品交换活动有关的生产、定价、销售和需要之间的各种内在关系。这些关系不仅包括人和物的关系，还包括人和人、企业与企业之间的关系。

户外运动营销不仅要研究有关的户外运动市场供求规律及其发展，还要研究如何遵循与运用这些规律去有效地开展营销活动，还必须研究户外运动企业所在地的政治、经济、文化环境等因素。

二、户外运动营销学的研究内容

户外运动营销学是研究户外运动市场经营的学问。具体地讲，就是研究在户外运动经营中企业如何为用户和消费者服务，满足他们的消费需求，并因此而求得生存和发展的科学。户外运动经营者要想满足市场的需求，满足消费者的需求，就必须了解户外运动市场，了解户外运动市场上的消费者、竞争者及其他客观条件，制定一系列从消费者中来、到消费者中去的策略，以最低的成本进行服务、生产和经营，以最适宜的价格和方式向消费者提供他们最需要和最能满足的产品和服务。具体地说，户外运动营销学研究的内容如下。

1. 经营观念

经营观念即户外运动市场经营的指导思想。一个户外运动经营者要想成功，是以千方百计获取利润为主导思想，还是以想方设法满足消费者的需求为主导思想，这是两种根本不同的经营观念。国内外成功的户外运动经营者的经验都表明：经营户外运动市场成功的秘诀是不遗余力地为消费者着想，以忠诚和信誉赢得消费者的信任。市场经济是信誉经济，欺骗消费者最终将损害自己的利益。

2. 分析户外运动市场机会，选择目标市场

要为户外运动消费者服务，究竟应该向消费者提供何种户外运动产品和服务才能满足消费者的需求呢？这就要分析户外运动市场供需状况。研究消费者的购买能力、购买心理和购买行为，进行市场调查和预测，从而选择目标消费者，并以本企业能够占领的市场作为目标市场。

3. 户外运动市场经营策略

正确的市场经营策略是企业顺利发展的保证。户外运动市场经营的策略主要有市场细分和选择目标市场策略、市场发展策略、市场进入策略、户外运动市场的经营组合策略等。

4.产品策略

产品策略就是在市场营销过程中为消费者提供满意的户外运动产品和服务。户外运动产品包括有形产品和无形产品,有形产品如户外运动器材、服装等,无形产品如户外运动策划、咨询及服务、技术指导及培训、户外运动竞赛及表演等。无论何种产品,都必须研究其整体概念、产品的生命周期、产品的组合、商标、包装及新产品的开发等,这些都是产品策略研究的内容。

5.价格策略

产品价格是市场经营组合的极其重要的组成部分。价格是否合理,不仅影响户外运动产品或服务销售的快慢、利润的高低、经营的成败,还影响社会资源的分配。价格策略研究的主要内容有价格理论、定价策略和定价方法等。如产品的价格及价格机制,体育产品定价的目标、方法和策略等。

6.促销策略

销售产品比制造产品更困难,这是现代商品经济的一大特点。许多产品的流通销售费用大于制造成本。促销策略是研究促进人们购买商品,促进消费的各种手段和方法,它包括户外运动的促销组合、户外运动广告、营业推广、媒体宣传、公共关系、人员推销等内容。

三、户外运动营销学的研究方法

户外运动营销学是一门综合性的学科,其研究的内容十分广泛,涉及到多种学科的内容。因此,要使户外运功营销学的研究成果具有科学性,并能对实际工作具有指导意义,就必须选用科学的研究方法。具体地讲,在研究户外运动营销学的过程中,必须坚持以下方法。

1.宏观分析与微观分析相结合

对户外运动市场中经济问题的分析,从范围上划分,大体可分为两个层次,即宏观分析和微观分析。宏观分析就是从全社会或从户外运动业的总体来分析问题。微观分析是以某一个或某一类户外运动机构分析户外运动市场中的经济问题。宏观分析与微观分析二者研究的范围与角度有所不同,只有把宏观分析与微观分析结合起来,才能深入把握户外运动市场中经济活动的规律性。

2.客观方法与系统方法相结合

客观方法的含义是:第一,必须对客观事实进行充分的了解和掌握;第二,必须对占有的资料进行客观的实事求是的分析;第三,所得出的结论必须是能够实事求是地反映客观现实。

系统方法的特征就在于从系统的整体性出发,着眼于研究对象的全局,着手于具体的现象和事实,把分析与综合、定性与定量结合起来,精确地处理部分与整体的关系，科学地把握系统。

3. 定性分析与定量分析相结合

定性分析，就是根据一些直观材料，依靠经验，进行主观分析和综合判断，从性质和发展趋势上进行推断、得出结论的一种分析方法。户外运动营销中有很多问题，诸如消费者的态度、行为、动机、趋势等难以量化，就只能对其进行定性分析。定性分析是建立在逻辑思维和经验判断的基础之上的。定量分析，就是在数学、统计学、系统论、控制论、信息论、运筹学和计算机技术的基础上，根据调查材料，运用数学公式、数学模型、线性方程和图表等对户外运动市场营销活动进行精确的量化分析，用数据得出科学结论的一种分析方法。户外运动营销中有很多问题需要进行定量分析，如市场的规模、增长率、容量和企业的市场占有率等，通过定量分析，得到较准确的结果，便于营销人员的决策。

以上这两种方法互有长短，结合使用，可补充彼此的不足。运用定性分析和定量分析相结合的方法去研究错综复杂的经济问题，是户外运动营销学发展的必然趋势。

四、学习户外运动营销理论的意义

目前，国内户外运动用品企业以及户外运动服务经营者，在营销管理工作方面均存在诸多不足，且具有一定的相似性。

1. 不重视推广

它主要表现在三个方面：一是很多优秀的品牌都埋没在代理商或企业手里，例如，LAFUMA 和 SALEWA 这样的优秀品牌本来可以做得更好；二是经常听到户外用品店的同行抱怨品牌只知道推销，而支持太少；三是很多品牌没有市场部。

2. 推广方式无创新

目前户外品牌的推广还是使用原始的方式，如广告、展会、打折等，缺乏创新的营销推广方式。消费者对传统的返券、会员优惠制度、打折、抽奖、购物有礼等促销方式早已习以为常，虽然在大规模的促销活动下仍然会有相当一部分顾客冲动购物，但这些促销方式的效力在满足超市经营者预期目标方面已经日渐衰微，尤其是在经济形势不景气的情况下，消费者的购物行为变得越来越谨慎理智。消费者尽可能只购买生活的必需品，或者他们觉得性价比高而在可预见的未来一段时间里会用到的商品，而避免冲动性消费或奢侈性消费。在如此情况下，传统促销方式的局限性更加显露无遗。

3. 传播不坚持

业界对产品的诉求经常变换，没有一个相对稳定或持续的主题，或者没有形成系列化市场推广。

4.执行不到位

活动总是在做，广告都在打，但是否有足够的执行力呢？经常看到品牌的广告上有错别字，网站更新慢等。在执行户外运动营销策略的过程中，虎头蛇尾的情况经常出现。

5.创意水平低下

广告上千篇一律都是登山的照片，展会上也是一样，和其他行业的展会差异不大。

6.不重视店员培训和店面支持

其实消费者遇到的第一个人是店员，应该重点培训店员。

7.缺乏市场调研

缺乏对市场的深入理解，很多品牌上市也非常武断，缺乏必要的市场研究，同时非常容易改变策略。

由此看来，学习户外运动市场营销势在必行，它不仅能够逐步改善户外营销中所存在的不足，而且还能够更好地开发户外运动营销市场。具体可以表现为：

(1)进一步认识户外运动作为一种社会现象所具有的经济属性。

(2)学习户外运动营销学是转换户外运动市场经营机制，提高户外运动市场发展水平，提高经济效益的需要。

(3)了解市场经济条件下，户外运动市场发展的基本特征，拓宽思路，思考户外运动发展如何适应市场经济的需要。

(4)增加知识面，丰富知识结构，树立经济意识，树立市场意识和竞争意识。

(5)了解和掌握户外运动市场营销的基本内容以及户外运动市场经营的特点和规律，为适应社会发展对人才的需要打下基础。

扩展阅读

2012年DOITE品牌的三方面重要举措

(资料来源：www.8264.com户外资料网)

DOITE品牌进入中国十几年来，从不为人所知到如今达到相当的知名度，DOITE的发展符合我们当初的预期，是令人满意的。DOITE品牌产品在质量、功能、款式等方面都经受了消费者的考验，满足了大众的需求，在中国户外市场占有一席之地。

2012年以来，伴随经济大形势的下滑，户外产业形势也不容乐观，户外品牌之间的竞争日益激烈。在这个背景下，DOITE品牌在2012年做了三方面的事情，一是以低碳环保理念指导产品的开发；二是加强骑行类产品的开发力度；三是重点拓展商场销售渠道。

首先，低碳和环保理念已经深入人心，从市场推广效果到企业社会责任，DOITE 品牌都将遵循这一理念指导产品的开发，将产品品质和内涵都更上一个新的层次。其次，户外运动中，骑行活动正显露出流行的趋势，DOITE 抓住这一趋势，在该细分市场重点发展。最后，渠道开发是品牌发展的重中之重，DOITE 品牌在全面拓展商场渠道、户外渠道和电商渠道，而商场渠道是其中的重点。

DOITE 品牌在国外拥有专业的研发团队和销售团队，在国内拥有稳固的工厂资源，这是 DOITE 品牌的优势所在。而竞争的主要压力来源于销售渠道方面，在渠道方面的整合完善，是 DOITE 品牌的着力点。作为专业细分市场的品牌，DOITE 品牌将不会采取铺张渠道、覆盖推广的模式，而是稳扎稳打，逐步推进。在该领域，竞争品牌是非常多的，传统和新进品牌都有，DOITE 品牌仍然强调加强自身建设，不做冒进的举动。

本章讨论题

1. 如何理解户外运动营销的概念？
2. 简述户外运动营销学的产生与发展。
3. 简述户外运动的分类。

第二章

户外运动市场概述

【内容提要】 户外运动市场是指在户外运动产品交换过程中反映的各种经济行为和经济关系的综合,它反映了消费者与供给者之间、消费者之间、供给者之间的各种经济关系和经济行为。本章主要讲解有关户外运动市场分类、特点以及国内外户外运动市场的发展现状。

【学习要求】 了解户外运动市场的定义;掌握户外运动市场的分类和特点;了解国内外户外运动市场的发展现状。

第一节 户外运动市场概述

一、户外运动市场的定义

市场是指在一定地区内对某种商品的供给和有支付能力的需求的关系(王慎之等,1997)。户外运动市场就是在户外运动产品交换过程中反映的各种经济行为和经济关系的综合。它反映了消费者与供给者之间、消费者之间、供给者之间的各种经济关系和经济行为。本书所论述的户外运动市场,是户外运动中的本体,即组织活动、比赛、培训、咨询等。

从经济学的角度来看,户外运动市场是商品市场中的一种。它是户外运动产品(服务)供求双方交换关系的综合。它反映了由户外运动产品的供求所引起的各种经济现象和经济关系。由于户外运动产品主要表现为服务,所以以劳务供求为主轴的户外运动市场属于无形市场。它主要靠广告、户外运动中间商或其他户外运动中介机构进行交易。

从市场营销学的角度来看,户外运动市场是指户外运动的现实购买者和潜在购买者,即户外运动的需求市场或户外运动客源市场。户外运动现实购买者,是指那些具备参加户外运动主观和客观条件的消费者;而潜在购买者,是指那些具备参加户外运动客观条件而暂时没有出行愿望,或具有出游愿望而暂时不具备出行客观条件的消费者。

二、户外运动市场的构成要素与功能

1.户外运动市场的构成要素

从经济学角度来看,户外运动市场是由市场主体、市场客体、市场中介三个要素构成的。

(1)市场主体。户外运动市场的主体是指参与户外运动交换的买者和卖者,即户外运动产品的使用者或消费者和户外运动相关产品的生产者或供应者。前者是指具有参加户外运动意愿和条件的消费者,后者是指具有独立的经济利益和自主决策权的经济法人,在市场经济条件下,它包括提供户外运动产品和服务的企业、个人和其他社会团体。

(2)市场客体。市场客体是指可供交换的户外运动产品。它既包括各种有形的和无形的户外运动资源和服务,也包括现实存在的户外运动产品。

(3)市场中介。市场中介是指联结户外运动市场各主体之间的各种有形的和无形的媒介、桥梁,如价格、竞争、出行信息、中间商或其他中介机构、出行问讯服务中心、出行质监机构等,它们组成了户外运动产品供应者之间、户外运动产品消费者之间、户外运动产品的供应者和消费者之间的媒介体系(图 2-1)。

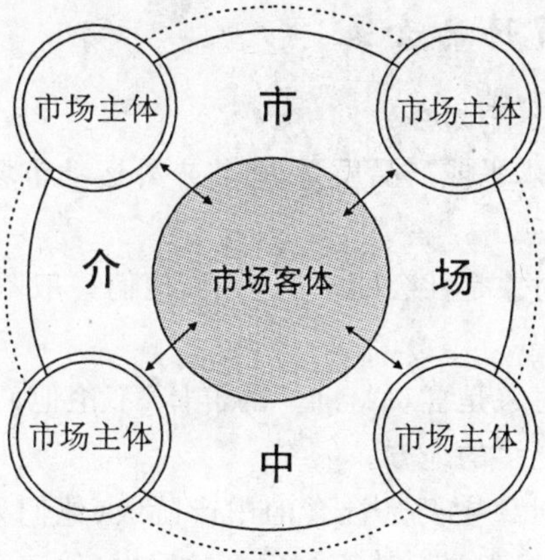

图 2-1 户外运动市场运行图

2.户外运动市场的功能

户外运动市场功能是指对户外运动产品的供给和需求所发挥的作用,其主要表现在以下三个方面。

(1)为户外运动的供给与需求提供市场信息。在市场经济条件下,户外运动的供给者生产的产品类别和生产数量都必须以户外运动市场上的需求为依据,即以需定产，否则生产的户外运动产品就会在销售上遇到困难，甚至销售不出去，户外运动产品供给者在经济上就要遭受很大的损失。户外运动市场是户外运动供给者获取户外运动需求信息的主要来源。同样，户外运动产品需求者要获知户外运动产品的信息，即市场上有哪些类型的户外运动产品，各自的价格如何，也主要通过户外运动市场获知。

(2)为户外运动产品的交易提供条件。如前所述，户外运动产品的交易是一种无形产品交易，户外运动需求者要购买户外运动供给者生产的户外运动产品，或者户外运动供给者要将其生产的户外运动产品销售给户外运动产品需求者，主要是通过各种户外运动市场中介，即各类户外运动中间商和各种广告媒体。它们是促成户外运动产品进行交易的必要条件。

(3)为户外运动产品供求矛盾的协调解决提供调节机制。市场机制是指在市场经济中，市场上直接发生作用的供求、价格、竞争等市场因素互相适应、互相制约、自行调节、自我组织的有机体系。它是市场经济的内在机制，是各市场主体和各类市场要素之间有机联系的客观必然性。市场机制主要有供求机制、价格机制和竞争机制。在市场价格杠杆和竞争的推动下，户外运动产品供求矛盾由产品供求双方自行调节，使之趋于平衡。

三、户外运动市场的分类

1.根据消费者消费水平划分

根据消费者的消费水平或产品质量，可将户外运动市场分为豪华型、标准型和经济型三种。

(1)豪华型市场的对象是社会的上层阶层，他们一般不关心产品的价格高低，而是追求产品质量。

(2)经济型市场的对象是喜欢“自虐”的群体，不论他们个人收入是高是低，他们追求用最少的钱，去更多的地方。

(3)标准型市场的对象主要是社会的中产阶级，他们处于豪华型和经济型之间，对品质有一定的要求，但是又达不到很高的层次，他们不喜欢受苦，更希望休闲娱乐的项目和活动形式。

2.根据时间长短划分

根据消费者参与户外运动的时间长短，结合我国实际情况，可分为短期市场、中期市场和长期市场。

(1)短期市场。时间为1～2天，主要是利用周末时间，活动半径小，一般在省(市、区)内，交通工具为汽车，在外不过夜或只住一夜，花销少，但消费者众多，主要运动项目为山地穿越、徒步、溯溪等。

(2)中期市场。时间大约为2～10天，活动半径相对比较大，交通工具主要是汽车、火车、飞机等，一般是跨省(市、区)，甚至是跨国，花费较大，主要项目有登山、攀岩、探洞等。

(3)长期市场。时间在10天以上，活动半径大，交通工具不限，花费大，对消费者的体力、装备、经济、经验等要求高，一般是专门活动，如高山探险等。

3.根据运动项目特点划分

根据各运动项目的特点，可将户外运动市场分为高端、中端、低端三种类型。

(1)低端市场是指对参与者的技术水平、体力、装备、经验等要求不高，危险系数较低，如徒步、山地穿越等。

(2)中端市场是指对参与者技术水平、体力、装备、经验等要求较高，危险系数较高，如攀岩、漂流等。

(3)高端市场是指对参与者技术水平、体力、装备、经验等要求很高，危险系数大，如高山探险。这部分装备高科技含量高，投资大。

4.根据组织形式划分

根据组织形式的不同，可以将户外运动市场分为团队市场和散客市场。

(1)团队市场是以团队为主，如户外俱乐部在冬季组织的滑雪团，就是到著名的滑雪场，如吉林的北大湖、黑龙江的亚布力等，团体组织去滑雪，俱乐部的收费中一般包括食宿交通等，优点是消费者可以免除后顾之忧，专心体验户外运动的乐趣；缺点是自由性差，受约束。

(2)散客市场是俱乐部等户外运动企业专门针对消费者自己的偏好，提出自己的要求，灵活性强；但费用较高。

5.根据交换内容划分

根据交换内容，可将户外运动市场分为户外运动娱乐市场、户外运动竞赛表演市场和户外运动装备用品市场。

四、户外运动市场的特点

户外运动市场，从市场学的角度来看，主要表现为需求市场或客源市场，因此，户外运动市场具有以下特点。

1.户外运动需求的整体性

户外运动需求的整体性，是指户外运动消费者对户外运动产品和服务需求的整体性。这是户外运动产品市场不同于其他物质产品市场的显著特征。户外运动需求的整体性根植于人们在户外运动过程中需要的多方面性，既有维持生命的生理需要、安全需要，又有享受和发展的需要。因此，为户外运动者提供的户外运动产品是一种复合产品，以满足户外运动者在户外运动过程中的多方面需要。具体来说，在户外运动中，户外运动产品表现为一条出行线路，而在自助户外运动中，则集行、游、食、购等多种要素于一体。户外运动需求的整体性要求户外运动产品供给者必须根据户外运动者的需要，将其出行过程中需要提供的各种产品和服务组合起来，并在地区上、时间上加以协调，以保证户外运动活动的整体需要。

2. 户外运动需求的指向性

户外运动需求的指向性包含两重含义：一是指户外运动消费者为满足自身的户外运动需求，必须离开居住地而向运动目的地运动，它同物质产品的需求产品从产地向需求地运动刚好相反。户外运动需求市场的这一特点，要求户外运动产品供给者必须认真研究适应户外运动市场需求的经营战略和策略，采取有效的市场营销手段，将户外运动消费者吸引到户外运动供给地来。二是指户外运动消费者根据自身的兴趣、爱好对特定户外运动产品所产生的需求。不同的户外运动者，其兴趣、爱好各异，对户外运动市场众多户外运动产品的需求也不一样。就同一户外运动者而言，他可能对某种户外运动产品具有强烈的需求欲望，而对其他种户外运动产品不感兴趣。它要求户外运动产品供给者必须根据其产品的类型、性能和质地(档次)对户外运动需求市场进行细分，并从中选择适销对路的目标市场。

3. 户外运动需求的高弹性

户外运动需求的高弹性包括两个方面：一是指户外运动需求是一种比较高层次的需求，即人们在满足基本生活条件基础水平的提高后，将会引发户外运动上的需求。而且随着收入水平的提高，将会引起户外运动需求更大比例的上升。二是指户外运动需求量受户外运动需求各种因素的影响而表现出较大幅度的变化。例如，旅游价格是影响户外运动需求的一个主要因素，户外运动需求的高弹性就具体表现为，旅游价格一定比例的变化会引起户外运动需求更大比例的变化。

4. 户外运动需求的季节性

户外运动需求的季节性，是指相对一个户外运动目的地而言的年度内接待消费者人次在季节上分布的不平衡性，从而导致消费旺季、消费平季和消费淡季的差别。

户外运动经营者必须充分注意户外运动市场的这一特点。客源在时间上分布的不平衡性，一方面给户外运动产品(服务)供给者带来了许多困难，另一方面也表明各户外运动市场之间是可以相互弥补、综合利用的。

5. 户外运动市场的多样性

户外运动市场的多样性，首先表现在户外运动产品的多样性，不同的地域，不同的产品特点，对户外运动爱好者充满了诱惑。其次是户外运动爱好者消费需求的多样性，有的消费者喜欢挑战极限，有的喜欢休闲娱乐；有的喜欢空中飞行，有的喜欢山地运动，有的喜欢水上运动；有的喜欢到人迹罕至的地方，有的喜欢看不同的人文风情；有的人是独行侠，而有的人则喜欢与大家聚在一起。

6. 户外运动市场具有较强的信息不对称性

信息不对称是指交易过程中，交易双方拥有的信息数量不等，一方拥有比另一方更多的信息。由于户外运动产品的无形性，使户外运动市场有着非常明显的信息不对称性。对于户外运动的消费者来说，大家参加户外运动时，对所参加活动的风险、地形、人员组成、领队的资质和实力等都了解的不是很全面；对于户外运动活动的组织者来讲，他们对户外运动参与者的身体状况、经验、心理等方面也不完全了解，虽然按照规范，要求参与者填写身体状况的表格，但还是不可能完全了解，这就为活动的安全埋下了隐患。

7. 户外运动市场的季节性强

户外运动市场的季节性明显，主要表现在自然条件和余暇时间两个方面。如滑雪、攀冰要在冬季进行，溯溪、潜水一般是在天气炎热的季节进行，登山、攀岩也要在气候条件适宜的时间进行，这就是自然条件的季节性；而我国每年春节、"五一"、"十一"这三个长假期，被大家形象地称为"黄金周"，是对余暇时间的季节性的最好描述。

除了以上因素外，对户外运动需求产生影响的因素还有很多，如客源国和目的地国家的社会经济发展状况、人均收入水平、物价指数与通货膨胀、倾向兑换率、海关手续、出入境制度等。这是因为户外运动是一种综合性的社会现象，它覆盖社会的诸多方面，不仅包括目的地国家或地区的诸多因素，还包括客源国或地区乃至世界的许多因素。这些因素的变化都会引起户外运动需求量较大的变化，使其具有较高的弹性。户外运动市场需求高弹性的特点，要求户外运动产品（服务）供应者必须注重户外运动市场的调查研究，洞悉户外运动市场的情况变化，经常分析影响户外运动需求变化的诸因素，预测市场的变化趋势，不断开发和优化适应户外运动市场需求的户外运动产品。

第二节　我国户外运动市场的发展现状

户外运动自 20 世纪 80 年代从欧美发达国家传入中国，并作为一种外来现代体育文化迅速被人们所接受（如攀岩运动），并在小范围内得到发展。户外运动真正得到快速普及发展是在 20 世纪 90 年代后期，大量的户外运动俱乐部成立，更多的消费者参与到户外运动中来，同时也带动了户外用品市场的快速发展。

一、我国户外运动市场发展现状分析

1. 发展迅猛，市场潜力巨大

随着中国民众健康意识的增强，户外运动、旅游已成为人们追求健康的生活方式，这也带动了我国户外运动用品市场的繁荣。现代户外运动市场商品琳琅满目，不仅包括帐篷、睡袋、垫子、登山旅行包、户外服装、鞋、登山攀岩用品、工具刀具锹具、炉具餐具、照明用品等，还包括户外食品、书籍地图、军品、滑雪装备、马具和其他专项户外运动用品。中国知名户外品牌——“莫耐户外”总经理柴建新先生认为，目前中国消费群体对户外运动的认识还处于启蒙教育阶段，现有的市场消费群体容量有限，但也显露出巨大发展潜力。

大陆最早的户外用品从起步到现在虽然经历短短 10 余年，但其发展速度惊人。2008 年中国户外运动用品零售总额为 36.5 亿元，较上年增长 48.9%，自 2000 年起每年增幅均接近 50%。对于中国户外用品产业的发展，年增速 50% 的中国户外用品市场得到国内外专家和业界人士一致好评。进入我国运动面料市场十几年的德国戈尔公司负责人也做出判断，在未来 5 年内中国户外用品产业 50% 以上增速不会改变。业内人士预测，户外休闲产业在大陆所蕴藏的市场价值将超过 100 亿元人民币，2011 年有望首次突破百亿。亚洲户外用品展提供的一份调查报告显示，预计到 2010 年大陆户外用品的销售额将达到 60 亿至 80 亿元人民币。

2. 整体呈现蓬勃发展的态势

随着我国经济的高速增长，居民收入水平的稳步提高，城市化进程的快速推进，人们渴望走出城市，走向自然，满足“身心、人际、人与自然的完美和谐”的精神需求愈发迫切。人们参与户外运动、自助旅游的需求日益旺盛，为中国户外运动服务业与户外运动装备用品业的快速发展奠定了坚实基础。随着户外运动这一健康生活方式的广泛传播和户外运动产业链的逐步完善，户外运动活动和户外运动用品将越来越被消费者所认知、接受和喜爱。

自 2000 年以来，各种规模经营的户外店每年成倍增长，有的城市多达 40 多家户外店。从 2004 年开始，全国各大城市大中型商场纷纷开设体育户外用品销售专区。各种户外活动俱乐部蓬勃发展，登山、露营、自助游、自驾游等各种户外活动成为时尚，户外运动爱好者人数迅速壮大，为户外产品销售打开了市场。2005 年 ISPO进驻中国，加速了户外产品市场的发展。国外户外运动品牌从 OZARK 开始，猛增到目前 20 多个品牌，国内户外运动品牌服装的生产和销售数量随之剧增。

2008 年的统计数据表明，我国已有 200 多家户外用品生产商，有 400 余个专业户外品牌，其中本土品牌仅占三成，目前中国的户外运动用品市场由国外品牌占据主导地位。专业户外用品零售店达到近2 000家，百货商场零售点达到了1 600

余个,其他销售模式也在以不同方式迅速发展;专业户外运动俱乐部超过400余个(仅限经注册的,以山岳运动为主的户外运动俱乐部);专业户外媒体达到近百个。据不完全统计,中国每年参与有组织的户外运动人数达到了70余万人次。随着户外运动的发展,与之配套的运动服饰也在不断发展,催生出大批的运动服饰企业,这些企业反过来也在不断地推动整个运动产业的发展和进步。

3. 市场发展区域差异大

就全国而言,户外产品市场的正规发展历史只有五个年头。品牌数量、产品质量、零售网点、销售金额、户外活动参与人数,都是很初级的水平,若以一个产业来衡量,远远没有达到成熟。

就地区而言,一个地区户外产品的销售,受生活观念、自然资源、购买能力(经济水平)等条件制约,但购买力对于本地区户外市场持续稳定增长和发展起决定作用。由于各地区在这三个方面的表现不一,反映出来的地区户外市场发展不平衡。

北京、浙江、江苏、深圳、广州、成都、昆明、乌鲁木齐等地区发展迅猛,但多数地区发展水平还处于初级阶段,部分经济发达地区,户外产品市场仍处于初级阶段,户外运动产品的销售量低沉,如上海、武汉等。

户外运动产品在商场的销售也十分不平衡。第一,目前在商场销售的仅仅限于国外高档户外品牌和国内少数品牌;第二,仅在省会城市的部分商场有户外产品的销售;第三,同一档次不同地区的商场,销售量相差悬殊。

4. 本土品牌培育滞后

我国户外运动项目发展相对比较快,而市场培育相对滞后。国内厂商只能提供初级产品和服务,而行业中缺乏具有领导性的企业和知名品牌产品。这使得我国户外运动市场还没有形成足够的规模。

目前在国内比较知名的户外运动品牌包括:美国The North Face,该公司的产品定位已从高档探险器材转移至大众户外用品上,户外服装做工精细,许多细节的设计也可谓体贴入微而且结实耐用;德国Salewa,历史悠久,1978年全面扩大了户外功能性服装的生产,包括与戈尔公司合作,设计GORETEX功能服装;法国的ALGLE,1997年进入中国市场,这一国际品牌的形象是实用而高贵、自然而新潮;瑞士OZARK,进入中国市场以来,在设计上充分考虑到中国消费者的特点,在本土化方面有很多出色的产品。

相比之下,本土产品在技术、品牌、质量等环节仍处于劣势。虽然在这个领域,中国的户外运动用品商也正在积极开拓,但仍处于起步阶段,并没有形成一定的气候与实力。中国的品牌在面料选材上与国外并没有什么区别,但中国的优势是生产,而且主要是模仿,自主研发还比较薄弱,国外品牌在技术含量等各方面都做得好一些,国内品牌与国外品牌的差距主要是在设计、研发和品牌的推广方式上。

国内户外运动品牌存在的最大问题就是质量不稳定。由于多数企业都是贴牌生产，企业实力有限，很难控制生产环节。对于户外用品这种技术含量比较高的产品来说，如果质量不稳定，很难在市场上立足。此外，由于国内户外运动品牌在品牌推广上的投入捉襟见肘，往往难以打开知名度，从而影响了市场份额的扩展。

5.消费者群体单一，消费动机大致相似

随着社会的不断发展，城市化进程的加快，越来越多的人走向户外，根据相关调查和访谈，消费者参加户外运动的原因多种多样，而最主要的动机是：走进自然；追求自由；挑战自我；缓解工作压力；结交朋友。目前不少户外运动的从业者就是从户外运动爱好者转变而来的。

2004年的一项关于户外运动人群的调查显示，在经常从事户外运动的人群中，60.2%的人具有大专或同等学历，27.4%的人具有大学及以上学历，由此可见高学历的人群占到近九成；而在个人月收入方面，以3 000元作为一个分水岭，月薪3 000元以上的高收入人群占48.6%；在年龄构成上，调查得出的结果是：20～40岁的人占84.1%，40～50岁的人占7.1%。

从以上数据中不难看出，户外运动虽然受到大众人群的欢迎，但是经常从事户外运动的人群特征主要是具有高学历高收入的年轻白领。高学历使得这部分人群在思想上更容易接受这种在西方国家颇为普及的休闲方式；而高收入，则能够在物质上保证他们愿意购买优良的户外运动装备，提高参与活动的安全性；年轻人朝气蓬勃、积极向上、不断挑战自我的精神与户外运动本身所蕴涵的挑战自我精神相吻合；白领阶层，工作压力大，在动机上有较强的参与户外活动的愿望。

户外运动参与者获取信息的方式主要是通过互联网，参与活动的方式也主要是通过网络，或参与俱乐部组织的活动，或自行组织。喜欢的项目主要有登山、野营、山地穿越、攀岩等。活动的频率大约是每月一次，年消费金额差距比较大，平均上千元。

从访谈情况看，消费者对俱乐部的活动组织满意度还是比较高的，但是由于可选择的俱乐部比较少，而且产品线路、难度等比较单一，不能满足需要，缺乏个性化产品。因此，他们非常希望能获得专业人员的指导。

二、当前我国户外运动市场存在的主要问题

1.我国户外运动市场消费水平低，限制了户外运动市场的发展

(1)我国户外运动消费者消费水平低，市场容量比较小。消费水平不高，反映在市场上就是我国户外运动市场小。根据消费公式：

$$C = k \cdot MPC \cdot Yd$$

式中：C为消费总量；k为系数；MPC为边际消费倾向；Yd为收入。

那么边际消费倾向和收入水平就是影响我国体育消费总量的因素。我国居民收入水平不高，居民对未来预期的不确定性强，这大大限制了第三产业的发展，限制了消费水平的提高，抑制了居民消费。

(2)户外运动参与者人数总量低。

(3)参与者不成熟。

2.户外运动企业供给能力差

(1)目标市场重复。目标市场营销是现代战略营销的核心，内容包括细分市场、选择目标市场和产品定位。进行目标市场营销的前提是进行市场细分。消费者市场的细分变量中最常用的人口变量，就是按照人口特性来细分市场。

目前各俱乐部目标市场的选择，人口年龄为25～34岁，教育程度为大学，年收入在5万元左右的企事业单位员工和公务员。这类人群的教育程度高，消费能力强，容易接受新生事物，并引领消费潮流，是企业的营销重点。但目标市场都定位于此，会造成细分市场的竞争激烈，利润降低，使其余市场有需求没产品。目前已有俱乐部注意到该问题，如云南某俱乐部的市场定位主要为老年人，市场营销上也收到了较好的效果。

(2)产品差异化程度低。

(3)企业规模小，缺乏竞争力，危机意识差。

(4)进退壁垒低。自由进出是决定市场是否具有竞争性和有效性的一个关键。进出的难易程度对于决定市场结构和由此产生的厂商行为起到了关键作用(戴伯勋，沈宏达，2001)。进入壁垒可以分为结构性进入壁垒和行为性进入壁垒，还有政策法律等制度方面的壁垒。

结构性壁垒主要有规模经济壁垒、产品差别化壁垒、绝对成本壁垒和必要资本壁垒。我国户外运动市场产品差别化低，对必要资本需要程度低。调查结果显示，17.5％的俱乐部注册资金在10万元以下，80％的俱乐部注册资金在10～50万元之间，与其他产业的市场相比，户外运动市场的必要资本壁垒低。

政策法律等制度性壁垒。中国登山协会对登山户外运动俱乐部及相关从业机构制定了相关的规定，如《中国登山协会关于登山户外运动俱乐部及相关从业机构资质认证标准》和《中国登山协会关于登山户外运动俱乐部及相关从业机构技术等级标准》。但在实际执行中，还有许多不尽人意的地方。2004年，参加年审的户外运动俱乐部仅有26家，尚不足所有俱乐部总数的5％。而且许多俱乐部并没有按相关规定执行，仍旧在市场上生存、组织各种活动，甚至未经批准组织全国性赛事，而行业管理部门对此没有法律依据进行处罚，这就没有形成相应的制度性壁垒，而且影响了户外运动市场的健康有序发展。

退出壁垒是指该企业在退出产业时所遇到的壁垒，对于户外运动俱乐部来讲主要是沉没成本大小、员工解雇问题等。该项成本也很低。

三、我国户外运动市场未来发展的趋势

随着人们生活水平的不断提高,户外运动的日益普及和发展,越来越多的人把户外运动纳入了自身生活。而户外运动也成为了一种时尚,成为人们新的休闲方式和生活方式。

1. 户外运动市场向“大众化”方向发展

由于目前户外运动的装备繁多而且价格较贵,因此有许多人认为参与户外运动的人应该是有钱的。在户外运动人群中,主要以白领阶层、企业中高层管理者、优秀的自由职业者、媒体工作者以及家庭经济条件较好的高校大学生为主,他们大多都具有一定的经济基础和较高的素质涵养。这些户外运动爱好者对户外运动的发展起着重要的引导作用,但是未来的户外运动不能仅仅局限在这部分人群中,从我国户外运动的发展前景来看,户外运动市场将向“大众化”方向发展,会有越来越多的人去接受它,消费得起它。

2. 户外运动市场逐步走向产业化

国内的户外运动市场正快速成长,并逐步形成了一定的产业规模,而且中国户外运动市场有着极其广阔的发展空间。国内户外产业专家分析指出,我国户外运动的巨大潜力对欧美以及日韩等户外用品已趋饱和的国家来说,无疑具有强大的吸引力。同时,中国有着丰富的自然旅游资源,为户外运动的发展提供了绝佳的自然条件。在内外力量的共同作用下,中国的户外用品产业必将迅速发育成长,无论是户外运动的服务市场,还是户外运动用品的加工销售市场都在快速成长。我们相信,这一市场将会有更加广阔的发展空间。

3. 户外运动和旅游将进一步融合

随着我国经济的持续高速发展,从事户外运动的人口也在迅速增加,我国正在研究和制定户外运动的发展战略,并在不同阶段和内容上把户外运动与休闲旅游结合起来。从户外运动的发展趋势来看,户外运动与旅游的有机结合将会成为人们新的生活方式,旅游利用户外运动的产业发展拓展了其运作空间,同时旅游事业的发展也推动了户外运动产业的发展,可见未来我国的户外运动将会和旅游活动结合得更加紧密。

4. 技术将成为户外运动发展的核心板块

户外运动不同于其他的体育运动,它是到大自然中去开展各种活动,而大自然充满很多未知因素,具有一定的风险性和危险性,因此它对参与户外运动的人们有着严格的技术要求,参与者不仅要掌握一定的专业知识和技能,而且对心理素质、应变能力、组织能力等方面都有较高的要求,因此需要科学地、正确地、全面地看待

户外运动，进而参与到其中，这样户外运动才能健康、持续地发展下去。因此我国户外运动用品业必将需要运用更为先进的科学技术，生产出高质量、高性能的户外产品，才能与国外的户外品牌在国际、国内市场上相抗衡。

5. 更多的人会将户外运动作为休闲选择

户外运动提倡环境保护，倡导“自然、健康、自由、快乐”的生活方式，崇尚“平等、真诚、协作、自主”的人文精神，能够培养个人毅力、团队合作精神，提高野外生存能力，深受青年人的欢迎，被誉为“未来体育运动”。因此，户外运动将会成为大众化的体育娱乐和休闲方式。

第三节　国外户外运动市场的发展状况

俗话说“衣食住行乐”。根据经济学家研究，市场需求排序也确实如此。研究显示一个国家国民年平均收入要达到某个水准后，才会“有余”从事运动休闲娱乐，“有余”包括余钱和余暇。在全球经济逐渐回升、SARS 等流行疫病促使人们警觉需要运动增强免疫力等诸多因素作用下，运动用品市场已呈上扬趋势。

据最新的数据统计表明，2010 年我国户外用品零售总额已达 71.3 亿元人民币。而在欧洲户外用品的销售额已经达到5 280亿元人民币。按照每年 25%～30%的增长速度，中国市场大概需要 15 年的时间才能达到欧洲市场的发展水平。

根据欧洲户外运动产业协会（European Outdoor Group，EOG）统计，2004 年欧洲户外用品市场的营业额约 51 亿欧元，比 2003 年增长 2%。其中，德国市场最大，营业额为 15.35 亿欧元，成长率为 3%。其次为英国、法国和北欧国家（见表 2-1）。以户外运动用品的类别区分，服装类所占比例依然最重，2004 年营业额为 19.8 亿欧元（2003 年为 19.6 亿欧元）；其次为登山、健行或多用途鞋类、水上运动器材类、背包类成长最多，达 4%；其后为帐篷类和睡袋类（见表 2-2）。

表 2-1　欧洲部分国家户外用品市场营业额一览表　（单位：亿欧元）

国家	德国	英国	法国	北欧
营业额	15.35	10.36	9.24	4.26

表 2-2　欧洲各类户外用品年销售额一览表　（单位：亿欧元）

年份	服装类	鞋类	水上运动类	背包类	帐篷类	睡袋类
2003 年	19.6	6.68	6.18	3.22	2.24	1.43
2004 年	19.8	6.8	6.29	3.35	2.27	1.45

一、西班牙——运动器材消费快速增长

2003 年西班牙经济增长 2.4%，国民平均所得超过 2 万美元，稳定增长的经济与增强的购买力，加上爱好休闲体育的传统，以及近年来普及的健身风气，使得西班牙市场运动器材及用品的消费快速增长。

西班牙一般运动用品的规模，2001 年进口运动用品 20.4 亿美元，2002 年进口 21.3 亿美元（增长 3%），2003 年 1～10 月累计进口额达 21 亿美元（较 2002 年同期增长约 21%）。依据 2002 年资料，主要供应来源有意大利、中国内地、法国、日本、英属开曼群岛（Caiman）、德国、英国、葡萄牙、美国等。2003 年 1～10 月资料，开曼群岛已超越意大利及中国内地跃升为第一大供应来源。

西班牙的体育用品市场销售渠道，一般以体育用品专卖店（连锁店）、百货公司及大型卖场为主，日益普及的网络销售亦不容忽视。专卖店主要以多功能及高单价的产品为主，主要消费族群为青少年；百货公司及大型卖场则以一般家庭消费为主要对象，供应多样性的产品选择。

二、瑞典——运动市场以品牌为主导

瑞典人口将近 900 万人，普遍热衷于运动。瑞典人追求品质保证和昂贵的名牌身份，愿意投资品质好、有知名品牌的运动用品器材。如高尔夫球杆、网球拍和昂贵的钓鱼线轴等专业运动商品，多需要提供售后服务。零售渠道再加上售后服务网的建构，使产品进入瑞典市场的代价较高。

瑞典主要进口的运动用品，依据 2002 年进口金额排行，依次为高尔夫球及球具（进口金额 3.6 亿克朗）、钓鱼竿（1.9 亿克朗）、健身用品（2.8 亿克朗）、溜冰鞋（1.5 亿克朗）、高尔夫、球桌、网球以外之球类（8 420 万克朗）、水上运动用品（4 554万克朗）、网球、羽球拍及球等（3 512 万克朗）、桌球设备（1 629 万克朗）。其中中国台湾产品占来源第一的项目为健身用品及钓鱼竿，中国内地来源占第一的则是溜冰鞋、桌球设备、网球、羽毛球拍及球等。

运动用品在瑞典有两大销售渠道：一是经由进口批发商；二是直接销售给大型零售商，如超大型连锁店、百货公司、运动用品零售连锁店等，较少见代理佣金方式。大部分有品牌的商品多通过批发商销售，以总代理或独家方式经销，或是经过国外制造商的分公司授权经销。品牌商品有必要通过独家经销，不仅是为了促销，也为了提供售后服务的需要。直接销售给大型零售商的多为无品牌或不知名品牌的商品，有些零售商连锁店也有自己的品牌，不过多是运动服饰或配件。

寻求与国际知名品牌制造商合作，对不具知名度的制造商而言，也许是进入瑞典市场的最好方式。许多从远东进口的运动商品，都是美国或欧洲品牌的配合生

产厂商。单价较低、技术含量也较低的商品，可通过既有的批发商或直接销售给大型零售连锁业者。虽然百货公司、超大型超市、加油站以及一些邮购公司也库存及销售一些有限的商品项目，但在瑞典大多数运动商品多是由专业的运动用品零售商销售。瑞典有 4 家大型运动用品自愿加盟连锁零售商，依次为 Inter Sport、Team Sportia、Stadium 以及 Frilufts Bolaget，大部分都经由中央采购。另外拥有 43 家大型超市的消费者合作社连锁的 Coop Forum 亦销售系列运动用品。德国一年两次的慕尼黑“ISPO”展以及科隆的“SPOGA”展是许多瑞典进口商及大型零售商前往参观的重点展览。

三、捷克——四季需求大相径庭

捷克总人口约 1 050 万人，第一大城市布拉格人口约 120 万人，其他城镇人口最多仅数十万人，国民所得约 6 500 美元，购买力约占欧盟国家的 60%，国内市场规模不大。据捷克体育用品进口商估计，约只等于一个北美或欧洲大城市的需求。不过由于捷克近两年来，每年薪资增长 7%～8%，家庭所得增加，利率低迷及消费贷款增加，致使捷克的体育用品增加很快。据捷克体育用品进口商估计，看好捷克体育用品市场每年可增长 10%。捷克人民喜爱户外运动，体育用品市场极具季节性，四季需求产品有很大的不同，春夏秋冬均有需求的产品为健身器材、滑板、滑板车、各类球拍(乒乓球、羽球拍、网球拍等)、各类自行车等。此类产品订单渐渐转往中国内地等地。而夏天特别需求的产品为各类游泳用具，如家庭用塑胶打气的游泳池、游泳圈等，产品多来自中国内地。捷克冬季长达四五个月，较有需求的产品是室内健身器材及滑雪器具、冰上曲棍球用具等。其中滑雪用具高级品来自西欧各国，中低级品来自中国内地。捷克本国体育用品制造商专于制造塑胶及木制滑雪板、雪橇，只能供应捷克本国市场的 10%，其余需要靠进口。

依捷克海关统计，2003 年捷克体育用品(包括健身、户外运动器材及滑雪用具等)进口金额为 9 454 万美元，比 2002 年增长 28%。主要进口来源为：奥地利(2 718万美元)、中国内地(2 192 万美元)、德国(1 211 万美元)、法国(465 万美元)、意大利(430 万美元)和美国(391 万美元)等地。

捷克体育市场销售渠道包括传统体育用品店、新兴的超市大卖场，如 Tesco、Makro、Carrefour 等，以及体育用品连锁店，如 Giga Sports(奥地利商)等。超市大卖场售价一般比体育用品商店便宜一至三成，消费者逐渐喜欢到超市大卖场购买。

捷克体育用品制造企业并不强，主要依靠进口产品，其中高价位产品来自欧洲，中国台湾产品属中高价位，中国内地产品属中低价位。

四、丹麦——三大连锁店垄断市场

丹麦五成以上成人从事一种以上运动休闲活动。流行的运动项目包括足球、手球、网球、高尔夫球、保龄球、游泳、有氧舞蹈、溜冰及滑雪等，估计该国运动产品市场每年营运额约为39亿丹麦克朗(6.5亿美元)。运动产品销售渠道除运动产品连锁店外，百货公司、大卖场及超市等亦为主要销售据点；除商店以外较特殊的销售渠道为独立售货商(independent retailers)，负责直接销售运动产品至运动俱乐部、运动联盟(unions)及学校等。

丹麦境内总计有400余家运动产品店，85%以上属于连锁店。这些运动用品连锁店主要是由5家所谓的自愿加盟连锁店(Voluntary Chains 由大盘商或制造商与数个零售商合作经营连锁店业务)掌握市场，其他则由3家独立连锁店(Independent Chains 至少有4间连锁店为一人所拥有)获得。3个全国性连锁店 Inter Sport、Sport Master 及 Sport Parter 总共拥有275家商店，市场占有率八成以上。

依丹麦统计局2003年1月至11月进口统计资料，该国主要运动用品进口来源为中国内地、德国、瑞典、比利时、荷兰、意大利、越南、英国和美国等。

五、瑞士——市场潜力无穷

因冬季积雪丰厚，瑞士体育“硬品”如雪橇、雪板、雪鞋及雪衣等产品销路甚佳，夏天嬉水用品及衣具需求量大，境内虽无大型国际体育比赛活动，团队运动器材亦有市场。健身(Fitness)用品如慢跑鞋、健行鞋、直排轮鞋等销路不错，惟网拍则乏人问津。瑞士品牌产品市场潜力无穷，截至2006—2007年营业额仍持续35%的增长空间。

瑞士体育用品经销商大致分为三类：一为“积极型体育用品”经销商，产品多为快慢跑用品及直排轮系列产品；二为“持久型及保健型体育用品”，如健身器材；三为“户外体育用品”，多偏向休闲及具有某种特殊功能的服饰或鞋具(登山、游泳等)。另有一类专卖店，供应以生活品味为主流的名牌体育服饰或产品。在市场稍嫌狭小的瑞士，综合前述三类为一体的企业已渐渐不合时宜。

六、法国——消费人群庞大

据相关数据显示，超过3 400万名法国人经常做运动。其中1 800万人喜欢骑自行车，1 400万人喜欢游泳，1 260万人远足，800万人慢跑步，有700万人滑雪。年龄在25岁以下的人士是最大的户外运动消费者，法国人每年在运动方面的花费超过270亿欧元。其中，个人的消费最大，占总销售额的一半，政府占41%，而企业只占9%。

七、德国——体验式营销居主流

在德国科隆购物时，记者无意间走进一家专业的运动产品商城，一下子被眼前的场景震撼了：商城是中空式的建筑设计，楼高四层，底层设有游泳池，顶楼是蓝天白云，水上、登山、锻炼、自行车等运动装备非常有序地分布在各个楼层。更令人惊奇的是，这是一个运动体验中心：如果你买攀岩装备，可以在旁边的岩壁上试用；买潜水器材可以到泳池里先试一番。店员告诉记者，这种体验式销售普遍而有效，可以在最短的时间内让体验者体会到不同户外运动的运动魅力。当然，经常会有企业根据员工的个人爱好来此选购不同的运动装备，作为礼物送给员工。调查数据表明，有58%的德国人是活跃的户外运动爱好者。近两年，德国的户外用品营业额也在不断增长，如德国最大体育用品经销商Intersport，产品销售额在2009年较前一年有了7%的增长，户外产品份额占比为15%。

扩展阅读

牧高笛——打造专业的户外旅行装备

（资料来源：www.8264.com户外资料网）

1.牧高笛解决商场渠道与户外店之间的矛盾

在一次亚洲户外展中，牧高笛的展位分为两个区域：一个是商场区域；另一个则是专业户外渠道区域。两边的产品系列不一样，侧重点也不同。一边侧重户外休闲时尚，另一边是专业性产品。两边产品的设计理念不同，所以有必要区分开来。牧高笛的陆暾峰介绍了他们的做法，同时解决了商场和户外店之间的矛盾，并且两个渠道的LOGO也是不一样的。

2.加强产品研发，为品牌的长期发展保驾护航

总结体育品牌的营销经验，品牌如果要想长远发展，一定要有功能性和科技的支撑。娱乐和休闲时尚的品牌会下降得很快，而户外和体育用品具有一定的相似性。如果要长远地发展，就一定要加强研发能力，2012年牧高笛加大了产品和科技研发的力度。

3.改善产品调研，谨慎对待电商平台

坦诚来说，产品调研方面是牧高笛的短板，在牧高笛创立的10年中也做过很多活动，但都是以点为单位并没有全面的连接。2012年牧高笛加强了产品调研，成立了一个活动企划部，专门来组织活动，搜集产品信息。电商品牌目前还在运作，但是仍然存在着不足。电商平台有着巨大的商机，也有可能外包给一个专业公

司运营。

4.打造专业的户外旅行装备

市场上许多品牌的产品都出现了同质化的问题，产品的性能都十分接近。而牧高笛的定位将是专业的户外旅行装备。在旅行装备上大作文章，品牌只有保持自己的特色，有着不同的走向，才会对品牌未来的发展有所帮助。以后所有的推广研发设计都将以其为核心。

本章讨论题

1.简析户外运动市场的特点。

2.简述户外运动市场的分类。

3.如何理解我国户外运动市场潜力巨大？

第三章

户外运动消费者行为

【内容提要】 消费者行为往往是消费者心理的表现,如果能够掌握消费者的心理,就能更好地完成交易。本章主要学习户外运动消费者行为及决策过程、户外运动消费者行为的特点和影响户外运动消费者行为的因素等知识点。

【学习要求】 学习掌握户外运动消费者行为及决策过程;了解户外运动消费者行为的特点;能针对影响消费者行为的因素,采取相应的市场营销策略和措施;具有进行科学研究消费者行为并作出相应营销决策的能力。

第一节 户外运动消费者行为及其阶段特点

现代户外运动需要花费大量的时间和金钱,是劳筋骨、磨意志的"苦差事"。一些中老年消费者很难有兴趣或精力参与其中,所以目前参与现代户外运动被视为有经济实力、珍视休闲时间、热爱生命的年轻人的"专利"。在中国更多的参与者属于自主意识比较强,对新事物敏感,喜欢冒险,提倡引领浪潮的群体。

户外运动产业在欧美已经走过了将近半个多世纪的发展历程,进入了相对成熟的阶段,并创建了一些知名品牌。几乎所有的世界知名品牌都已经抢滩中国并做好了战略布局。他们在对中国市场的开拓中,都把目光锁定在"80 后"这一群体。中国的"80 后"动感、朝气,属于新奇的一代。这个最具有时代特征和指标性特色的"80 后"群体是户外品牌的主体对象。

一、户外运动消费者行为概述

消费者行为,就是指消费者为满足其个人和家庭成员生理或心理的需要,而购买所需要的消费品的行为。

户外运动消费者行为,是指户外运动消费者围绕户外运动消费品的购买决策过程而产生的一系列心理和生理活动的总称。户外运动消费者的心理活动,包括户外运动消费需求产生和变化以及购买动机等活动。户外运动消费者的生理活动,主要指户外运动消费者的购买行为,即户外运动消费者通过支付货币而取得户外运动商品或户外运动劳务时的选择过程。

户外运动消费者行为不是简单的购买行为，而是一个前后连贯的过程。这一过程包括若干有序的阶段，而每一个阶段又体现出户外运动消费者行为的相应特点。全面系统地研究和把握户外运动消费者行为的阶段和特点，是户外运动市场营销的重要内容。

二、户外运动消费决策过程

户外运动消费者行为作为一个过程，一般可分为六个阶段：即形成户外运动消费需求、产生购买动机、收集户外运动商品信息、评估待购户外运动商品（或劳务）、购买决策、购后评估。如图 3－1～图 3－3 所示。

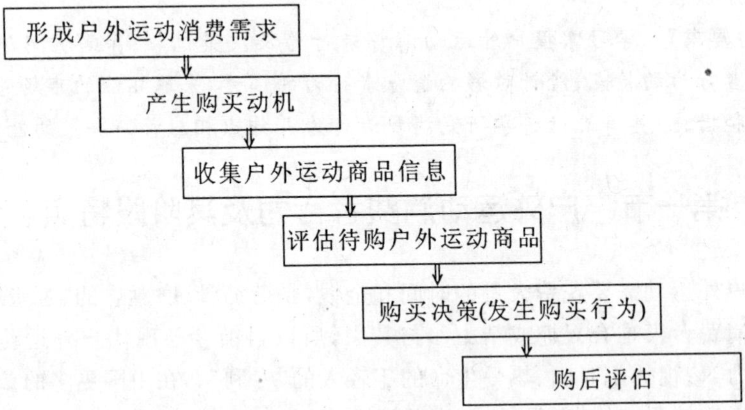

图 3－1　户外运动消费者行为阶段

（一）形成户外运动消费需求

户外运动消费需求的形成是消费者购买决策过程的起点，是户外运动消费者由于受到某种刺激，而引起的对尚未满足的户外运动消费的心理紧张感，即对户外运动消费的渴求。

这种引发需求产生的刺激，既可以是内部（人体内机能的感受）所引发的，如因感觉寒冷而引发的需要一件户外抓绒或冲锋衣等御寒，因在野外感觉饥饿而需要一袋便携户外压缩食品；也可以是外部条件刺激所诱生的，如看见单位某一同事外出旅游时背着时尚多功能的户外背包觉得很好，从而产生自己也需要一个户外背包的想法，看见电视或网站上的露营装备宣传广告而希望自己能拥有一套等；还可能是内外因素共同作用的结果。针对户外消费者产生需要的原因，户外运动企业应该提供满足消费者需要的产品，并加以适当的包装、广告、现场演示产品性能等

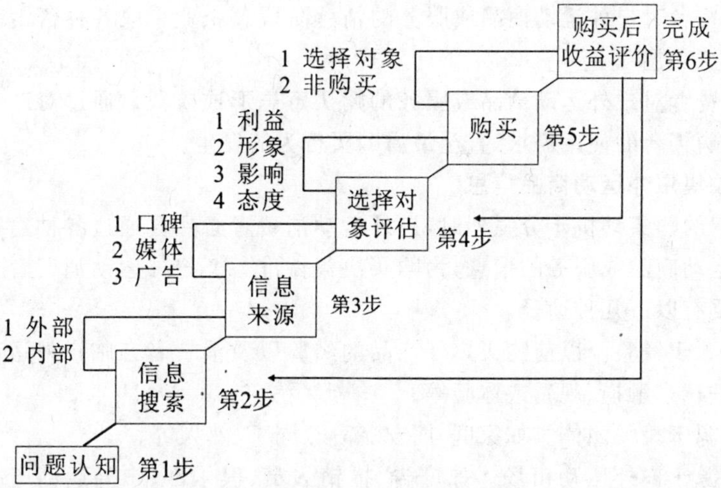

图 3－2　消费者决策过程(据戴维·希伯里,2004)

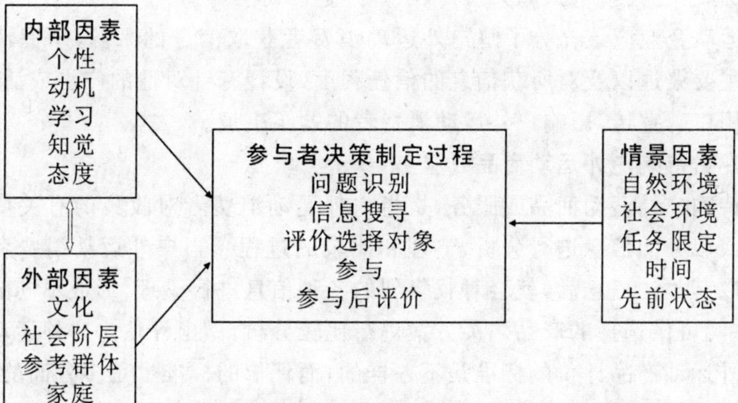

图 3－3　参与者消费行为模型(据马修·尚克,2003)

“诱因”,促使消费者产生和强化购买动机。

(二)产生购买动机

户外运动消费者形成消费需求之后,经过一定因素的影响,才能产生购买户外运动消费品的动机。购买动机的形成除了受到户外运动消费者内在生理因素的影响之外,还受到社会因素、经济因素的影响。

购买动机的形成包括三个阶段:

(1)消费者对户外运动商品或服务的注意阶段。企业的营销人员通过产品展示或宣传,引起消费者的“注意”。

(2)消费者对户外运动商品或服务的情感阶段。企业采取各种营销刺激促使购买者发生“兴趣”。

(3)消费者对户外运动商品或服务的购买意志形成阶段。通过对产品优点的宣传,引起购买者的使用需求,直至最后购买行为的发生。

(三)收集户外运动商品信息

当唤起的购买动机十分强烈时,户外运动消费者必然会通过各种途径来获取欲购户外运动商品或服务的信息,为购买决策做准备。户外运动消费者获取信息的来源主要有以下几种途径。

(1)来源于经验。以前购买户外产品的经验以及消费者亲临户外运动销售或活动现场进行过触摸、观看或体验等。

(2)来源于相关团体。如家庭、朋友、邻居、同事、熟人等。

(3)来源于户外运动市场。如广告、推销人员、俱乐部、户外运动产品展销会等。

(4)来源于公共组织。如大众传媒、户外运动协会等。

户外运动企业应该充分了解户外运动消费者获取信息的来源,掌握消费者信息来源的主要渠道以及对所获信息的信任程度,设计有针对性的广告或活动内容,并充分利用口碑宣传,影响户外运动消费者的购买决策。

(四)评估待购户外运动商品或服务

评估待购户外运动商品或服务,是指户外运动消费者对收集的有关待购户外运动商品或服务的信息进行分析、整理和比较的过程。当户外运动消费者从不同的渠道获取有关的信息后,就会对收集到的各种信息进行整理,形成不同的产品购买方案,并对可供选择的产品购买方案进行比较分析,做出评估。户外运动消费者对不同户外运动产品评价的标准是不一样的,而评价的标准也是多方面的。例如,对于户外鞋的评价标准就包括防滑性、耐磨性、防水性、透气性和减震性等。总的来说,消费者对户外运动商品或服务的评估主要包括以下三方面内容。

(1)评估户外运动商品或服务的属性。户外运动商品或服务的属性是指户外运动商品或服务能够满足消费者某种需要的特征。消费者一般都将户外产品或服务看成能提供实际利益的各种户外产品属性组合,对不同的户外运动产品或服务,消费者感兴趣的属性是不同的,产品的各项不同属性可以满足消费者的多方位需求。然而并不是产品或服务属性越丰富消费者就越满意,消费者更看重产品或服务的性价比,即户外运动产品各项性能组合与产品价格的比例关系。因此,开发的户外运动产品属性,越是符合消费者的实际需要,消费者就越满意。

(2)评估户外运动商品或服务的价格。在现实生活中,每一个产品的所有属性并非是最优的,消费者也不会将产品的众多属性看作同等重要,而是从产品满足需要的角度出发，对产品属性分析后，建立起自己心目中的价格评估。

(3)效用函数(以衡量消费者从消费既定的商品组合中所获得满足的程度)。消费者会运用效用函数，对各品牌的户外运动产品和服务就其各项属性带来的效用进行整体评价，从众多品牌中选出其理想品牌。

(五)购买决策

消费者经过判断和评估后，如果对某种户外运动商品形成一定的偏爱，便会做出购买决定。从购买决策转化为购买行为，除了户外运动消费者自身的因素外，还要受到另外三类因素的影响。

(1)他人态度，即购买者之外的影响。这是影响购买决策的因素之一，如女儿想给母亲买一套户外冲锋衣，但母亲坚决反对，女儿极有可能改变或放弃购买意向。他人态度对消费者购买决策的影响程度，取决于他人反对态度的强度以及他人劝告可接受性的强度。

(2)意外情况。指做出了购买决策之后，发生的意想不到的事情。比如户外运动商品价格上涨、营业员态度变化等。

(3)预期环境因素。消费者购买决策受产品价格、产品的预期利益、本人收入等因素的影响，这些影响是消费者可以预测到的，所以称为预期环境因素。

(六)购后评估

购后评估是指户外运动消费者在购买户外运动商品之后，对商品所做的自我评价或主动提取他人的评价。消费者购买了户外运动产品并不意味着购买行为过程的结束，因为其对所购买的商品是否满意，以及会采取怎样的后继行为，对于户外运动企业目前和将来的营业活动都会带来很大的影响。

消费者购买户外运动产品后，最主要的感受是满意还是不满意。如果感到满意，就会形成好的购后评估，产生重复购买行为，并向相关群体进行推荐。如果感到不满意，他除了可能要求退货或寻找能证实产品优点的信息来减少心理不和谐之外，通常还采取公开或私下的行为来发泄不满，这势必给户外运动企业的市场营销带来负面影响。因此户外运动消费者购后感受的好坏，会影响到消费者是否重复购买，并影响他人的购买行为，对户外运动企业信誉和形象影响极大。

三、户外运动消费者行为的特点

(一)户外运动消费需求的特点

户外运动消费者行为作为一个过程，在不同的阶段会呈现出不同的特点。研究和把握户外运动消费者行为的特点，有利于户外运动经营者做好市场细分和市场选择工作，从而更加有针对性地开展营销活动。

消费需求可分为基本生活消费需求、发展消费需求和享受型消费需求三个由低级到高级的层次。美国人本主义心理学家马斯洛认为，需求随着经济、科技的发展以及个人收入的增加而不断变化，并由低级向高级发展，永不停止。他在 1954 年提出需求层次论，把人类的需求分为五个层次，如图 3-4。

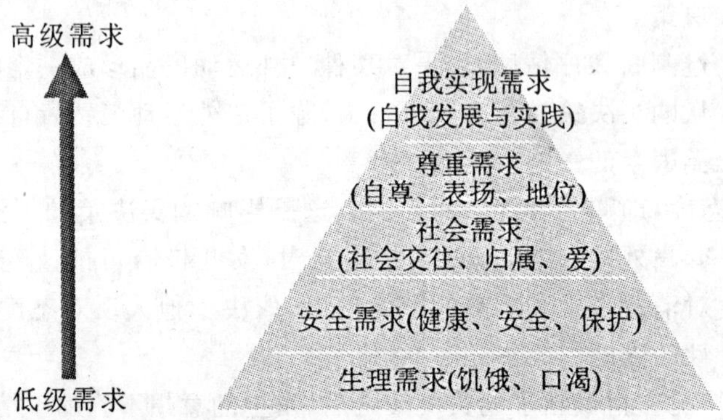

图 3-4　马斯洛的需求层次理论图

随着市场经济的发展，人们对教育、娱乐、户外运动和保健等商品或服务的需求量会越来越大，对服务商品的质量要求也会越来越高。未能满足的需求是人们行为的第一推动力。同时，人必须在低一级需求得到满足之后，才会产生较高一级的需求（表 3-1）。

表 3-1　不同层次户外运动产品和服务的需求动机

运动技能	需求层次	产品类别
个人户外运动技巧	自我实现需求	户外运动教育、运动训练
户外运动专项运动技术	尊重需求	个人专项户外运动和竞赛用品
户外活动等社交活动	社会交往需求	户外运动服装、营养品等
野外生存等生活技能	安全需求	户外运动护具、保健品、户外运动器材等
走、跑、跳等生存技巧	生理需求（饥饿、口渴）	锻炼用品、户外运动专用低脂食品

户外运动经营者应研究需求层次发展的客观规律，不失时机地引导和推动人们需求的转化，以便更好地满足需求，取得经营的成功。

户外运动消费需求，作为发展需求和享受需求，是一种高层次的消费需求。户外运动消费需求有如下四个特点。

差异性——从宏观角度来说，不同地理位置、不同经济发展水平的地域对户外运动的消费存在差异；从微观方面看，不同收入水平、不同文化程度、不同性别、不同年龄等个体消费者，对户外运动的消费需求存在差异性。

层次性——不同的人具有不同的个性，不同的消费者也具有不同的消费需求，因此也形成了不同层次的消费需求。

伸缩性——受商品价格波动、个人可支配收入变化、经济环境变化等多种因素的影响，消费需求在一定程度上有增加或减少的趋势，这就是消费需求的可伸缩性。

可诱导性——消费者的户外运动需求可以通过推销、促销、广告宣传等营销手段刺激、诱导而产生。

(二)户外运动消费者购买动机的类型

德国拜罗伊特大学多位教授研究得出户外运动参与动机大致包括：忘掉工作、彻底放松；领略自然之美；放松；更苗条；更健康；忍耐力和成就感；聆听大自然之音；精神放松；友谊；与他人会面；视觉之美；全新的体验；身体的感受；减肥；预防疾病；交际；气温适宜；提高心智；专注；调节情绪等多种，结合户外运动各类项目满足消费者参与的目的和功能，专项研究结果如表 3－2。

户外运动消费者的购买动机除了一般消费者所固有的求实、求美、求名、求同动机等类型之外，还表现为以下所特有的动机，不同的购买动机有其相应的特点。

(1)求新动机。表现为追求户外运动商品的新颖和时尚。具有这种消费动机的消费者在购买户外运动商品时，不太计较商品的价格，而是注重商品的时尚，要求商品形式新颖、市场流行。他们总是期望自己领导消费新潮流。

(2)求奇、求特(别)动机。表现为追求户外运动商品的奇异、特殊的式样，别具一格的造型等，注重户外运动商品的与众不同之处。

(3)求刺激动机。表现为追求户外运动商品的一种感官刺激和精神刺激。

(4)求现场气氛的动机。表现为大多数的观赏型户外运动消费者，为了达到一种户外运动竞赛现场的气氛和一种感情的宣泄，而去观看各类户外运动比赛或户外运动表演。

(5)求强身健体、防病祛病的动机。表现为参与型的户外运动消费者为了强身健体、防病祛病、延年益寿，而购买各种户外运动劳务商品。

(6)求欢度余暇的动机。表现为户外运动消费者为了充实余暇生活、陶冶高尚情操而参加各种健身、休闲、娱乐型的户外运动活动。

(7)求一种社交、公关场合的动机。表现为利用打高尔夫球、保龄球和其他户外运动活动的场合，洽谈贸易，签订合同，以及开展其他商务活动和公关活动。

(8)求一种身价的动机。表现为各种会员制户外运动俱乐部，特别是封闭式会员制户外运动俱乐部会员卡(白金卡、金卡、银卡)的拥有者,是一种地位和身价的体现。

表 3-2 户外运动各类项目满足消费者参与的目的和功能一览表

动机排名	徒步穿越	登山	水上运动	跑步	北欧竞走	山地自行车	攀岩
1	忘掉工作彻底放松	领略自然之美	放松	更苗条	更健康	更苗条	忍耐力和成就感
2	领略自然之美	忘掉工作彻底放松	精神放松	更健康	更苗条	更健康	友谊
3	聆听大自然之音	精神放松	聆听大自然之音	忘掉工作彻底放松	忘掉工作彻底放松	精神放松	与他人会面
4	精神放松	聆听大自然之音	领略自然之美	精神放松	精神放松	忘掉工作彻底放松	忘掉工作彻底放松
5	视觉之美	全新的体验	视觉之美	身体的感受	聆听大自然之音	领略自然之美	改善身体机能
6	与他人会面	视觉之美	与他人会面	预防疾病	减肥	聆听大自然之音	更苗条
7	全新的体验	更苗条	全新的体验	减肥	预防疾病	身体的感受	交际
8	更健康	与他人会面	调节情绪	忍耐力和成就感	领略自然之美	忍耐力和成就感	控制力
9	更苗条	忍耐力和成就感	气温适宜	聆听大自然之音	视觉之美	视觉之美	提高心智
10	气温适宜	友谊	更苗条	领略自然之美	调节情绪	提高心智	专注

(三)户外运动消费者购买活动的特点

1. *户外运动消费者的购买活动分析——5"W"、1"H"*

在当今市场上要从事有效的户外产品营销活动,需要先搞清楚户外运动消费者购买行为的基本内容。即:"什么"(What)、"谁"(Who)、"为何"(Why)、"哪里"

(Where)、“何时”(When)、“如何”(How)。现在分别叙述如下：

(1)“什么”(What)——就是要了解户外运动消费者知道什么，需要购买什么样的产品或服务。例如，某一户外运动经营者准备在近期推出新型的户外运动产品，要了解消费者“知道吗”，消费者“购买什么”，即户外运动商品的被接受性。调查消费者购买了什么样款式或性能的户外运动商品等，通过了解，既可以清楚市场占有率和不同款型的销售情况，也可以搞清楚消费者的爱好，以提供消费者需要的商品和服务。

(2)“谁”(Who)——既要了解谁是购买者或决策者，又要弄清购买行动中的购买角色。户外运动消费者是谁，指的是户外运动企业的目标顾客是谁。购买角色，即研究不同购买活动中不同人的位置和作用。户外运动产品的消费者和购买者是两个不同的概念，购买者通常指的是实际完成购买行为的人，他很可能是商品的消费者，也可能不是。例如，某人在户外实体店购买一个登山杖，很难断定这位购买者同时也是消费者，因为这位顾客有可能是为了自己使用，也可能是为了他的父母或配偶等购买的。在许多商品购买活动中，购买者、决策者与消费者是分离的。因此，要搞清楚在户外运动产品消费者的购买行动中，谁是决策者，谁是使用者，谁对决定购买有重大影响。这样户外运动企业在确定自己的目标市场时，才能掌握消费者的心理，从而更有针对性地运用商品价格、渠道及促销策略。

(3)“为何”(Why)——即了解和探明户外运动产品消费者购买行为的动机或影响其行为的因素。户外运动产品消费者为什么喜欢这个品牌的商品而不喜欢另一个；为什么唯独买这种包装、规格的商品而拒绝接受其他种类等。只有探明了原因与动机，户外运动企业才有可能较为全面地了解消费者的需要。

(4)“哪里”(Where)——是指了解户外运动产品消费者在哪里购买，在何处使用。弄清楚户外运动消费者在哪里购买，是为了了解购买某类商品的习惯。企业搞清楚后，可以有针对性地确定销售渠道和选择合适的销售地点。在哪里使用，就是要了解消费者是在什么样的地理环境、气候条件和场所使用户外运动产品。根据消费者的使用地点和场所特征，使企业提供更为方便的户外运动商品和服务。

(5)“何时”(When)——指了解消费者在一年中的哪个季节、哪个月、哪个星期甚至是更具体到哪一天或什么时间，实施哪类购买行动和需要什么样的户外运动商品或服务。清楚掌握消费者什么时候消费哪类户外运动商品和服务，对于开发新产品、拓宽服务领域、增加服务项目有着重要的意义。

(6)“如何”(How)——既包括了解消费者怎样购买，喜欢什么样的促销方式，又包括了解消费者对所购商品如何使用。这样不仅可以针对不同户外运动产品的用途突出商品的差异，还可以做出适当的促销决策。例如，特定地区、特定阶层户外运动产品消费者更宜接受人员推销方式，户外运动企业便可以适当减少对这个地区的广告投入而增加人员销售，以适应这部分人群对促销方式的要求，使企业提供更多品种的适宜产品，发现消费者没有被满足的需求，拓宽开发新产品的领域。

2.户外运动消费者购买行为的类型与特点

(1)理智型——冷静慎重，有主见，心中有数。这一部分人群在选择产品时，都会购买必须需要的，并且会在价格、实用等方面作出认真的考虑，不会受外界因素的影响。他们会在购买前做大量的准备工作，不会轻易做出购买决策。

(2)冲动型——没有主见，易受刺激，受冲动情绪支配。这部分人群很容易受到外界的影响而产生购买行为，比如来自推销员或者广告等促销手段因素，都会推动其在短暂时间内做出购买决策。

(3)经济型——受经济因素支配，对价格敏感。这些消费者会将价格作为首要考虑因素，他们渴望购买到既经济又实惠的产品，所以这部分人只会关注价格，价格低廉是刺激他们购买欲望的直接因素。

(4)情感型——受个人情感支配，对产品外观、式样、款式、颜色、名称和品牌比较重视。这些消费者会有自己青睐的品牌和颜色，他们关注的通常是跟自身情感相匹配的产品，有时还会因为满意某个营业员或者店铺的风格而使他们产生购买行为。

(5)群体型(从众型)——从众，缺乏主见。这些消费者通常都是受外人影响，比如家人、朋友或同事等，他们往往对自己的购买欲望没有明确的界定，容易受人怂恿。

(6)不定型——没有明确的目标和要求。通常青少年在这部分人群占据较多，那是因为他们对自身的个性特点还没有明确的定位，往往会受到不同因素的刺激，且购买行为也不稳定。

第二节 影响户外运动消费者行为的因素

户外运动消费者购买行为，从表面上看，是户外运动消费者个人的行为，但这种个人行为不是独立地发生的，他会受到户外运动消费者自身因素及各种外界因素的共同影响。

一、户外运动消费者自身因素

1.家庭经济状况

家庭经济状况主要包括家庭可支配收入水平、家庭储蓄、资产情况以及借贷能力等。家庭经济状况在很大程度上影响着人们的消费需求、支出能力及支出结构。不同收入的人购买行为有着很大的差异。户外运动消费属于一种较高层次的需求，有钱的人会在满足基本的生活需求后，再去追求满足更高层次的需求，而收入低者则以满足基本生活需求为限；不同收入层次的人在购买商品所选择的地点和商店都会有所不同。此外，户外运动产品消费者对开支和储蓄的态度也会影响个人的实际购买力，从而影响购买行为。

2. 职业和文化水平

不同职业的户外运动消费者，对户外运动商品的爱好与需求往往不尽一致。机关单位的户外运动消费者和公司的年轻白领户外运动消费者就有着不一样的户外运动消费需求和偏好。户外运动消费者文化水平和文化素养的差异也会导致其对户外运动商品评价的雅俗观和价值观的差别。

3. 个性与爱好

户外运动消费者在购买户外运动商品时，经常受个性影响，与爱好也有密切的关系。个性是个人的性格特征，例如，外向或内向、自卑或自信、活泼或沉稳等。自信或急躁的人，购买时很快就能拿定主意；缺乏自信或慢性子的人购买决策过程就较长。外向型的人容易受周围人的影响，也容易影响他人；内向型的人则相反。个人爱好对消费者的购买行为也有着重要影响，消费者一般倾向于购买个人偏爱的颜色、款式、品牌，甚至是营业员服务水平，等等。

4. 年龄与性别

户外运动消费者在购买户外运动商品过程中，由于年龄和性别的差异，会产生不同户外运动消费需求和户外运动消费欲望，形成不同的消费层次和结构。年龄和性别差异是户外运动经营单位进行户外运动市场细分的常用标志。

二、户外运动消费者的相关群体因素

相关群体是指影响户外运动消费者行为的个人或组织。相关群体是影响户外运动消费者行为的重要因素，有时甚至是决定性因素。相关群体可分为直接相关群体和间接相关群体。

1. 直接相关群体

直接影响户外运动消费者行为的个人和组织，主要包括家庭、亲戚朋友、同学、同事和邻居。

(1)家庭。户外运动消费者在家庭中经常扮演五种不同的角色：提议者、影响者、决策者、购买者和使用者。其中决策者是购买行为能否实现的关键人物。通常家庭购买决策分为四种类型：丈夫决策型、妻子决策型、协商决策型和各自决策型。

(2)亲戚朋友、同学、同事和邻居。因为经常来往、一起居住、谈论和购买户外运动商品，所以亲戚朋友、同学、同事和邻居对户外运动消费者也有较大影响。

2. 间接相关群体

指与户外运动消费者接触不太密切或根本没有接触，但对户外运动消费者行为有一定影响的个人或组织。一般分为两类：户外运动商品品评者和潮流导向者。

(1)户外运动商品品评者。专门对户外运动商品发表建议的人称为户外运动商品品评人。商品品评者能够影响户外运动消费者的购买行为的原因：①“精通”户外运动商品；②让人相信，易于接受；③既有肯定，也有否定，观点中立。

(2)潮流导向者。登山户外运动领域的知名人物，如攀岩冠军、珠峰登顶者等。

三、户外运动经营单位自身因素

户外运动经营单位在分析影响消费者行为因素时，切不可忽视自身因素对户外运动消费者行为的反作用，自身因素主要有以下几种。

1. 户外运动经营单位形象

户外运动经营单位形象是企业文化建立的核心，它包括企业的产品质量、包装、态度及销售方式等，直接影响着企业在市场中的竞争能力。树立良好的企业形象有助于提升企业在顾客心中的地位，能够影响消费者的行为。

2. 户外运动产品形象

户外运动产品形象是企业形象的重要组成部分，是企业在经营与竞争环境中，设计和塑造企业形象的有力手段。在企业运营过程中，产品形象能够随时、随地向企业员工和社会公众传递信息，为人们提供识别和判断的信号。良好的产品形象有助于企业形象的建立，能够提高企业的竞争能力，还可以让企业获得更多的社会效益。

3. 户外运动经营单位的销售服务工作

(1)售前服务。售前服务通常发生在顾客未深度接触产品之前，或者处于产品选型阶段。售前服务包含多个方面，比如传达信息给顾客、自身的仪容仪表、对产品知识的准备、对营业环境的准备、了解顾客的消费心理等。如果能够售前沟通到位，把顾客的需求理解准确，才能更好地在售中服务中找到有针对性的解决方案，这样可以大大地促成购买行为。

(2)售中服务。售中服务是营销人员和顾客最直接的接触阶段，营销人员在销售过程中要注意自身的言语和形象，因为营销人员的言行此时是公司整体形象的化身，必须要给顾客留下一个完美的服务形象，这样不但能让对方加深对公司产品的印象，而且在无形中也树立了公司的良好口碑。

(3)售后服务。售后服务的重要性不容小觑，在顾客购买商品以后，应当及时主动地与顾客取得联系，了解顾客对产品的满意度和意见。除此之外，顾客在产品购买后出现的问题要能够耐心地询问问题并及时地解决，这样能够抓住顾客的心理，加大顾客对品牌的忠诚度，提升下一次消费的可能性。

除此之外，户外运动消费者行为还受到其他一些因素的影响，比如，余暇时间、气候条件、大众传播媒介的炒作以及其他文化消费市场的竞争等，户外运动经营单位只有认真分析研究影响户外运动消费者的各种因素，才能在经营活动中掌握主动权，并取得较好的经济效益和社会效益。

扩展阅读

户外用品目标消费者特征知多少

1. 户外用品目标消费者大致特征

- 男性为多，单身或者已婚未育；
- 年龄为 26～35 岁，本科及以上学历；
- 月薪 3 000～8 000 元；
- 一般都消费 5～8 类户外用品；
- 注重户外用品的实用功能；
- 从互联网和杂志获取户外资讯；
- 一年长途旅行 3 次以上，一月爬山 2～3 次；
- 渴望不同生活，喜欢迎接挑战；
- 渴望激情，并相信生活充满变化；
- 看重健康、亲情、朋友和名誉声望。

根据消费者的相关行为特征，我们建议户外用品销售渠道与终端选择应根据消费者的相关行为习惯来进行，这样可以最大可能地满足消费者需求。

2. 户外用品主要目标消费者大致特征

- 户外运动爱好者、旅行爱好者、户外休闲爱好者、摄影爱好者、垂钓爱好者、自驾车爱好者、野外工作者等。
- 以上消费者的职业特征为：公务员、企业白领、科研人员、技术人员、教师、新闻从业者、影视娱乐从业者、管理者、自由工作者、大学生和地质、气象工作者。
- 年龄段 20～60 岁，男女比例大致为 6∶4。

户外用品的消费者热爱自然，追求个性，喜欢自助旅行。他们正处于生命的鼎盛时期，掌握流行资讯，对世界和社会有较清醒的认识，对于自己的生活和未来充满自信和梦想，崇尚积极健康的生活方式，敢于挑战自我，希望自己能经常地走出城市，去野外呼吸新鲜空气，观赏大好河山。这类人群一般处于收入大于支出的阶段，他们有能力去实现自己喜欢的生活方式。

案例分析

PETZL 成立品质管理部门　提高售后服务的质量和效率

（资料来源：www.8264.com 户外资料网）

2007 年法国 PETZL 公司成立“品质管理”部门，以提高售后服务的质量和效率。他们主要解决以下三个问题：①提高产品品质问题判断与产品调换的处理速度和准确率；②为工业市场提供安全而高效的实用技术支持；③提高运动或工业事故的处理速度与准确率。

“品质管理”部门由 5 名专业技术人员组成，其中有 3 位“窗口人员”。

Galy 担任部门经理，主管运动或工业事故的处理。他是 PETZL 的超级元老，曾追随 Paul Petzl 研发各种专利技术产品。Galy 请求各国代理商以最快的速度和最平实的陈述将发生在本国的运动或工业事故传告于他，一方面他可以凭借自己多年的实践经验帮助各国代理商判断事故原因以及与此相关的产品技术支持；另一方面他从事故案例中可以发现 PETZL 器材需要改进的技术细节，为 PETZL 产品技术的发展提供科学依据。

Eric 担任技术咨询“窗口”，他将借助电子邮件的形式解答来自各国代理商的技术咨询，并承诺 48 小时之内给予答复。最重要的是，Eric 可以针对不同国家工业市场上的特殊应用，提供现场作业方案和产品技术分析。

Christelle 也是 PETZL 的一位元老级员工，她担任“品质管理”部门的客户服务“窗口”，主要负责产品调换，在产品品质问题判断方面拥有多年的实践经验，她承诺无论是哪个国家都可以在 7 天之内给予代理商一个明确答复。

“品质管理”需要长期的实践工作以及在工作过程中总结出来的应用经验，与此同时，各国代理商以及区域直接用户的专业支持也是非常重要的。为了保证产品质量以及推进售后服务的效率，PETZL 为每一个产品都发放了一个“身份证号码”，对于各国代理商以及区域直接用户来说，通过这个“身份证号码”即可以了解产品的生产日期与质检记录，并且可以验证自己的产品属于有售后保障的正品货源；而对于 PETZL 的物流、售后、生产与研发部门来说，通过产品上面标识的“身份证号码”可以迅速追查到产品的生产历史，以及与此相关的品质管理信息，从而提高产品品质问题判断与产品调换的处理速度和准确率。

因此，区域直接用户科学的使用习惯是非常重要的，比如在使用一条新安全带之前，请不要剪掉 PETZL 安全带内侧的白色布标签或者将标签剪掉后保存起来。因为这个小小的白色布标签上记录着这条安全带的“身份证号码”以及其他的生产信息，在发生运动或工业事故的时候，这些信息可以帮助 PETZL 迅速查找问题点。再比如每一只 PETZL 保护器材上都印着一个白色的“身份证号码”，请在使用器材的过程中尽可能保护好号码，或者在使用前将号码如实记录下来。以目前进入中国市场的一只手式上升器为例，它的“身份证号码”为 06261FI3999，这个号码的含义是：2006 年的第 261 天生产的手式上升器，生产这只手式上升器的人叫做 F(姓名代码)，生产这只手式上升器的机器是 I(生产线代码)，而这只手式上升器是这一天这个生产线上的第 3999 个出产品。

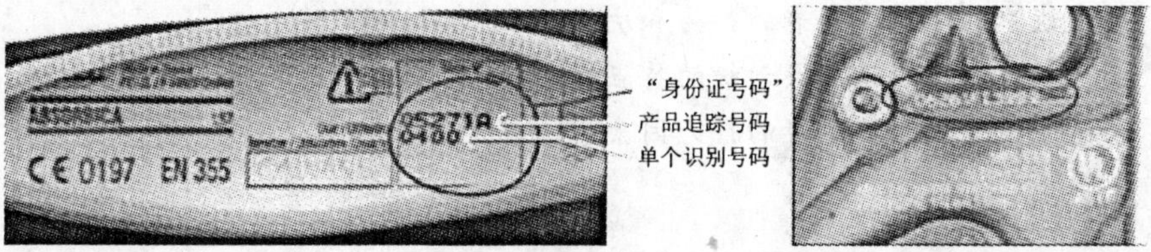

2007 年 PETZL 成立“品质管理”部门以加强售后服务的质量和效率，作为 PETZL 的中国代理商雪鸟公司也设立了一个“售后服务窗口”，与品牌的服务工作做衔接，同时将法国 PETZL 公司先进的品质管理思路和运营规则带入国内。雪鸟公司的“售后服务窗口”职责主要有：产品更换与维修、运动与工业产品应用技术问题解答、产品召回处理以及运动与工业事故的处理。

扩展阅读

King Camp 徐国庆　提升品牌形象　倡导家庭户外

（资料来源：www.8264.com 户外资料网）

2012 年，King Camp 在产品系列开发上将突出重点，其主题、品类、品种将围绕营销做进一步的减法。2010 年，King Camp 率先提出“家庭户外”理念，并围绕家庭户外做了一系列的主题活动，这是 King Camp 品牌将坚持的。因此，不能给品牌提升形象的产品和缺乏概念内涵的产品，我们将坚决不做。King Camp 将针对自驾与露营两大户外运动用品市场，组合产品综合营销。我们欣喜地看到，2011 年国家批准了一批露营地建设，这就为家庭户外活动的开展提供了有利条件。

King Camp 品牌立足于打造全球著名品牌，加大营销力度，保持领先地位。目前，类似定位的品牌中并没有强有力的竞争对手；King Camp 品牌产品的高性价比与品牌内涵使得我们立于不败之地。由此在销售渠道方面，商场渠道是主流渠道，户外店渠道增速将放缓。户外店渠道体现了品牌的专业形象，King Camp将在优质户外店渠道中销售。未来类似于体育大卖场的销售渠道将成为主流。

未来，King Camp品牌将扎实努力，成为良性可持续发展的品牌。对于户外行业的“上市”潮流，徐国庆认为上市与市场息息相关，上市是自然可持续的过程。一家架构透明、经营完善、利润丰厚、规模适当的公司，才能体现融资带来的好处。

本章讨论题

1. 谈谈户外运动消费者的行为和决策过程
2. 户外运动消费者购买动机的特点有哪些？
3. 简述户外运动消费者的行为因素。

第四章

户外运动市场细分、目标市场的选择与定位

【内容提要】 任何一个企业都不可能去满足所有顾客的所有需求，我们必须根据自身的条件去选择我们的目标市场。本章主要讲解有关户外运动市场细分和目标市场选择的问题。

【学习要求】 掌握户外运动市场细分的作用与原则；熟悉户外运动市场细分的依据和方法；掌握如何选择目标市场；掌握进入户外运动市场的三个主要策略；熟悉户外运动市场定位的策略。

第一节 户外运动市场细分

一、户外运动市场细分的概念

在对户外运动市场细分进行界定之前，首先要理解一般意义上的市场细分。在大众化营销阶段，卖方通过大量生产、大量分配和大量促销，向所有的买主提供单一的产品，比如福特提供T型汽车给所有的顾客，顾客从它那里可以得到的汽车“除了黑色以外没有其他颜色”。可口可乐公司也在相当长的一段时间里开展了大众化营销，它曾经只卖一种6.5盎司一瓶的可乐，但随着社会经济的发展和人们需求的多样化，任何一个企业都不可能满足整个市场和全部消费者的需要。广告媒体和分销渠道的多元化使“所有人都使用一种规格”的营销越来越困难，大众化营销正在走向死亡。面对激烈的市场竞争，越来越多的企业选择了建立在市场细分基础上的目标市场营销。就市场而言，它存在着许多不同的特征，这些特征将市场分割成了若干性质有所差异的组成部分，每个部分就构成了一个细分市场。企业进而在子市场上同对手竞争，而不试图在整个市场内竞争。

以上原则对于户外运动市场也是适用的。由于任何户外运动企业都不可能满足整个户外运动市场和所有户外运动者的需要，所以进行市场细分是很有必要的。户外运动市场细分实际上就是在对户外运动市场进行市场调查的基础上，依据户

外运动者的需要、行为和习惯等方面的差异性，把整个户外运动市场划分成若干个户外运动者群的过程。户外运动企业通过市场细分，制定不同的营销组合，不同的户外运动产品、价格、营销渠道、促销方法等，以便更好地满足各类户外运动消费者不断变化着的需求。另外，市场细分可以使户外运动经营者更清晰地认识市场，通过对市场的各种特性进行整理、观察和分析，进而发现新的市场机会，挖掘出新的市场特性。户外运动市场被按照一定特性分割之后，户外运动企业可以找出对于自己最为关键的市场部分，利用自身有限的资源集中对这部分市场进行开发和拓展，使资源得到充分的利用，使企业的行为效率最大化。

户外运动本身就可以看作是对休闲娱乐市场细分的结果，然而户外运动市场仍可进行更详尽的市场细分。在户外运动需求日趋个性化和多元化的今天，户外运动企业要为户外运动客源市场上所有的顾客提供产品与服务几乎是不可能的。因此，在对户外运动市场细分的前提下，选择目标市场，对市场进行定位，是户外运动经营管理者开展市场经营活动的一项十分重要的内容。

市场细分又称市场分割，这是一个企业辨别具有不同欲望和需求的消费者并加以分类的活动。户外运动市场细分是指户外运动企业根据一系列的标准，将户外运动这一整体客源市场，按照一种或几种因素进行分类，并形成若干个具有不同特点的消费者群(子市场)的行为。户外运动企业的市场细分行为不是由人们主观意志决定的，而是由户外运动需求的多元化以及商品经济内在矛盾的发展引起的。人们的需求存在着差异性和类似性，这就决定了组成市场的各个部门既可按类似性进行聚合，又可按差异性进行细分。必须强调的是，细分市场不是根据户外运动产品或服务的类别、系列来进行的，而是从消费者(最终使用者和工业生产者)的角度进行划分的，是根据市场细分的理论基础，即户外运动消费者的需求、动机、购买行为的多元性和差异性来划分的。市场细分能够对企业的生产、营销工作起到极其重要的作用，户外运动行业也同样如此。细分市场有一定的客观条件，即商品经济发展到一定阶段——市场上商品供过于求，消费者需求多种多样，企业无法用大批量生产产品的方式或差异化产品策略来有效地满足所有消费者需要的时候，细分市场的客观条件才具备。

户外运动企业的市场细分主要有以下三层含义。

(1)不同的细分市场具有不同的消费特征，各个消费者群之间在需求或营销反应上却存在明显的差别。户外运动业不同的细分市场代表不同的户外运动消费者组群，各个组群的消费者在户外运动需求上具有明显的差别，并对户外运动经营者的营销行为所产生的反映存在明显的差别，这是户外运动业市场细分的核心与关键。例如，按其经济条件与消费等级来细分，可分为经济型户外运动市场、标准型户外运动市场和豪华型户外运动市场；按照年龄层次细分，可分为儿童、青少年、中年、老年户外运动市场。支持上述细分行为的理论依据是不同经济收入、年龄层次、性别、受教育程度的消费者，对产品质量、产品价格的要求，甚至是对产品或服务内涵的理解都是不相同的。

(2)同一细分市场的消费者群具有相似的需求、相同的消费特征或营销反应。由于对户外运动市场的细分是按相应的因素进行的，如地理变量、人口变量(性别、家庭生命周期、收入、职业与教育)、心理变量(社会阶层、生活方式、个性)、行为变量(购买时机、追求利益、使用者状况、使用数量、品牌忠诚程度、购买的准备阶段)等。因此，在按照某一特定标准细分后的子市场内的户外运动消费者群，通常具有相似的需求和欲望，在一个或几个方面具有相同的消费特征，他们之间的需求差异比较细微。另外，同一细分市场内的消费者在应对户外运动经营者的市场营销行为时，也大都具有相似的反应，如男性的年轻人群体对户外运动俱乐部组织的攀岩、溜索、岩降等刺激性户外运动活动，大都会趋之若鹜。

(3)户外运动业的市场细分是分解与聚合的统一。户外运动业的市场细分不是简单地将一个整体客源市场加以分解，也就是说对整体市场的分解并不是目的，正确、科学的理解是“完整的市场细分是市场分解与市场聚合的统一”。市场分解是整体户外运动市场上具有不同消费需求的户外运动者群体按细分因素加以归类；而聚合过程是将对户外运动产品或服务的特性最易作出反应的户外运动者集合成群，这种聚集过程可以依据多种标准连续进行，直到识别出其规模足以实现企业利润目标的某一个消费者群。

需要指出的是，细分市场是有一定客观条件的。只有商品经济发展到一定阶段，市场上商品供过于求，消费者需求多种多样，企业无法用大批量生产产品的方式或差异化产品策略有效地满足所有消费者需要的时候，细分市场的客观条件才具备。可以说，社会经济的进步，人们生活水平的提高，顾客需求呈现出较大差异时，细分市场才成为企业在营销管理活动中急需解决的问题。细分市场客观上是按一定的依据把整体市场分解为诸多同性质的子市场。但是，细分市场不仅是一个分解的过程，也是一个聚集的过程。所谓聚集的过程，就是把对某种产品特点最易作出反应的消费者集合成群。这种聚集过程可以依据多种标准连续进行，直到识别出其规模足以实现企业利润目标的某一个消费者群。

二、户外运动市场细分的意义

户外运动消费者群体数量庞大，需求和欲望千差万别。不同地域、不同人口特征、不同心理偏好的消费者的需求也会随着内外环境因素的变化而发生变化。对于如此庞大，且复杂多变的户外运动整体市场，任何一个户外运动企业、公司或俱乐部，无论其实力如何雄厚，都不可能面面俱到，满足户外运动市场内所有消费者的所有需求。因此，户外运动企业只能根据自身的人力、物力、财力等方面的优势，从事某一领域的生产、经营活动，而确保正确选择经营方向的前提就是市场细分。户外运动业市场细分的意义主要表现如下。

(1)有助于户外运动企业确定经营总方针。经营总方针是户外运动企业经营战略与策略决策的集中体现，它概括了户外运动经营者当前与未来经营行为的基本特征。户外运动业经营总方针的核心问题是向哪些户外运动者提供什么样的产品，即户外运动业的服务方向及服务重点是什么。一般来说，户外运动业服务方向与服务重点的确定是借助市场细分来实现的。只有通过科学的市场细分，户外运动业才能从众多的细分市场中选择适于本企业的服务对象和经营方向，才能根据细分市场的基本情况，确定本企业经营的总方针。

(2)有利于户外运动业寻找最佳的市场机会。户外运动市场营销机会指的是已出现在户外运动市场之中，但尚未得到满足的或未充分得到满足的户外运动需求。在户外运动业经营过程中，不同户外运动形式之间的市场需求量以及对户外运动者的满足程度存在着一定的差异。由于户外运动服务需求差异的客观存在，任何一家户外运动企业的优势只是某一方面的相对优势，而不是绝对优势。这种户外运动需求是潜在的，不易察觉的。户外运动市场上存在着大量的市场机会，但这些市场机会能否成为户外运动业最佳的市场机会，则取决于户外运动资源的潜力、市场的适应性和市场的选择性。市场细分可帮助户外运动业从众多的市场机会中，选择适应本企业资源潜力的最佳市场机会。通过市场细分，企业可以对每一个细分市场的购买潜力、满足程度、竞争情况等进行分析对比，发现那些未满足的颇具潜力的需要，探索出有利于本企业的市场机会，使企业及时作出投产、异地销售决策或根据本企业的生产技术条件编制新产品开拓计划，进行必要的产品技术储备，掌握产品更新换代的主动权，开拓新市场，以更好地适应市场的需要，从众多企业中可能脱颖而出，“见缝插针”地在竞争中占据自己的一块阵地。

(3)有利于户外运动业选择目标市场和制定市场营销策略。户外运动业经营的特性决定了户外运动业的经营效益，这主要取决于客源量及价格水平。在买方市场的状态下，各家户外运动企业为了争夺客源，市场竞争十分激烈。在这种市场环境下，户外运动业通过市场细分可发现目标群体的需求特点，从而依据目标市场的需求特点来调整产品结构、产品方向和产品内容。通过市场细分将粗分需求满足变为细分需求满足，将面向全体市场经营变为面向部分市场经营，将粗放经营转向集约经营，这有利于户外运动业发挥经营优势，应付市场竞争，提高经营效益。

市场细分后的子市场比较具体，比较容易了解消费者的需求，企业可以根据自己的经营思想、方针及生产技术和营销力量，确定自己的服务对象，即目标市场。针对较小的目标市场，便于制定特殊的营销策略。同时，在细分的市场上，信息容易了解和反馈，一旦消费者的需求发生变化，企业可迅速改变营销策略，制定相应的对策，以适应市场需求的变化，提高企业的应变能力和竞争力。

(4)有助于企业提高经济效益。任何一个企业的资源、人力、物力和资金都是有限的。通过细分市场，选择了适合自己的目标市场，企业可以整合全部资源，包括人、财、物等有限资源和服务、士气、企业文化等无形无限资源，来对某一细分市场或某几个细分市场进行销售活动，就更能满足目标市场消费者的需求。户外运动市场细分的这一作用在户外运动小企业身上表现得特别明显，特别重要。户外运动小企业无法同户外运动大企业展开全面竞争，但是，如果户外运动小企业集中在某一细分市场经营，特别是大企业不屑全力以赴经营的细分市场，那么小企业就可能在该市场取得相对优势，占据一定的市场份额，提高经济效益。目前，我国旅行社业整体呈现的“小、散、乱”的特征同大多数旅行社没有严肃认真地进行科学的户外运动市场细分有很大的关系。

(5)有助于企业深入贴近消费者需求。在户外运动活动中，消费者不仅仅是追求精神或物质某一单层面的满足，而是为了获得全方位享受。企业面对着成千上万的消费者，他们的需求和欲望千差万别并且分散于不同的地区，而又随着环境因素的变化而变化。比如，某个户外运动者在年轻的时候，偏爱蹦极、漂流或深海潜水等刺激性户外运动活动，其收入一般，价格敏感，对户外运动基础设施并不讲究；当他步入中年后偏好转移，户外运动需求更倾向于休闲度假，这时其收入丰厚，对价格不敏感，对户外运动的综合环境比较在意，等等。因此，对于这种差异性大、特征多的需求，只有深入分析才能认清市场。户外运动市场细分为户外运动企业提供了非常有效的分析工具。通过市场细分，户外运动企业可以更清晰地认识不同子市场的特点以及各子市场之间的区别和联系，从而有助于企业的产品或服务更加贴近消费者需求，实现以消费者为中心的理念，规避目标迷失的风险。

三、户外运动市场细分的原则

为了使细分市场具有真正的实用价值，保证细分市场能为户外运动企业制订出有效的营销战略和策略服务，能从市场细分中获得最大的收益，现代户外运动企业进行市场细分时还必须符合一些原则，即一个有效的细分市场必须具备可衡量性、可进入性和可持续性。

1. 可衡量性

可衡量性是指各细分市场的需求特征、购买行为等能够被明显地区分开来，市场范围明确，各细分市场的规模和购买力大小等能被具体测量。要做到这一点，就要保证所选择的细分标准清楚明确，能被定量地测定，这样才能确定划分各细分市场的界限。另外，所选择的标准要与户外运动者的某种或某些户外运动购买行为有必然的联系，这样才能使各细分市场的特征明显，且范围比较清晰。如果不同细分市场对户外运动产品需求差异不大，行为上的同质性远大于其异质性，此时，企业就不必费力对市场进行细分。

2. 可进入性

可进入性是指户外运动产品有条件进入经过细分后所确定的目标市场，并能占有一定的市场份额。户外运动企业必须从实际出发，以保证细分出的市场是企业的人力、物力、财力等资源所能达到的，是企业经营力所能及的，否则不能贸然去开拓。要实现可进入性，企业需要具有与客源市场进行有效信息沟通的可能，能够通过媒体顺利传达给该细分市场中的大多数消费者，并影响他们的心理活动，并且具有畅通的销售渠道，这对于具有异地性特征的户外运动市场尤其重要。

3. 可持续性

一家企业的价值不仅仅在于其现有的盈利能力，更在于其未来可持续发展的能力。为了实现可持续发展，首先，细分出来的户外运动市场，其容量或规模要大到足以使企业获利。进行市场细分时，企业必须考虑细分市场上顾客的数量，以及他们的购买能力和购买频率。如果细分的市场规模过小，市场开发的投入与产出不成比例，户外运动企业就不值得去细分市场；其次，细分出来的户外运动市场应具有相对的稳定性和时间性，该市场是会在今后相当长一段时期内存在，而不是昙花一现，过眼烟云；最后，细分出来的户外运动市场应当符合道德和法律的规定，尽管有些户外运动需求能够为企业带来巨额利润，但是如果这种需求不在道德和法律的范畴以内，户外运动企业就不应当去迎合此类需求，因为一是存在触犯法律的风险性，二是此类利润获取力也很难长久。比如，赌博户外运动需求、性户外运动需求等。

四、户外运动市场细分的依据

根据户外运动市场上购买者的不同，将户外运动市场划分为户外运动个人消费者市场和户外运动组织市场。户外运动消费者市场，是指由那些为满足自身及家庭成员的特定需要而购买户外运动商品和服务的人们组成。户外运动组织市场，则是指由所有非个人消费者的团体组织构成，根据经营目的的不同又可划分为营利组织和非营利组织。其中，营利组织包括户外运动产业市场、户外运动中间商市场。非营利组织包括各级政府机构、事业团体，如学校、各种学会、户外社团等。我国当前的户外运动产业市场主要是指购买户外运动产品和服务用于生产产品或提供服务的户外运动企业。户外运动中间商市场由各种批发商和零售商组成，他们购买户外运动产品的目的是通过转卖获取利润，如户外运动专卖店、户外运动用品店等。

要将户外运动市场进行有效的市场细分，必须找到科学的细分依据。每个户外运动者都有其特点，如年龄、职业、文化程度、购买习惯等，这些特点正是导致顾客需求出现差异的因素，每一个类似因素都可以作为实施市场细分的依据。不同类型的市场，细分的因素也有所不同，而这些因素又处于动态之中，因此被称为"细分变量"或"市场细分标准"。尽管这些标准比较复杂，但仍然可以将它们概括成四大类型：即地理细分标准、人口细分标准、心理细分标准和行为细分标准。

（一）消费者市场细分的依据

简单将户外运动消费者市场区分为有形产品和无形产品，对于实际生活中复杂的、存在巨大差异性的消费者的需求远远不够。在营销实践中，企业一般是综合运用地理、人口、心理和行为变量等，而不是单一采用某种变量。

1. 按地理变量细分市场

按照消费者所处的地理位置、自然环境来细分市场。地理细分是指按地理位置来细分户外运动市场，其涉及到对游客来源以及游客所来自的国家的分析，它以现在及潜在的客源发生地为研究的出发点。地理细分根据户外运动输出国与接待国之间的距离，可分为远程户外运动市场和近程户外运动市场；根据户外运动者的国际流向可把户外运动市场细分为一级市场、二级市场和机会市场；根据户外运动发生国而划分为不同国家户外运动市场。

就中国客源市场而言，20 世纪 80 年代日、美遥遥领先，西欧三国（英、德、法）与东南亚三国（菲、新、泰）为二级市场；进入 20 世纪 90 年代以来，亚洲新起市场发展强劲，韩国、蒙古、马来西亚、印尼、哈萨克斯坦均在几年之内进入年游客 10 万人以上的行列。在亚太地区户外运动市场上，又形成东亚、东南亚两大市场。东亚的日本每年来华游客已逾百万人，韩国起步晚、速度快，大有后来居上之势；东南亚的马来西亚、印尼与东盟六国已连成一片，形成一个容量近百万的极富后劲的大市场。户外运动活动按气候条件划分，四川的峨嵋山和青城山是盛夏避暑的好去处，海南温暖的阳光、天然的氧吧则是冬季休闲度假不可多得的户外运动胜地。

地理变量易于识别，是细分市场应予考虑的重要因素，但处于同一地理位置的消费者需求仍会有很大差异。在我国的一些大城市，如北京、上海，流动人口逾百万，这些流动人口本身就构成一个很大的市场，很显然，这一市场有许多不同于常住人口市场的需求特点。所以，简单地以某一地理特征区分市场，不一定能真实地反映消费者的需求共性与差异，企业在选择目标市场时，还需结合其他细分变量予以综合考虑。

2. 按人口变量细分市场

按照人口统计变量对市场进行细分。人文统计细分是将户外运动市场按照人文统计学变量，如年龄、收入、教育程度、职业、种族、性别、宗教、家庭规模、社会阶层等为基础划分成不同的群体，这些变量往往易于识别且便于衡量，人文统计细分也是划分户外运动者群体很常用的方法。一般情况下，户外运动企业选择其中的一个或几个变量作为划分的标准。例如，按照人口年龄段，户外运动市场可细分为老年人、中年人、青年人、儿童四个子市场。旅行社也可以按照家庭生命周期将户外运动市场划分为新婚家庭、中年家庭和老年家庭，从而相应地推出"新婚户外运动"、"合家欢户外运动"和"追忆往昔户外运动"等不同的户外运动产品来满足个性化的需要。

(1)年龄。按年龄标准可将消费者分为儿童、青少年、成年与老年四种消费者。不同年龄的消费者有不同的需求特点：儿童喜欢玩耍性比较强的户外运动项目，如迪尼斯公园；青年人爱运动，追求时尚，喜欢探险，偏爱刺激性强同时比较经济的户外运动产品；老年人则多喜欢观光、休养、访友探亲等类型的户外运动项目。

(2)性别。由于生理上的差别，男性与女性在产品需求与偏好上有很大不同，一般而言，男性游客倾向于人文历史性、冒险性较强的户外运动项目，比如徒步登名山、参观历史文物和名胜古迹等；女性游客则倾向于娱乐性、休闲性的户外运动项目，比如观看异地风情、民族舞蹈，品尝地方特色小吃，购买特色服饰等。

(3)家庭生命周期。一个家庭，按年龄、婚姻和子女状况，可划分为单身、新婚、满巢阶段1、满巢阶段2、满巢阶段3、空巢阶段、孤独阶段七个阶段。在不同阶段，家庭购买力、家庭人员对商品的兴趣与偏好会有较大差别。

单身阶段：年轻，单身，几乎没有经济负担，这类人是新消费观念的带头人，喜欢购买娱乐导向型的户外运动产品。

新婚阶段：年轻夫妻，无子女，经济条件比将来有年龄较小子女时要好，购买力强，对外出异地户外运动的欲望要求强烈。

满巢阶段1：年轻夫妻，有6岁以下子女，不满足现有的经济状况，注重储蓄，有户外运动欲望，但需求不足。

满巢阶段2：年轻夫妻，有6岁以上未成年子女，经济状况较好。购买趋向理智型，受广告及其他市场营销刺激的影响相对减少。注重档次较高的户外运动项目，愿为子女的教育投资。

满巢阶段3：年长的夫妇与尚未独立的成年子女同住，经济状况仍然较好，妻子或子女皆有工作。注重储蓄，购买冷静、理智。

空巢阶段：年长夫妇，子女离家自立。前期收入较高，购买力达到高峰期，较多购买老年人用品(如医疗保健品)，娱乐及服务性消费支出增加。后期退休收入减少，多由子女引导消费，安排外出户外运动。

孤独阶段：单身老人独居，收入锐减。特别注重情感、关注等需要，以及安全保障，往往偏好探亲访友户外运动。

(4)收入。高收入消费者与低收入消费者在产品选择、休闲时间的安排、社会交际与交往等方面都会有所不同。同样是外出户外运动，在交通工具以及食宿地点的选择上，高收入者与低收入者会有很大的不同。正因为收入是引起需求差别的一个直接而重要的因素，所以在诸如服装、化妆品、户外运动服务等领域，根据收入细分户外运动市场相当普遍。

(5)职业与教育。指按消费者职业的不同，所受教育的不同以及由此引起的需求差别细分市场。因为职业与教育直接影响着一个人的生活习惯、价值取向和兴趣爱好，由此形成不同的细分市场。

除了上述方面，经常用于市场细分的人口变数还有家庭规模、国籍、种族、宗教等。实际上，大多数公司通常是采用两个或两个以上人口统计变量来细分市场。

3.按心理变量细分市场

根据购买者的社会阶层、生活方式、个性特点等心理因素细分市场。

户外运动者在心理上也具有许多不同的特征，如户外运动的动机、生活方式、兴趣爱好、价值取向、户外运动习惯等。心理细分就是按照这些标准对户外运动市场进行细分。人们在户外运动活动中更多的是为了获得心理上或精神上的满足，而人与人在心理满足上又有很大的差异性。例如，有的人户外运动是为了寻求刺激，有的人户外运动是为了寻求安宁。因此，户外运动经营者应利用这种差异对市场进行细分，创造不同的市场特色。

不同的心理需求、不同的个性，产生了消费者不同类型的购买动机，有的追求新颖，有的追求实用，有的对质量要求很高，有的则只求物美价廉。由于消费者心理需求具有多样性、时代性、可诱导性等特性，因此有时心理因素是很难严格加以判定、很难量化和把握的。但它对户外运动市场划分却是极为有效的。如根据户外运动动机，饭店可以将住宿的客人分为公务客人和度假客人，与之对应的细分市场就是公务户外运动市场和休闲户外运动市场，饭店要根据自身的情况，确定自己的目标市场，进行产品定位和营销活动。

根据购买者所处的社会阶层、生活方式、个性特点等所形成的心理因素细分市场就叫心理细分。

(1)社会阶层。社会阶层是指在某一社会中具有相对同质性和持久性的群体。处于同一阶层的成员具有类似的价值观、兴趣爱好和行为方式，不同阶层的成员则在上述方面存在较大的差异。很显然，识别不同社会阶层的消费者所具有不同的特点，对于很多产品的市场细分将提供重要的依据。

(2)生活方式。通俗地讲，生活方式是指一个人怎样生活。人们追求的生活方式各不相同，如有的追求新潮时髦，有的追求恬静、简朴；有的追求刺激、冒险；有的追求稳定、安逸。西方的一些消费者习惯于生活独立，喜欢独自一人户外运动，而东方国家的消费者家庭观念比较强，喜欢携全家户外运动或结伴户外运动。

(3)个性。个性是指一个人比较稳定的心理倾向与心理特征，它会导致一个人对其所处环境作出相对一致和持续不断的反应。俗语说："人心不同，各如其面"，每个人的个性都会有所不同。通常，个性会通过自信、自主、支配、顺从、保守、适应等性格特征表现出来。因此，个性可以按这些性格特征进行分类，从而为企业细分市场提供依据。

4.按行为变量细分市场

根据购买者对产品的了解程度、态度、使用情况及反应等，将他们划分成不同的群体，称为行为细分。许多人认为，行为变数能更直接地反映消费者的需求差异，因而成为市场细分的最佳起点。按行为变量细分市场主要包括以下几种。

(1)购买时机。根据消费者提出需要、购买和使用产品的不同时机，将他们划分成不同的群体。例如，退休老人通常选择气候时宜的季节外出户外运动，并且通常不会远距离户外运动；学生通常选择寒暑假户外运动；工薪人员在周末选择居住地周边地区户外运动，长假期间则选择外出户外运动。

(2)追求利益。消费者购买某种产品总是为了解决某类问题，满足某种需要。然而，产品提供的利益往往并不是单一的，而是多方面的。消费者对这些利益的追求时有侧重，如有的户外运动者单单侧重对景点的游览，有的户外运动者则喜欢全过程的享受，连路途上的景色也不放过。

(3)使用者态度。企业还可以根据市场上顾客对户外运动产品的热心程度来细分市场。不同消费者对同一产品的态度可能有很大差异，如有的很喜欢持肯定态度，有的持否定态度，还有的则处于既不肯定也不否定的无所谓态度。针对持不同态度的消费群体进行市场细分，并在广告、促销等方面应当有所不同。

(4)使用数量或频率。根据顾客是否购买和购买程度细分市场，通常可分为：经常户外运动者、首次户外运动者、潜在户外运动者、非户外运动购买者。大的户外运动公司往往注重将潜在使用者变为实际使用者，较小的户外运动公司则注重于保持现有使用者，并设法吸引使竞争对手的顾客转而成为本公司顾客。

(5)品牌忠诚度。企业还可根据消费者对户外运动产品的忠诚程度细分市场。有些消费者经常变换品牌，另外一些消费者则在较长时期内专注于某一个或少数几个品牌。通过了解消费者品牌忠诚情况和品牌忠诚者与品牌转换者的各种行为与心理特征，不仅可为户外运动企业细分市场提供一个基础，同时也有助于企业了解为什么有些消费者忠诚本企业户外运动产品，而另外一些消费者则忠诚于竞争企业的户外运动产品，从而为企业选择目标市场提供启示。

(6)购买的准备阶段。消费者对各种户外运动产品了解程度往往因人而异。有的消费者可能对某一户外运动产品确有需要，但并不知道该产品的存在；还有的消费者虽已知道产品的存在，但对产品的价值、稳定性等还存在疑虑；另外一些消费者则可能正在考虑购买。针对处于不同购买阶段的消费群体，企业要进行市场细分并采用不同的营销策略。

一些户外运动方面的专家认为，随着户外运动市场全球化进程的加快，用来划分国际市场的一些传统变量，如地理变量和国家界限等，将会逐渐被心理变量、行为细分所代替，因为它能够更加准确地反映顾客之间的文化异同，从而更加有利于确定目标市场。在西方发达国家里，新出现的一些细分市场包括：老年人市场、年轻的单身者、户外运动探险者、文化探索者、高尔夫爱好者以及其他特殊兴趣团体。

（二）户外运动组织市场细分的依据

户外运动组织市场与消费者在购买动机与行为上存在差别，因此通常依据顾客购买决策阶段与顾客的采购标准来划分市场。

1. 依据顾客购买决策阶段划分的细分市场

顾客购买决策阶段，是指顾客对供应商及其产品的了解程度和是否购买过的经历，通常分为三种情况：熟悉且经常购买；了解且曾经购买过；不了解但准备购买。根据顾客在购买决策中所处的阶段，可将户外运动组织市场划分为以下三个细分市场。

(1)潜在的购买者。该类户外运动顾客从未购买过产品，因此他们期望选择一个对户外运动行业很内行、善于澄清问题、信誉良好的销售商或供应商。

(2)新手购买者。该类顾客已经购买过户外运动产品，但对行业内的各种情况并不是十分了解，因此他们的需要主要是通俗易懂的说明书、专业的培训和内行的销售代表。

(3)老到的购买者。这类顾客多次购买过产品，对业内的供应商和产品均非常了解，对采购业务也十分精通，他们的需要是快速的维修服务、产品的定制服务和高技术支持。

2. 依据顾客采购标准划分的细分市场

顾客的采购标准，是指顾客在采购过程中，对质量、服务以及价格的要求程度。如果以顾客的采购标准作为户外运动市场细分变量，就可以细分出以下四个市场。

(1)程序购买者。该类顾客将购买产品视为常规工作，不认为产品对自身的经营会产生影响。他们愿意以全价购买，接受低于一般水平的服务。对于供应商而言，这种细分市场利润很高。

(2)关系购买者。这种顾客认为，产品的重要程度一般，并且对其他供应商的产品非常了解。他们可以获得较低的价格和中等水平的服务。只要供应商的产品质量、价格以及服务都没有很大的变化，这部分顾客就会有较高的忠诚度。这种市场是第二种利润较高的细分市场。

(3)交易型购买者。这类顾客认为,户外运动产品的选择对自身经营具有十分重要的影响,因此对质量、价格和服务非常敏感。他们可以得到较高的折扣和高于一般水平的服务。他们对业内所有供应商的销售条件都非常熟悉,甚至可以放弃一部分服务来换取更高的价格折扣。

(4)讨价还价型购买者。该类顾客认为,产品的选择对自身的经营有着极其重要的影响,并要求供应商给予最高的价格折扣和最高标准的服务。他们十分熟悉竞争厂商的销售条件,因此坚持讨价还价,对供应商的服务稍有不满就会选择其他供应商。这种细分市场的利润相对较低。

五、户外运动市场细分的方法

户外运动市场细分变量是多维的,也是多层次的,单用一种变量来细分市场有时不能将市场描述清楚,必须根据具体户外运动产品特征和市场情况采用多种方式、多个变量因素来进行市场细分。

户外运动企业在运用细分标准进行市场细分时必须注意以下问题:第一,户外运动市场细分的标准是动态的。市场细分的各项标准不是一成不变的,而是随着社会生产力及市场状况的变化而不断变化。如年龄、收入、城镇规模、购买动机等都是可变的。第二,不同的户外运动企业在市场细分时应采用不同标准。因为各户外运动企业的基础设施、资源、财力和营销的产品不同,所采用的标准也应有区别。第三,户外运动企业在进行市场细分时,可采用一项标准,即单一变量因素细分,也可采用多个变量因素组合或系列变量因素进行市场细分。下面介绍几种户外运动市场细分的方法。

1.单一变量细分法

这一方法也叫一元细分法,即根据影响户外运动消费者需求的某一个重要因素进行市场细分:如老年户外运动市场、学生户外运动市场、海南户外运动市场等。

2.多个变量细分法

这一方法也叫二元或多元细分法,又叫交叉细分法,即根据影响消费者需求的两种或两种以上的因素进行市场细分。如四川的青年户外运动市场,是以地域和年龄两个变量来细分的。

3.系列变量细分法

这是根据企业经营的特点并按照影响消费者需求的诸因素,由粗到细地进行市场细分。这种方法可使目标市场更加明确而具体,有利于企业更好地制定相应的市场营销策略。如美国的华裔儿童回国观光休闲户外运动市场,是按地理位置(国内、国外)、年龄(儿童、青年、中年、老年)、购买动机(观光、学习、休闲度假、健身、探险等)等系列变量来细分户外运动市场的。

六、户外运动市场细分的步骤与程序

根据美国营销专家麦克阿瑟的观点，市场细分一般由以下几个相互关联的步骤组成。

1. 选定市场范围，确定经营方向

户外运动经营者在确定了总体经营方向和经营目标之后，就必须确定其经营的市场范围，这项工作是企业市场细分的基础。市场范围是以户外运动者需求为着眼点确定的，因此通过调查工作分析市场需求动态是必要的。同时，企业应充分结合自己的经营目标和资源，从广泛的市场需求中选择自己有能力服务的市场范围，不宜过窄或过宽。

2. 了解客源市场，确定潜在市场需求

在确定适当的市场范围后，根据市场细分的标准和方法，了解市场范围内所有现实和潜在顾客的需求，并尽可能地详细归类，以便针对户外运动者需求的差异性，决定采用何种市场细分变量(可从地理、人口、心理等方面列出影响产品市场需求和顾客购买行为的各项变数)，为市场细分提供依据。

3. 分析可能存在的细分市场

通过分析不同户外运动者的需求，同时找出户外运动者需求类型的地区分布、人口特征、购买行为等方面的情况，做出分析和判断，构成可能存在的细分市场。对不同的潜在顾客进行抽样调查，并对所列出的需求变数进行评价，了解顾客的共同需求。抽掉潜在顾客的共同要求，根据潜在顾客基本需求上的差异，将其划分为不同的群体或子市场。

4. 确定主要的市场细分标准

企业应分析哪些需求因素是重要的，通过与企业实际情况和各个细分市场的特征进行比较，寻找主要的细分因素，调查、分析、评估各细分市场，估计每一细分市场的规模。筛选出最能发挥本企业优势和特点的细分市场，并制定相应的营销策略。

5. 为可能存在的细分市场命名

户外运动经营者可以根据各个细分市场的主要特征，用形象化的语言或其他方式，为各个可能存在的细分市场确定名称。

6. 评价初步细分的结果，进一步了解各细分市场的消费需求和购买行为

通过深入分析各细分市场的需求，了解户外运动市场上消费者的购买心理、购买行为等，对各细分市场进行必要的分解或合并，这项工作将帮助户外运动企业寻找并发现最终的目标市场。

按照“STP”逻辑，也可将目标营销分为以下步骤(表 4－1)。

表 4-1　户外运动市场细分、目标市场的选择与定位(简称“STP 步骤”)流程表

1	确定市场细分的依据和细分市场	市场细分
2	描述细分市场的特征	
3	评估每个细分市场的吸引力	产品定位
4	选择细分市场作为目标市场	
5	为每个目标市场确定产品定位	选择目标市场
6	选择、发展和传播产品定位	

第二节　户外运动目标市场选择

户外运动业通过市场细分揭示了户外运动业面临的细分市场机会，接着就要对这些细分市场进行评估，并确定户外运动业准备向哪些子市场提供产品，选定什么市场作为本企业经营的方向。

一、户外运动目标市场的含义

户外运动目标市场，是指户外运动经营者准备用其产品与服务来充分满足一组或几组特定的户外运动群体。或者说，目标市场是户外运动经营者准备在其中从事经营活动的一个或几个特定的细分市场。

二、户外运动目标市场选择的含义

市场细分是户外运动企业选择目标市场的依据，选择目标市场是市场细分工作的延伸。户外运动经营者需要根据自己的条件，从细分的市场中选择出一个或几个子市场作为自己从事市场营销活动的对象，这一过程就被称为目标市场的选择。目标市场选择是户外运动经营者选择细分市场的结果和作出经营对象决策的过程，即户外运动企业在细分出来的若干子市场中，以户外运动者的自身状况为出发点，结合本企业的资源、技术、规模、管理水平、竞争状况等因素，选择对自己最有利的、机会最大的一个或几个子市场。通过市场细分，户外运动企业找到了市场营销的机会，接下来就需要评估各类子市场，并确定哪些是值得进入的目标市场。

选择目标市场是户外运动业经营管理的重要内容。从户外运动需求的角度来看，户外运动业要获得最佳经济效益，必须将满足顾客需求放在首位。只有充分满足户外运动者的各种需要，户外运动经营组织才能生存与发展。由于户外运动需

求存在着差别，户外运动业受企业资源和管理能力的制约，不可能满足所有户外运动者的需要，而只能满足特定户外运动者群体的需要。因此，户外运动经营者只有从本企业的条件出发，用特定的产品和服务去满足特定户外运动者的需要，才能实现本企业的经营目标。与此同时，并非所有的市场机会对户外运动业都具有同等的经营吸引力，或者说，并不是每一个细分市场都是户外运动业所愿意或能够经营的。户外运动从业机构只有选择经营吸引力大，且能够进入的细分市场，作为自己的目标市场，才能充分发挥企业资源优势，并在此基础上形成市场竞争的优势。

三、评估细分市场与目标市场选择的标准

市场细分揭示了户外运动企业面临的细分市场的机会。户外运动企业进行市场细分的目的在于选择目标市场。目标市场存在于户外运动企业细分出的市场中。为了从许多的细分市场中确定户外运动企业的目标市场，我们有必要首先评估细分市场。户外运动企业在评价各种不同的细分市场时，必须考虑三个要素：细分市场的规模与发展潜力；细分市场结构的吸引力；旅游企业的目标和资源。

（一）细分市场的规模与发展潜力

户外运动企业要提出的第一个问题是：潜在的细分市场是否具有适度规模和发展特征。“适度规模”是个相对的概念。大户外运动企业都重视销售量大的细分市场，往往忽视销售量小的细分市场，或者避免与之联系，认为不值得为之苦心经营，同时，小户外运动企业也避免进入大的细分市场，因为过大则所需投入的资源太多，并且对大户外运动企业的吸引力也过于强烈。

户外运动业在选择目标市场时，必须考虑各个细分市场的规模与发展潜力，也就是每个细分市场的现实客源量与未来客源量。户外运动目标市场的客源规模与发展潜力对户外运动业经营效益具有重大影响。如果市场规模过小，发展潜力不大，即使户外运动业市场占有率很高，也不会为户外运动业带来较高的利润。我们强调目标市场的规模与发展潜力，并不是一味强调它的绝对规模，而是强调目标市场是否具有适度规模和发展潜力。在这里，适度规模是一个相对概念，即相对于户外运动经营者资源与经营能力的市场规模。有些户外运动企业在选择目标市场时，不考虑本企业的资源条件与经营能力，往往重视规模大的客源市场，忽视规模小的客源市场，形成众多户外运动企业在同一细分市场经营的局面。这样既增加了市场竞争的强度和经营风险，又加大了户外运动企业经营的费用，使一些经营者处于不利的地位。

（二）细分市场结构的吸引力

在户外运动的经营活动中，有时会出现目标市场规模与发展潜力较为理想，但利润水平较低，甚至亏损的现象。这主要是因为户外运动经营者目标市场的结构

不合理。因此,户外运动经营者在选择目标市场时,还要考虑目标市场的结构。市场结构是指户外运动经营者与市场的关系特征与形式。波特五力模型认为,存在五种力量决定整个市场或其中任何一个细分市场的长期的内在吸引力。现在我们要对位于中间部分的细分市场结构的吸引力加以分析。户外运动企业应对下面五个群体对长期赢利的影响做出评估。这五个群体是同行业竞争者、潜在的新参加的竞争者、替代产品、购买者和供应商。五个群体具有如下五种威胁。

1.细分市场内激烈竞争的威胁

如果某个细分市场已经有了为数众多的、强大的或者竞争意识强烈的竞争者,该细分市场就具有推动吸引力。如果出现下列情况该细分市场处于稳定或者萎缩的状态:生产能力不断大幅度扩大;固定成本过高;撤出市场的壁垒过高;竞争者投资很大,想要坚守这个细分市场,就意味着必须要加大促销力度,提高产品质量,不断推出新产品,以避免在价格战与广告争夺战中处于劣势,这样就必然会大幅度降低企业自身经营的利润。因此,户外运动业在选择目标市场过程中,应考虑目标市场竞争者的存量,选择竞争对手较少的细分市场作为自己的目标市场。

2.新参加的竞争者的威胁

如果某个细分市场可能吸引新的竞争者,他们会增加新的生产能力和大量资源,并争夺市场占有率,使这个细分市场就没有吸引力了。关键的问题在于新的竞争者能否轻易地进入这个细分市场。如果新的竞争者进入这个细分市场时遇到森严的壁垒,并且遭受到细分市场内原来的公司的强烈报复,他们便很难进入。保护细分市场的壁垒越低,原来占领细分市场的公司的报复心理越弱,这个细分市场就越缺乏吸引力。

某个细分市场的吸引力的大小因其进退难易的程度不同而有所区别。根据行业利润的观点,最有吸引力的细分市场应该是进入的壁垒高、退出的壁垒低。在这样的细分市场里,新的公司很难打入,但经营不善的公司可以安然撤退。如果细分市场进入后难以退出,则必须坚持到底。如果细分市场进入和退出的壁垒都较低,户外运动企业便可以进退自如,然而获得的报酬虽然稳定,但较为低下。

3.替代产品的威胁

如果某个细分市场现已存在着替代产品或者有潜在替代产品,该细分市场就失去吸引力。替代产品会限制细分市场内价格和利润的增长。公司应密切注意替代产品的价格趋向。如果在这些替代产品行业中技术有所发展,或者竞争日趋激烈,这个细分市场的价格和利润可能会下降。

4.购买者议价能力加强构成的威胁

如果某个细分市场中购买者的议价能力很强或正在加强,该细分市场就没有吸引力。购买者便会设法压低价格,对产品质量和服务提出更高的要求,并且使竞争者互相争斗，所有这些都会使销售商的利润受到损失。如果购买者比较集中或者有组织，或者该产品在购买者的成本中占较大比重，或者产品无法实行差别化，或者顾客的转换成本较低，或者由于购买者的利益较低而对价格敏感，或者顾客能够向后实行联合，就会使购买者的议价能力加强。销售商为了保护自己，可选择议价能力最弱或者转换销售商能力最弱的购买者。较好的防卫方法是提供顾客无法拒绝的优质产品来供应市场。

5.供应商议价能力加强构成的威胁

如果户外运动企业的供应商，如原材料和设备供应商、公用事业机构、银行等，能够提价或者降低产品和服务的质量，或压缩供应数量，该户外运动企业所在的细分市场就没有吸引力。如果供应商集中或有组织，或者替代产品少，或者供应的产品是重要的投入要素，或转换成本高，或者供应商可以向前实行联合，供应商的议价能力就较强大。最佳防卫方法是与供应商建立良好关系和开拓多种供应渠道。

(三)户外运动企业的目标和资源

即使某个细分市场具有一定规模和发展特征，并且其组织结构也有吸引力，户外运动企业仍需将其本身的目标和资源与其所在细分市场的情况结合在一起考虑。某些细分市场虽然有较大吸引力，但不符合公司长远目标，因此不得不放弃。这是因为这些细分市场本身可能具有吸引力，但是它们不能推动公司完成自己的目标，甚至会分散公司的精力，使之无法完成主要目标。

即使这个细分市场符合户外运动企业的目标，户外运动企业也必须考虑本户外运动企业是否具备在该细分市场所必需的技术和资源。无论哪个细分市场，要在其中取得成功，必须具备某些条件。如果户外运动企业在某个细分市场中在某个或某些方面缺乏必要的能力，并且无法获得必要的能力，户外运动企业也要放弃这个细分市场。即使户外运动企业具备必要的能力，也还不够。如果户外运动企业确实能在该细分市场取得成功，它也需要发展其优势，以压倒竞争对手，如果户外运动企业无法在市场或细分市场创造某种形式的优势地位，它就不应贸然而入。

四、户外运动目标市场选择的模式

通过对不同的细分市场进行评估，户外运动企业会发现一个或几个值得进入的细分市场，并必须决定要进入哪几个细分市场。户外运动企业可能考虑的市场覆盖模式有以下五种模式可供采用。

1.单一市场集中化模式

只选择一个细分市场作为目标市场。最简单的方式是，户外运动企业选择一个细分市场集中营销。户外运动企业可能本来就具备了在该细分市场获胜必需的条件；它可能资金有限，只能在一个细分市场经营；这个细分市场中可能没有竞争对手;这个细分市场可能会成为促进细分市场继续发展的起点。公司通过密集营销,更加了解本细分市场的需要,并树立特别的声誉,因此便可在该细分市场建立巩固的市场地位。另外,户外运动企业通过生产、销售和促销的专业化分工,也获得了许多经济效益。如果细分市场选择得当,户外运动企业的投资便可获得很高的报酬。但是,密集市场营销较之一般情况风险更大。个别细分市场可能出现一蹶不振的情况。或者某个竞争者决定进入同一个细分市场。鉴于这些原因,许多户外运动企业宁愿在若干个细分市场分散营销。单一市场集中化模式见图 4-1。

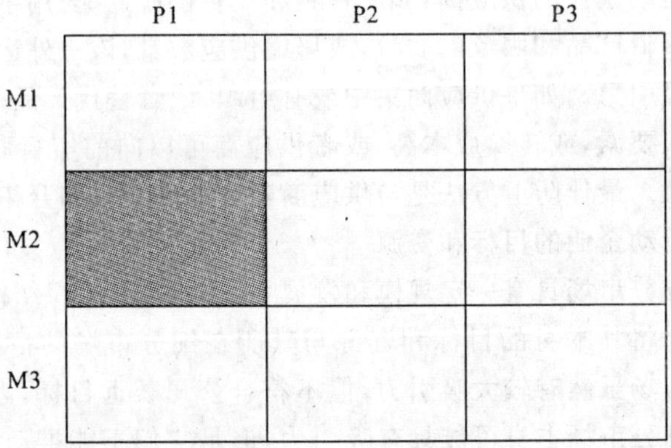

图 4-1　单一市场集中化模式

P1—登山;P2—野外生存;P3—攀冰;M1—中青年;M2—少年儿童;M3—中老年

2. 有选择的专门化模式

有选择地挑选若干个细分市场作为目标市场。户外运动企业采用此法选择若干个细分市场,其中每个细分市场在客观上都有吸引力,并且符合户外运动企业的目标和资源。但在各细分市场之间很少有或者根本没有任何联系,然而每个细分市场都有可能赢利。这种多细分市场覆盖优于单细分市场覆盖,因为这样可以分散公司的风险,即使某个细分市场失去吸引力,户外运动企业仍可以继续在其他细分市场盈利,见图 4-2。

3. 产品专业化模式

选择对某一种产品有一定需求的一组细分市场作为目标市场。户外运动企业用此法集中生产一种产品,并向各类顾客销售这种产品。一些拥有独特户外运动资源的(自然的、历史的)企业往往采用这种模式,如长城、长江、雪山等。这些户外运动企业如果营销得力,可以树立很高的声誉。产品专业化模式在提供专一户外运动产品的同时,并不排除在户外运动产品的辅助内容方面有所区别,比如旅行工具、住宿标准等,因为户外运动者群体毕竟不可能完全一致,见图 4-3。

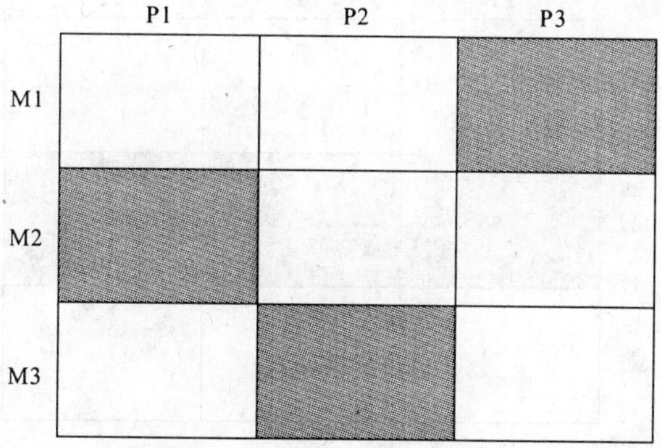

图 4-2　有选择的专门化模式

P1—登高；P2—野外夏令营；P3—攀岩；M1—中青年；M2—中老年；M3—少年儿童

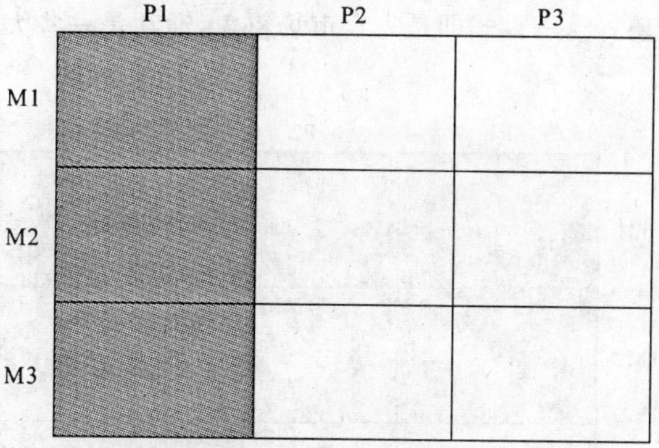

图 4-3　产品专业化模式

P1—登山；P2—野外生存；P3—攀冰；M1—中青年；M2—少年儿童；M3—中老年

4. 市场专门化模式

选择某一个细分市场作为目标市场，并且满足所有顾客对几种甚至多种产品的需求。市场专门化是指户外运动企业专门为满足某个顾客群体需求所提供的各种服务。这种模式在行业开办的旅行社中经常看到，例如商务户外运动公司可为商务人士提供商务会议场所、休闲场所，等等。公司专门为这个顾客群体服务，而获得良好的声誉，并成为这个顾客群体所需各种户外运动产品的供给者，见图 4-4。

5. 完全市场覆盖模式

为所有细分市场提供所有顾客所需要的所有产品。户外运动企业将整个户外运动市场作为目标市场，生产和提供各种户外运动产品来满足所有户外运动消费

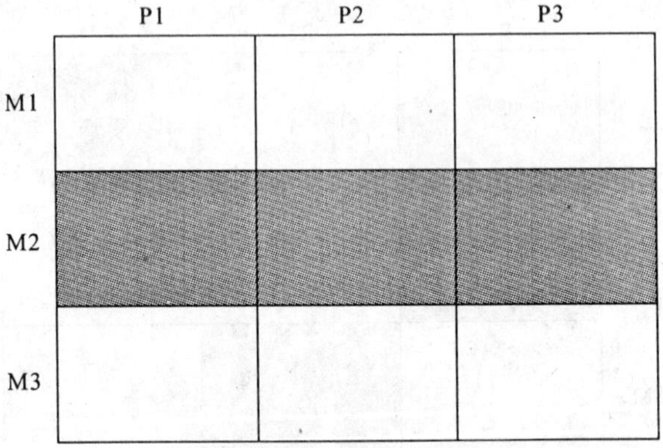

图 4-4 市场专门化模式

P1—登高；P2—野外夏令营；P3—攀岩；M1—中青年；M2—中老年；M3—少年儿童

者群的需求和欲望。这一模式即是完全市场覆盖，通常是一些大型户外运动集团所为，见图 4-5。

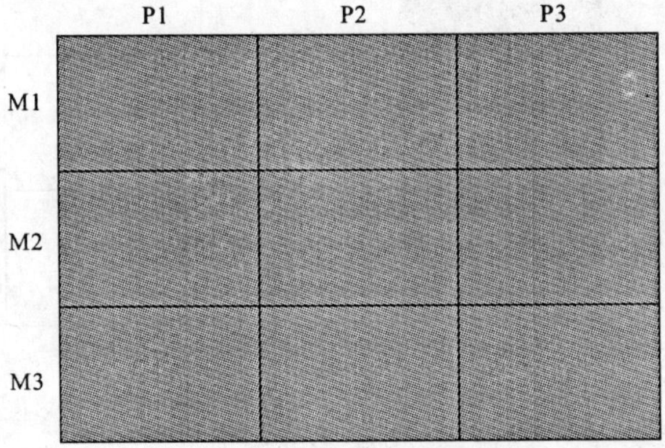

图 4-5 完全市场覆盖模式

P1—登山；P2—野外生存；P3—攀冰；M1—中青年；M2—少年儿童；M3—中老年

五、户外运动目标市场选择策略

一般来讲，对户外运动目标市场的选择有三种方式：无差异目标市场策略、差异性目标市场策略和密集性目标市场策略。

1. 无差异目标市场策略

无差异目标市场策略是指户外运动企业无视整体市场内部户外运动者需求的差异性，而将所有细分出的子市场都作为自己的目标市场，只推出一种户外运动产品,制定一种价格,运用一种统一的户外运动营销组合,为满足户外运动者共同的需求服务。这种策略突出的优点在于,企业可以大规模销售,简化分销渠道,相应地节省市场调研和广告宣传的经费开支,使平均成本降低。另外,对于垄断性、吸引力大的户外运动产品容易形成名牌产品的强大声势,创造规模效应。

这种策略的缺点是不能完全满足户外运动者的差异性需求。随着户外运动者的社会经济情况、生活方式以及个人兴趣的不断变化,对户外运动多样化的需求日益增长,单一的市场策略不易吸引户外运动者。因此,本策略主要适用于市场上供不应求,或少数垄断性较强,以及初上市的户外运动产品市场,随着户外运动市场竞争的加剧,户外运动企业采用本策略的机会越来越少,它已不能适应现代户外运动的发展。

2. 差异性目标市场策略

差异性目标市场策略根据消费者的不同需求特点,对整体市场进行细分。企业在此基础上选择整体市场中数个或全部细分市场作为自己的目标市场,针对不同细分市场的需求特点,提供不同的户外运动产品及制定不同的营销组合,为满足不同的细分市场的需求服务。例如,将户外运动市场细分为观光、度假、会议等不同的细分户外运动市场。户外运动企业针对不同的需求,设计各种户外运动路线,提供不同的服务设施和服务项目。这种策略的优点是能更好地满足各类户外运动者的不同需求,有利于提高户外运动产品的竞争力,扩大户外运动企业的销售量。如果一个户外运动地或企业能够同时在几个细分市场上占有优势,就会由于连带效应,而树立起户外运动者所信赖的、声誉很高的目的地形象或企业形象。另外,由于同时经营数个细分市场,有助于企业降低风险。

这种策略的局限性表现在,企业产品种类多,导致研发费用增多,要求具有多种销售渠道,会使广告费用、推销费用、行政费用等随之增加。由于经营分散,在某一种产品中难以实现规模经济效益,从而影响了经营效率,影响企业优势的发挥。

3. 密集性目标市场策略

采用这种策略是指户外运动企业在市场细分的基础上,选择一个或几个细分市场作为自己的目标市场,集中企业的全部精力,以某几种营销组合手段服务于该市场,实行高度的专业化经营。比如有的旅行社专门为探险爱好者提供特色的户外运动服务。这种策略往往适合资源能力有限的中小型户外运动企业以及户外运动资源独特的户外运动目的地,因为他们在较大的市场上难以取得竞争优势,因而力图在较小的市场范围内取得较高的市场占有率。采取这种策略的突出优点在于能充分发挥企业的优势,使企业在特定市场上具有很强的竞争力。由于企业经营范围针对性强,容易形成产品与经营特色,因此有利于扩大企业在特定细分市场上的知名度以及由此带来的销售额的增加。

这种策略的不利之处是企业过分依赖小部分市场，具有较大的风险性。由于市场面窄，一旦需求发生变化，企业就会出现危机。

以上三种策略各自有其优缺点，企业在选择自己的经营策略时必须考虑到自身的条件、产品和服务的特点以及市场的情况，加以权衡，慎重行事。

六、影响目标市场选择的客观因素

一般来讲，影响目标市场选择的客观因素有以下几种。

1. 户外运动企业自身实力条件

这包括人员的素质、可支配的资金、管理水平、产品及营销组合设计能力以及关系网络等，这些条件对于确定目标市场经营范围的大小会起到决定性的作用。如果经营者实力强，各种资源丰富，可以采取差异性目标市场策略。反之，如果实力不足，且规模不大，则应采取密集性目标市场策略。

2. 户外运动产品特点

不同的户外运动产品在满足户外运动者需求方面具有很大的差异。对于特色户外运动产品、户外运动餐饮服务等性质差别较大的户外运动产品，可能需要很多档次来满足不同户外运动者的需求，而有些以单一的产品就能满足所有户外运动者的需要，比如像航空客运服务、标准间客房服务这些性质接近、替代性强的户外运动产品。

3. 户外运动市场特点

当户外运动产品市场需求异质程度很低、户外运动者的兴趣爱好及其他特点很相近时，可采用无差异目标市场策略。如一些名胜古迹、风土人情项目等可以采用此策略。相反，对于需求异质程度很高的户外运动产品市场，则采用差异性或集中性目标市场策略。

4. 户外运动产品生命周期

应根据产品生命周期的不同阶段采取相应的目标市场策略。对处在投入期或成长期的户外运动产品，应采用无差异目标市场策略，因为此时对市场需求不甚了解，并且没有或很少有竞争者。当产品进入成熟期或衰退期后，应采用差异性目标市场策略，以利于开拓新的目标细分市场，尽力延长产品生命周期，或者采用集中性目标市场策略，使企业集中力量对少数有利可图的细分市场进行营销推广。

5. 户外运动市场竞争特点

如果企业的产品垄断性强，竞争者数量少或势力弱，可以采用无差异目标市场策略；反之则采用差异性或集中性目标市场策略。企业采取何种策略，往往视竞争对手的策略而定。比如，竞争者采用无差异目标市场策略，企业就应当针对细分市场采用差异性或集中性目标市场策略，争取占领几个有利市场。

目标市场的选择是一个系统性的工作，不但需要户外运动经营者作好充分的市场调查，还要全面考虑各种影响因素。只有这样才能选择一个准确有效的目标市场。从整个户外运动营销活动来看，目标市场的选择仍属于前期工作，这一工作的成功与否会直接影响后面的工作效果。

第三节 户外运动目标市场定位

一、市场定位的含义

市场定位是为了适应消费者心目中的某一特定地位而设计公司产品和营销组合的行为。例如，国内户外运动品牌圣弗莱以欧洲大陆 Alps 山脉最高峰 Mont-Blanc 山腰的雪松为形象，代表勇往直前、不屈不挠的精神，该品牌致力于将这种精神传播给现代都市人们，引进国内外的著名设计师，产品秉承都市户外品牌理念，结合浪漫时尚以及崇尚享受生活的文化因子，融入国际最新流行户外元素，使产品个性更为鲜明，更具有核心竞争力。同时，圣弗莱将在原有的基础上，对产品的功能性、科技含量和环保性做更多的投入(图 4－6)。

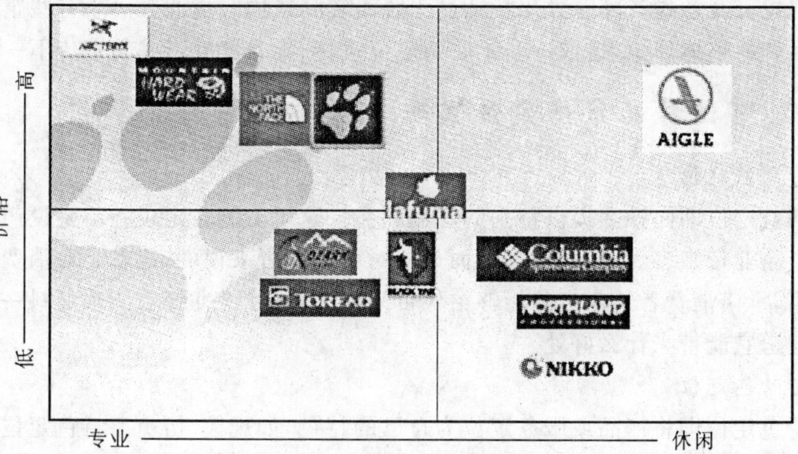

图 4－6 国内外各品牌定位图

(1)产品定位即设计产品差异化，设计比竞争对手更为优越、区别于竞争对手的产品与形象特征。

(2)产品定位的对象是顾客的心理(潜在顾客的思想)。产品定位是以产品为出发点，但对象不是产品，而是针对潜在顾客的思想。

定位并不是你对产品本身做些什么，而是你在有可能成为顾客的人的心目中做些什么。换言之，就是说你必须得给产品在有可能成为顾客的人的心目中确定一个适当的位置。

二、市场定位易出现的主要错误

1. 定位过低

定位过低的习惯做法是概念模糊，消费者无法意识到品牌的独特之处。有些企业定位不够明显，使得顾客心中只有模糊的形象，认为它与其他企业并无差异。

2. 定位过高

定位过高是指差异化特征过于突出，产品没有真实反映。企业有时过高地估计了自身产品，过分强调某一部分，而忽视了企业在其他方面的表现。

3. 定位混乱

定位混乱是指差异化特征过多或频繁变化。购买者对企业的品牌形象相当混乱，造成这种情况可能是因为企业宣传产品的利益太多了，也可能是企业的品牌定位过于频繁。

4. 定位可疑

定位可疑意指产品差异化特征过于脱离实际或内容虚假。由于有些企业没有注意品牌的整体形象，造成一些矛盾的定位宣传，导致实际产品与宣传不一致。

三、可选择的市场定位战略

1. 利益定位

利益定位即向顾客提供特别的产品利益。这里的利益定位并不是说产品能够给生产企业带来多大的利润空间，而是相对于消费者来说的，也就是对消费者的一种承诺，承诺消费者这个产品能够给他带来什么，比如像冲锋衣防水面料一样让消费者知道它能带来什么好处。

2. 特色定位

特色定位即将产品或服务定位为自己的特色，如规模、历史。特色定位是指企业通过分析市场中现有产品的定位状况，发掘新的具有鲜明特色的产品，并在市场上找到自己合适的位置，为企业的产品定位。企业根据市场需求情况与本身条件，尽量突出其产品的特色。比如奥索卡（OZARK）代表着最纯粹的户外精神。OZARK是位于北美大陆肯塔基州与密苏里州边界一座纯净自然的山脉，奥索卡品牌对户外运动的热忱和与大自然和谐相处的理念皆源于此。

3. 用途定位

定位为使用中的最佳者，即为用途定位。基于用途定位要抓住消费者所处的情景，而不是消费者的心理，这种情景化的传播、用途性的传播，解决了消费者和产品之间的因果关系，通过某一产品的用途最优来吸引消费者。

4. 用户定位

用户定位的通常做法是，将产品与服务定位为最适合某类使用者。企业常常试图把某些产品指引给适当的使用者或者某个细分市场，以便根据那个细分市场的特点建立起恰当的形象。

5. 价格定位

定位为具有一定质量及一定价格的产品，就是价格定位。除了产品的质量外，价格也是很关键的，同样是一类产品，消费者总会选择购买价格比较低廉的产品，这是永远的选择，如何将自己的产品在同类的产品和同质量的产品中进行一个合理的定价，这也是影响销售的一个主要因素。

四、市场定位的类型

1. 避强定位

避开强有力竞争对手，不"硬碰硬"，与强手和平相处、共谋利益的市场定位策略。这种策略使企业能迅速在市场上站稳脚跟并在顾客心中留下特别的形象。

2. 迎头定位

与居支配地位的竞争对手"对着干"，这种定位可以使自己一开始就与强手站在同一高度上，能更激发自己奋发上进，一旦成功，就会获得巨大的市场优势。但是，迎头定位必须清醒估计自己的实力；否则，以鸡蛋碰石头，后果就不堪设想。因此，迎头定位应考虑以下问题。

(1)迎头定位的风险。迎头定位容易招致对手的反攻，双方为争夺顾客，极易陷入互相攻击和竞相压价的误区，因此，亏损和低利的风险较高。当然，自身实力越强，这些风险就越低。总的来说，迎头定位是一个风险较高的定位类型。

(2)迎头定位的操作。迎头定位往往要求企业设法抢占制高点，这样花费的代价也是巨大的。因而企业必须具备以下条件：①有较强的资金实力、丰富的土地资源和优越的政府资源，可以与竞争对手进行较量；②必须有优秀的销售团队，能快速地发动进攻；③必须以大面积市场范围为目标，若市场太小，得不偿失。

3. 重新定位

对销路少、市场反应差的产品进行二次定位。若原有定位不能达到营销目标，或者企业有了发展新市场的需要以及竞争的需要时，企业可以选择重新定位。但是重新定位也面临很多的风险，比如企业内部形成共识困难、重新定位的高风险、消费者认同的困难以及资金投入的困难。

因此，企业在作出重新定位的决策时，一定要慎重，通常可以采取以下步骤。

(1)重新认识市场,明确企业的优势。

(2)选择最具竞争优势的定位。

(3)传播、巩固新的定位。

扩展阅读

扩展阅读1 "探路者"之路——市场细分、目标市场选择与定位

北京探路者户外用品股份有限公司(以下简称探路者),是一家专业设计、开发、生产和销售户外运动用品的公司。探路者于1999年1月11日在北京注册成立,创始人盛发强。探路者始终坚持"勇于持续创新、追求卓越品质"的品牌理念,产品系列迅速拓展,目前产品门类从露营装备、野外鞋服到专业登山器材,常规供货超过千种。公司2009年总资产达5.3亿元,利润5 100万元。主营收入增长达40%,利润增长52%。公司属于户外用品行业,现阶段主要的竞争对手是哥伦比亚(Columbia)、乐斯菲斯(The North Face)、奥索卡(OZARK)。截至2009年上半年底,在全国拥有直营店、加盟店分别为48家、382家,共计430家。主要竞争对手哥伦比亚、乐斯菲斯、奥索卡的门店数量分别为300家、292家、173家。

一、市场细分

探路者以消费者的某些特征或其他变量为依据,区分出具有不同特质的消费者群体。

1. 地理细分

重点布局在北京、上海、成都、广州等城市,因为这些城市的消费水平高,在户外运动方面的需求也比较旺盛,同时以这些城市为中心向周围其他城市辐射,并带动整个市场。从户外运动市场的发展趋势来看,一线品牌最为看重的还是直营店的形式。从2004年到2005年之间,一些户外品牌曾经尝试在二三线城市推广加盟店,但最终因为管理、协调等工作存在难度,被迫放弃。毕竟通过俱乐部或网站聚集的人气,最终还是要回到户外用品的消费上来。

2. 人文细分

(1)年轻化、高学历、中高收入。现代户外运动需要花费大量的时间和金钱,是劳筋骨、磨意志的"苦差事"。在中国更多的参与者属于"80后"这些自主意识比较强、对新事物敏感、喜欢冒险、引领潮流的群体。几乎所有的世界知名品牌都已经抢滩中国并做好了战略布局。根据2007年几家户外运动俱乐部的调查显示:84.1%的会员年龄在20～40岁之间;87.6%的会员拥有大学及大学以上学历;48.6%的会员月薪在3 000元以上。其年轻化、高学历、中高收入的特征非常明显。

(2)小户外与大户外。“泛户外”风引领未来趋势。除了一部分真正专业的“小户外”玩家，大多数的人们还是“大户外”的支持者。现在国内人均占有率最高的户外用品是帐篷。也许不是所有的人都可以去探险、远足，但他们需要的是一种户外精神。正如桑温特户外运动用品有限公司经理程占群说的：“其实走出家门就是户外，户外再也不应该是登山、徒步、穿越的代名词”。从“泛户外”化到今年的休闲、时尚化，户外品牌正沿着传统体育发展的轨迹尽情地享受市场带来的机遇。户外品牌从专营店纷纷挤进商场，大家也惊奇地发现，柜台上不再是简单重复的冲锋衣，不再是色彩单一的功能化宣传，修身、印花、鲜艳的色彩、款式设计等都被融入了户外产品中，而生活化的口号也喊得越来越响亮。

二、目标市场选择

在目标市场选择方面，探路者应选取差异化的市场营销战略，在户外运动方面又划分出不同的子市场，如户外服装、户外功能鞋和户外装备等子市场，在不同的子市场分别设计和实施不同的营销方案。设计和生产不同的产品；根据不同的产品制定不同的价格；采用不同的分销渠道；使用不同的促销组合，去满足产品不同目标市场上消费者的需要。

探路者有针对性地开拓市场，2001年、2002年广泛尝试了诸如休闲桌椅这类的产品，这些定位在非专业级客户，泛户外的产品把市场拓宽到休闲旅游业，探路者要告诉消费者的是，户外的方式是很宽泛的。对于经销商来说，消费人群当然是越广越好。市场像金字塔，底端的市场是最广的。

探路者的每个门店都有自己的特色，例如去香山的专卖店，就会看到登山装备占据的比例偏高，登山鞋的品种最全；在4S店附近的专卖店，就能买到许多与自驾游相关的装备，例如烤炉类、野外桌椅、帐篷等；在渔具市场附近的专卖店，就偏向于与钓鱼相关的装备，例如钓鱼背心。

盛发强将这种方式称为深度营销。“未来这个市场一定是面对个性需求的，无论是门店还是产品都要个性化，我们会更大范围地贴近目标消费群体，包括像户外山友、摄影爱好者、垂钓爱好者、自驾车爱好者等，为他们提供贴身的服务。我们做过调研，发现在市场成熟的韩国和欧洲，山脚下都开了很多户外用品店。香山店和八达岭店就是面对登山爱好者的，八达岭店开店当天，就有4个外国游客买了一些防水的服装。”

不同于一般产品的销售，户外用品销售可以采用多元化的销售模式，除了设立专柜和专卖店之外，还可以通过网络传播方式来传递户外运动产品的信息，直接进行网络销售。大品牌倾向于通过商场专柜、品牌专卖店和独立户外专营店为主要渠道，而一些从事零售业务的小型经销商等则可以通过网络论坛、贴吧等销售自己的产品。虽然户外专业零售店是推广户外文化和户外运动的主力，但从销售上来讲目前还是以商场为主，商场、户外专业零售店和其他渠道的销售比例为6∶3∶1。

三、市场定位

1. 户外运动可以不奢侈

探路者定位于户外运动与旅游休闲交集的细分市场，品牌风格是户外功能与时尚品味的结合，产品既能满足高山探险的极限要求，又能面向大众倡导积极健康的户外休闲生活方式，感受“让单调的生活艺术化，使重复的运动情趣化”的滋味。

国内户外品牌如果希望在整个户外运动行业里成为品类第一，其机会是不大的。但是，如果另辟蹊径，去开创一个自己能成为第一的新品类，那么成为第一就有可能。由此看出，坚持专业户外的品类，并不是我们做大的最佳方向；在专业户外市场里去细分一个新市场，则更不是做大的方向。户外品牌做大的方向，应该是由专业户外出发，向其外延伸。因此，中国户外运动行业要做大，最佳的道路应该是“以专业户外为根本，向外扩张”。也就是说，户外运动行业要跳出“挑战生命、挑战自然、探索险境”的老套路。试想，能够整天去“挑战生命、探索险境”的人又有几个？是不是只有那些个别的较为另类或者收入奇高的人呢？有时候，转变一下思路，就可以看到另外一片天空。

2. 用文化武装品牌

专业户外品质和品牌文化是户外运动行业的两大核心。户外品牌从让中国消费者看到的第一眼起，至今也不过10多年，越来越多的企业开始认识到由“卖产品”到“卖品牌”的过渡，这是件很好的事情。像探路者与藏羚羊的广告创意，尽管这些还不能支撑起自身整个品牌文化，但是已经迈出了成功的一步。有人说藏羚羊与探路者无关，其实这正是盛发强的高明之处，只要沿着这条线，藏羚羊这个象征着生态环保的生灵就会成为探路者的形象代言和吉祥物。

品牌文化的培育应该是点滴积累、循序渐进的过程，全境式的广告轰炸只能快速提高品牌知名度，却很难积淀品牌深厚的文化内涵。除了广告外，品牌文化的培育还需要多种手段，如公益参与、新闻宣传、公关赞助、互动文化活动、消费者体验活动，等等。品牌文化的培育需要多样化、多形式的演绎手段。

探路者的相对优势：探路者一步步发展经销商，建立自己的网络。优势还在于厂商对品牌渠道的控制力强，市场稳定，风险小，可复制性强。从上到下公司政策的传达，从下到上信息反馈都有很顺畅的通路，比如统一的标识CI设计、产品形象外观都能做到全国统一。

3. 探路者定位的两个方向

专业人士（立场坚定的户外运动爱好者）：一般都有很丰富的户外运动经验，对装备要求较高，尤其是追求某些细节方面，如果某件产品在其他店找不到而只有你这里有的话，那些人会很乐意常来的，再加上服务上乘，质量保证，价格合理，那些专业人士会是一个很大的消费群体。如果能留得住这些顾客，虽然在他们身上一次不可能赚太多，但他们往往带来一些潜在的市场价值。因此，一个户外用品店如果要生存，一定要留得住一些真正的“驴子”。

普通消费者：大多数人是有文化、有知识、有一定经济基础的青年人。这些人里面有的是准专业，有的纯粹是一时兴起瞎玩，有的人喜欢“烧”装备，有的人来还带着其他目的。不过，在这些人里面赚钱还是相当容易的，尤其是那些“烧客”们。

扩展阅读 2　狼爪品牌之我见——品牌定位及市场细分

狼爪是 2007 年正式进入中国大陆市场的。将“杰克·狼皮”(Jack wolfskin)翻译为“狼爪”，顺应中国风俗，与 LOGO 图案吻合，也与户外产生联想。该品牌稳扎稳打，以“蚕食”策略不断扩张，现与国人常认为的一线品牌“TNF”(The North Face)、“哥伦比亚”如影相随，并且有凌驾于“哥”之上之势。

既然为一线，价格亦不菲，非一般工薪阶层能接受。可能“狼爪”也不想挣工薪阶层的银子吧？那么“狼爪”的目标消费人群又应该如何定位呢？

首先对户外品牌(服装)使用者的人群进行分类。

一、日常穿着与户外穿着

户外服装品牌不仅为“驴友”所独爱，在日常生活中相当多的消费者虽不去参加户外活动，但理解户外或追求户外，认为是“一种新兴的生活方式”。户外服装是其休闲服装中的一项重要选择。此类人群拥有资讯，收入不菲，代表为中层白领，在一、二线中心城市生活，为主要消费人群。与其他一线户外品牌相比，选择“狼爪”者可能更多的是具有不拘陈规、崇尚野性自然的因素在人性深层，所谓“外表冷峻、内心狂野”。

人们购买“狼爪”，主要是表现其品牌特质，对功能性要求次之，比较拉风的上衣及醒目的 LOGO 是其最爱。而户外“驴友”可能在野外风餐露宿较多，会更追求功能性，品牌则降为第二了。

二、户外人群细分

户外圈喜欢根据参加户外活动时间的长短将“驴友”分为“新驴”和“老驴”。

“新驴”：参加户外活动 1～2 年，走过中短线，对户外品牌有一定了解。多为刚出校门走向社会、收入不多的青年人，装备随发烧程度正添加中。会“关注”品牌，处于“感兴趣、评估”阶段。亦有社会中层人士，有经济实力，旁人的推荐决定其选择，资深知名“驴友”的推荐就更有影响力了。

“老驴”：参加户外活动 2 年以上，走过中长线，对户外品牌有一定了解和体验。深知品牌与品质、功能之间的必然联系。有经济实力，会开始忠于某一品牌，逐渐添加购进。在品牌之间开始比较，有部分人会在品牌线上“跳级”，由二线向一线转移。他们是最忠诚最义务的“品牌传播者”。更有个别成为“发烧级”，是高忠诚度的品牌消费大使。

“资深驴”：走过烧装备路后，消费走向理性。重新回归户外装备功能性第一的理念，对某类装备中的各个品牌比较后，只选性价比好的，不再关心 LOGO 的大小样式以及是否拉风。

通过前面的分析，不难发现“狼爪”的现时市场定位是基本合适的。定位中心城市中高档商场、进驻大型户外店等，可有效锁定目标客户。

案例分析

哥伦比亚 VS 探路者　成功探索出适合自己的模式

（资料来源：www.8264.com 户外资料网）

Columbia 和探路者，一个是经营时间长达半个世纪、在全球范围内铺设了强大渠道资源的国际大鳄；另一个是抓住了国内新兴产业机遇迅速崛起的名牌翘楚。在国内户外市场，二者直接碰撞，却又都走出了自己的模式。他们的做法未必招招适合每个企业的发展，但精通一招，或许就会有不一样的价值。因为问题的解决也许就来自案例所萌生出的思路。

一、主打科技牌

科技一直是鞋服行业的热门词汇，越来越多的企业专注于打科技牌，在鞋服生产流程中各种关键性工艺难题相继被企业攻克。它不仅反映出消费者追求更高端生活方式的意愿，也给产品生产的企业提出了更多的要求。然而，专注于科技并不意味着脱离潮流走向；相反，这些率先在行业引领一方技术的企业，往往成为后继品牌的学习对象。

由于自身属性，户外行业对产品的技术含量有更高的衡量标准。那么，作为国内外户外行业佼佼者的代表，Columbia 和探路者在科技方面到底是如何让概念真正落地的呢？

Columbia：自主研发＋收购

作为户外运动品牌里具有良好口碑的 Columbia，将全天候的户外科技，贯穿到从面料研发到裁剪的整个过程。

Columbia 曾自行研制专利布料（Omni－Tech）（防风防水透气布料），经过专业的密封处理可以满足消费者在户外防风、防水、透气的需求。Columbia 数十年来苦心研发的重要科技可以完全适合不同户外运动需要，比如防紫外线功能、立体裁剪膝盖位、全方位活动手袖、对流式透气系统，等等。正是这种独一无二的科技带来的真实户外体验让 Columbia 脱颖而出。

此外，Columbia 通过收购品牌嫁接其技术以保证技术方面的领先地位。Columbia曾收购以高品质跑鞋、徒步鞋、登山鞋而著称的 Montrail 品牌，其曾被《SNEWS 室外零售商调查报告》评为室外专业产品领域销售最好的鞋业品牌。在寻求最好技术和科技的过程中，Columbia 始终不遗余力，使每一件户外用品都物有所值，都蕴涵着众多不为一般人所知的科技密码。

探路者：哑铃式模式＋最大研发中心

在科技上，十多年来探路者始终坚持创新，采取"哑铃"式模式，在附加值高的业务链上游及下游投入较大，而将中游（生产）进行外包。具体而言，探路者较为重视产品的设计、研发。据资料显示，探路者 2008—2010 年的研发投入分别为 634 万元、892 万元、1448 万元，在各年营业收入中占比 3%左右，获得近十项专利。

探路者坚持打造自有技术，拥有核心科技的战略。其拥有户外用品行业全国最大的研发中心，研发的产品曾获得"中国创新设计红星奖"等业内知名奖项。自主研发的 TiEF 面料结合天然活性物质改性技术，同时针对专业户外产品的功能性和舒适度进行了反复的技术改良和创新。并不断继续 TiEF 的深入研发，打造高性、价优的自主绿色环保面料科技。

总之，无论是 Columbia，还是探路者，对于科技不断摸索和创新，对每一产品给予高技术含量，目的就在于保证高品质，更好地回馈用户。

二、服务体验

这是卖产品的时代，更是卖服务的时代。在满足保质的硬件基础上，目前消费者对于商家软性服务的要求也在逐步提高。

Columbia：满足多元化需求

在用户体验上，Columbia 非常在意消费者的直接感受。为了让消费者体会到这一点，Columbia 会在户外路演的时候，让顾客穿上 Columbia 的产品站在玻璃房子里，体验模拟户外环境的感觉。

在 Columbia 中国区办公室里有一个摆满实物的精致样板间，这个样板间内几乎所有的装修和布置都和卖场一模一样，目的是为了重现 Columbia 真实的零售潮和激烈竞争的市场氛围，让销售人员了解到 Columbia 的企业和品牌文化以及特殊面料的制造工艺，让员工在这样氛围工作有助于加强他们对 Columbia 产品的理解和对品牌的归属感。

同时，对于如何帮助时尚用户获悉高科技功能之外的个性化需求，Columbia 引入耐克的设计团队助力其功能之外的"时尚化突破"。很多不同以往的户外装备纷纷面世。这些产品既充满科技感又很时尚，满足了用户多元化的消费需求。

探路者：细分品类，延伸产品

2009年开始，探路者从设计风格上对产品进行细分，根据不同目标人群划分了四大系列：面向一般性郊游、自驾车游的户外旅行系列(DAILY)；针对户外发烧友的专业户外系列(PERFORMANCE)；针对城市消费者的功能休闲系列(VIN-TAGE-TOREAD)以及时尚生活系列(LIFE-STYLE)。通过精准的品类细分，更精准地捕捉消费心理，获取更多市场份额。

同时，探路者以户外产品消费人群为平台，利用该平台进行产品延伸，逐步从单一的帐篷产品发展为包括装备、鞋、服在内的户外用品供应商，并进一步延伸到“基于户外”的休闲鞋、服产品，从而演化成为一个户外生活方式品牌。据悉，2013年初探路者将上线定位于休闲户外、价格更加亲民的全新品牌，提升外延式增长。

总之，消费者越来越“挑剔”的时代，不仅需要实力产品说话，还要不断揣摩消费者越来越细腻的需求心理，只有走在消费者前面，才能不断跻身跑道前列。

三、渠道拓展

通路是品牌建立和扩张的关键，是产品与消费者接触的最直接窗口。基于户外用品行业的行业属性，品牌在通路选择上，如何选择更适合的渠道进行扩展。

Columbia：代理商就是客户

很多国外品牌在进入中国市场时，由于缺乏对中国的了解，无法找到好的合作伙伴而导致市场失利。Columbia认为，如果对市场了解不够，那么想定义市场边界和规则很难。中国户外用品市场没有想象中的那么庞大，人们的消费习惯和意识还停留在把户外用品等同于“户外才穿”和“奢侈品”的概念；而在国外，户外用品都是被当作生活必需品来购买和使用，在国外销量达一万件的明星产品拿到中国来可能严重“水土不服”，市场落差非常明显。

因此，Columbia坚持终端发力，非常在意渠道的整合和控制，并且大力发展代理商来运作Columbia在当地的市场。在中国Columbia只有10%是自有店面，此外都是选择当地最合适的合作伙伴一起把当地市场做大。另外，与其他户外品牌拼命发展代理商进而收取高昂的代理费不同，Columbia在一个区域只会选择一个代理商，因为高端户外用品市场容量还是非常有限，并不断帮助代理商增强零售和服务能力，保护他们的正当利益，实现双赢。

探路者：错位竞争

竞争始终是企业绕不开的坎，Columbia在中国拥有数百家店铺，且多数植根于京、沪等一线城市和发达地区的主要商区，Columbia市场地位难以轻易撼动。

为了避免与Columbia的直接抗衡，探路者将业务重心放在二、三线城市，但这并不符合户外行业的现状，一线市场和国内核心商区依然是探路者的主战场。

面对这样的尴尬，探路者采取错位竞争的方式来应对。在一线市场，探路者充分利用 Columbia 店铺较少且开店速度较慢的特点，积极整合资源，大力拓展各种渠道业态。目前直营店、加盟店大部分设在商场之内，专卖店和商超系统也在拓展范围内。通过一系列措施，探路者在一线市场与 Columbia 直接对抗。

在占领一线市场的同时，探路者适度借鉴国内体育用品行业“农村包围城市”的模式，业务区域在二、三线城市逐步展开，在该区域探路者面临的竞争较小，而通过二级分销商的培育及市场的推广，探路者已经取得了部分成效。对于二、三线城市，在继续提升二级市场覆盖率的基础上，合理规划新店增长和单店店效提升的速度。

总之，只有占据了能真正带来赢利点的渠道和市场，品牌才能获取更高的市场利润和市场份额。

本章讨论题

1. 简述户外运动市场细分与户外运动目标市场选择的关系。
2. 如何理解户外运动市场定位？
3. 如何理解我国户外运动市场潜力巨大？

第五章

户外运动市场竞争策略

【内容提要】 俗话说“商场如战场”，对于一个企业来说，面对着日益激烈的竞争和挑战以及变化迅猛的环境，为求得长期生存和不断发展，企业必须进行总体性的谋划，也就是制定企业在市场中的竞争策略。本章主要讲解户外运动市场的竞争分析以及户外运动市场的竞争策略等问题。

【学习要求】 掌握利用SWOT分析法和五力模型分析法对户外运动市场作相关的竞争分析；了解户外运动竞争策略的理论基础；掌握户外运动市场的竞争策略。

第一节 户外运动市场竞争分析

对市场竞争的分析，有两种模型（工具）很著名，即SWOT分析和五力模型。这两种分析工具在企业界有着广泛应用，实际上，几乎所有的公司管理人员，无论大公司或小公司，都曾使用过SWOT分析或五力模型。

一、SWOT分析

SWOT是优势(Strengths)、劣势(Weaknesses)、机会(Opportunities)和威胁(Threats)的首字母缩写。SWOT分析不仅能用于分析公司的外部机会和威胁，也能分析公司的内部优势和劣势。SWOT分析有两个步骤：第一步，管理者仔细评估公司的（内部）优势和劣势以及（外部）环境机会和威胁。第二步，管理者使用第一步的评估结果将公司置于SWOT矩阵的四象限之中，如图5－1所示。

如果SWOT分析表明某企业享有很多内部优势和很少内部劣势，而且有很多环境机会和很少环境威胁，企业将被置于SWOT矩阵的右上象限。SWOT分析是说明性的，每一象限与不同战略相联系。如果企业管理者确定企业有相当多的内部优势和外部机会，SWOT表明企业应该通过合并、收购或发展内部新业务机会来“增长”。对于其他三种SWOT现象下文将有相应的建议。

SWOT分析使用起来很方便，这是它的最大优点。但是它作为市场竞争分析工具也有许多缺点，最严重的缺点是它的主观性。沿两个SWOT维度分析企业是

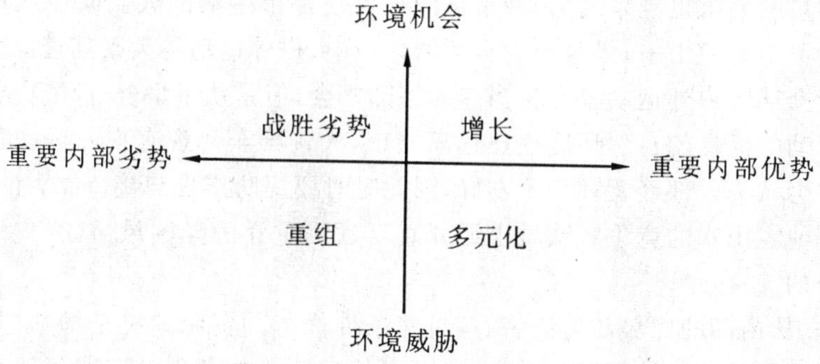

图 5-1 SWOT 分析模型

相当主观的，而且使用 SWOT 的管理者可能遇到来自同一企业对企业沿这些维度位置的不同意见。比如，企业管理者对外部环境中某些现象是机会或威胁可能持不同意见。评估环境机会和威胁还受管理者对公司优势和劣势的理解所影响。有许多优势的企业管理者更可能将环境现象看作机会，有许多内部劣势的企业管理者可能将这些同样的环境现象看作威胁。

SWOT 分析的另一缺点是，即使使用它也很难产生明晰的结论。实际上，几乎所有的企业将面临外部环境中的机会和威胁的组合，它们也许同时拥有内部优势和劣势。可能并非明确地处于 SWOT 矩阵中的某一象限，大多数企业将发现自己处在矩阵中心周围，两维的交叉点。因此，SWOT 不仅没有提供管理者清晰的建议，而且可能造成许多矛盾的战略。

总之，SWOT 分析激发了一些关于企业及行业的思考，管理者也能确定许多优势和劣势、机会和威胁。但在实践层面上，SWOT 的有效性常常受到质疑，依据 SWOT 分析不能对企业的独特环境提出合适的战略建议。

二、户外运动 SWOT 分析

户外运动是近几年在我国开展起来的新型体育运动项目，对户外运动的概念学术界至今还没有确切的定义，而对其项目内容得到较多认同的主要包括：滑水、冲浪、漂流、溯溪、溪降、攀岩、登山、山地自行车、定向穿越、野外生存、直排轮滑、滑翔伞、跳伞等一组在自然场地进行的体育项目群，大体分为水上户外运动、陆地户外运动和空中户外运动三大类。2005 年 4 月，国家体育总局批准山地户外运动为我国正式开展的体育项目，明确我国现阶段户外运动是登山运动下属的二级项目，并把它界定为“山地户外运动”。

从外部环境来看，当前科学技术进步，社会文明昌达，余暇时间越来越多，人们对生活质量的要求也越来越高，城市化的扩大使都市生活的人们向往从钢筋水泥的高楼大厦中解脱出来，投身于大自然的怀抱中，户外运动将大兴其道。大多数企业管理者会认同户外运动享有相当多的外部机会，但是从事攀岩、漂流、丛林穿越、溯溪等运动的优良的自然环境往往远离城市，人迹罕至。现有户外运动企业的管理者大多会认为外部经营环境不友好，因此时时要提防广告与接待能力的失衡，处处能遇到他乡山水的竞争。从城市近郊直至远隔重洋的异国风情，客户的选择几乎是无穷的。

首先，从内部的优势和劣势来看，自然条件优越的资源始终是稀缺的，大多数自然条件是平凡无奇的，所以有独特从事户外运动自然条件的企业可认为拥有重要的内部优势。对于经营户外运动装备的企业而言，拥有品牌资源可以认为具有重要的内部优势；反之，在竞争中就处于劣势。其次，就资本而言，从事户外运动自然条件较好的地方经济往往欠发达，大多数地方面临筹资困难的局面，自然条件特别优越的地方虽然相对容易筹集到资金，但却受到规模经济的限制。另外，管理人才和相关专业人才对新兴行业来说，常常是短缺的，拥有优秀人才是企业重要的内部优势。经营项目及其结构、管理制度、企业文化等也是考核的对象，在这些方面企业都可以建立起自己的竞争优势。

扩展阅读

根据 SWOT 分析户外行业的商场店和街边点（表 5－1），可以得出以下结论。

1. 商场店

(1)迅速抢占知名商场店位，加大店面开拓投入。这一策略在 L. L. Bean 表现得很突出，这两年在迅速地开店，扩大在国内的品牌宣传；而且产品质量很不错。

(2)加强店员户外知识技能方面的培训。

(3)增加大众化产品及时尚性产品的货品比率。大众化是一个大趋势，同时今年特别强调户外产品与时尚性的结合，已经转变了过去以功能性取胜的发展战略。

2. 街边店

(1)强化货品陈列意识。

- 商品尽量纵向陈列，将热卖商品放置于与人眼平行视线吻合的位置；
- 商品分类清晰，挑选出自己店里最显眼的位置，放置促销或主推产品；
- 每天坚持整理货品，摆放整齐清爽；
- 间断性做货架调整。

表 5-1 应用 SWOT 方法分析户外运动行业的商场店与街边店

<table>
<tr><th colspan="2">应用 SWOT 方法分析户外行业的商场店</th></tr>
<tr><td>优势(S)
(1)服务质量高,品牌形象好
(2)对品牌宣传推广力度大
(3)对产品价格不敏感
(4)管理先进,运营轻松
(5)月均销售量大
(6)店面信用度高</td><td>劣势(W)
(1)进入门槛高,对品牌知名度有较高要求
(2)产品过于大众化,影响产品功能性的体现
(3)个人加盟店投入成本高,与收益不成比例
(4)店员户外知识不足
(5)单纯意义上的销售、缺乏活力</td></tr>
<tr><td>机会(O)
(1)黄金周假期刺激消费
(2)奥运会、亚运会的举办刺激体育消费
(3)国家政策促进绿色出游,全民健身
(4)国民消费水平在不断提高
(5)商场销售成为新模式、新焦点</td><td>威胁(T)
(1)户外运动大众化,商场店全面铺开,影响销售量
(2)产品销售压力大
(3)受品牌商控制严重</td></tr>
<tr><th colspan="2">应用 SWOT 方法分析户外行业的街边店</th></tr>
<tr><td>优势(S)
(1)价格低、折扣大
(2)户外专业产品较全
(3)有固定顾客源
(4)目标群体比较清晰
(5)投入成本低,入门容易
(6)店面连锁,渠道能有效控制</td><td>劣势(W)
(1)店面装修简单,档次低
(2)人流量不集中
(3)货品真实性无法保障
(4)进货成本高
(5)同质化经营情况严重
(6)管理模式落后,对库存管理意识薄弱</td></tr>
<tr><td>机会(O)
(1)黄金周假期刺激消费
(2)奥运会、亚运会的举办刺激体育消费
(3)国家政策促进绿色出游,全民健身
(4)国民消费水平在不断提高
(5)越来越多的人开始接触并喜欢户外</td><td>威胁(T)
(1)资金和开店模式瓶颈
(2)户外店之间展开价格战,恶性竞争
(3)户外品牌商逐渐将市场中心转移至商场</td></tr>
</table>

(2)提高销售人员服务质量,尽量让顾客能够试用、体验商品。

(3)多做网络和海报宣传,用特价、大众产品吸引顾客进店挑选观看。

(4)增强店面和库存的管理,最好是自己能参与经营。

(5)与顾客多交流，尽量与顾客成为朋友，真诚以待。

(6)组织户外活动，真正非营利性质的，哪怕明确地收一些领队费也可以。

(7)切忌以次充好，以假乱真。即使是尾货或是厂货，也需要向顾客说明。别以为现在的顾客都好宰，总会有被别人发现你卖假货的时候，那时你的损失将绝对大于你的收益。

(8)将心思多投入在货源上，别指望一个电话就能来的货，那会让你的产品价格高出很多。要相信有多少付出就会有多少回报；同时，为了避免店面的同质化，添加一些特色的商品，并且不局限在户外。一些在户外能用得上的、好玩、好看的东西都可以进一些，让顾客有种进来"淘宝"的感觉。

(9)价格控制。这是很重要的一点，卖东西的时候要把你的房租和人力成本算进去，遵守市场的价格水准，要知道价格战每家店都会，如果每一个人都不惜代价地想挤垮别人，那整个行业最后倒霉的会是我们每一个经营户外店的人。

三、五力模型

20世纪70年代晚期，哈佛商学院教授迈克尔·波特创立了确定行业平均收益率或吸引力的五种力量的模型，即五力模型，为行业分析提供了新工具，获得了学术界和企业管理人员的广泛认可。五力模型如图5-2所示。

五力模型的逻辑是很直接的，当力的强度增加时，市场环境变得更加不友好，而整体行业收益率将下滑。

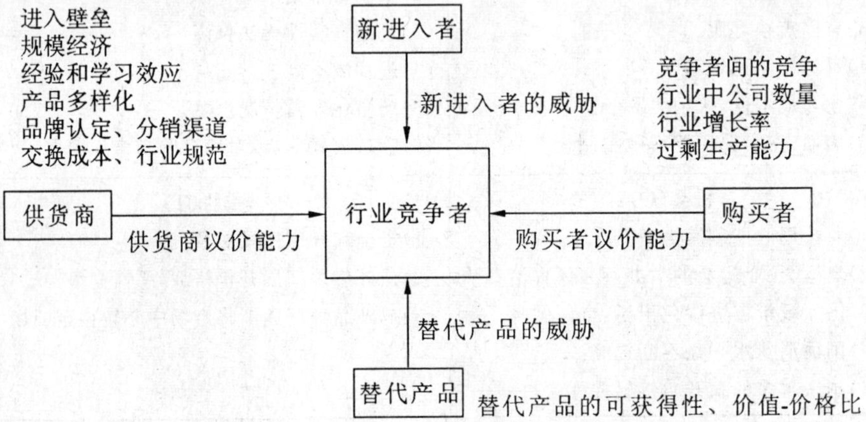

图5-2 五力模型

(一)新进入者的威胁

如果新对手能相对容易地进入一个行业，此行业可能竞争性更强，而不大可能享有高平均收益率。那些已经在行业中的公司，希望建立壁垒来阻止其他公司进入该行业。成本壁垒、现有公司享有的销售优势、政府管制、行业进入壁垒这四种因素可以使进入的可能性降低。

第一种因素：成本壁垒。如果已存在的公司享有规模经济、经验和学习效应的好处，或者能优先获取主要资源或技术，那么潜在进入者将必然在严重的成本劣势下进入该行业。

户外运动包括的项目很多，各种自然条件下可以开展各种不同的项目，甚至在城市的中心公园、大学校园也已经开发出了定向比赛项目，城市建筑物开发出了攀岩、岩降、蹦极等户外运动项目，可以说户外运动几乎不受规模经济的限制，潜在进入者很容易获得进入户外运动行业的主要资源和技术。

第二种因素：现有公司享有的销售优势。例如，如果所有公司享有品牌忠诚，那么潜在进入者将不得不使客户放弃他们满意的产品或服务。类似地，如果现有公司享有零售渠道，如超市货架位置，那么潜在进入者将不得不说服零售商给予他们（常常稀缺的）位置或给予销售机会。此外，已存在公司的客户购买另一公司的产品或服务会招致“交换成本”，他们不愿意将忠诚从已存在公司转向新进入者。

户外运动在我国还是新兴的行业，大多数企业还没有取得广泛的品牌忠诚。现在公司享有的销售渠道很充沛，不像超市在特定区间内数量有限，户外运动的销售渠道除了旅行社、户外运动俱乐部等有形机构之外，还有网络上的社区等无形组织，而且目前户外运动的爱好者对更换新的户外运动项目和提供商有较大的兴趣，所以现有公司享有的销售优势是不显著的。

第三种因素：政府管制。当行业仍处于政府相当的管制之下时，潜在进入者不得不在开始服务之前获得政府批准，甚至在取消管制之后，由于结构壁垒的存在，市场扩展也受到限制。

户外运动属于有一定危险性的体育项目，政府通过体育管理局对户外运动的开展实施专业管理，但是达不到管制的严格程度，所以目前在新进入者开始服务之前获得政府的许可的制度一般还不会造成进入壁垒。

第四种因素：行业进入壁垒。现有公司可能采取维持低价以抵制潜在进入者进入的行为。或者，如果有新进入者的话，已存在公司可能发布它们将相当程度地降低价格、发布增加辅助生产能力的计划、发布即将推出下一代产品和服务等行为信号，常常能有效地限制进入。

目前我国户外运动企业规模较小，行业内企业数量较多，已存在公司之间的竞争主要是自由状态的竞争，一家公司降低价格的行为对市场影响不大，新进入者也不会感到诸如此类的行业进入壁垒。

(二)替代产品的威胁

如果替代产品或服务能轻易地获取,那么行业中的公司将会有较低的平均收益率。产品相互替代的程度依赖于两种产品的价值-价格比,两种产品或服务可能满足同一需求或愿望,它们之间相互替代的现象就发生了。

首先,户外运动能满足人们希望离开城市工作环境去运动的需求,这种愿望很容易被踢足球、打网球等户外人工场地上开展的运动项目满足,而且足球、网球等运动项目更普遍、更容易获得,价值-价格比更大,即足球、网球等运动项目很容易替代户外运动。

其次,户外运动能满足人们渴望离开城市人工环境进入大自然中去的需求,这种愿望很容易被旅游、远足、烧烤等活动满足,而且旅游、远足、烧烤等活动老少皆宜,不需要专业技能和装备,旅游服务机构比户外运动组织更普遍,所以替代现象时常发生。

但是,人们希望既到自然环境中,又去运动的需求,是户外运动特别吸引力之所在。户外运动企业要抓住这个核心,不断地提高价值-价格比,就能提高核心竞争力,才能抵御替代产品的威胁。

(三)供货商议价能力

影响供货商议价能力的因素有很多,其中有两个因素至关重要。首先,如果某特定部件只有几个供货商存在,而有大量的购买者,那么这几个供货商将有更大的定价能力。其次,如果此部件很关键或它结合了专利技术,那么供货商通常有更大的议价能力。

户外运动设备专业要求较高,供货商相对集中,产能较大,而从事户外运动的企业作为购买者相当分散,规模较小,购买量较少,也不能轻易置换供货商,所以供货商有较强的定价能力。

(四)购买者议价能力

强大的购买者能获取产品或服务的价格让步。集中度高的购买者比分散的购买者的议价能力强;而总体需求和不同部门的需求快速增长时,购买者议价能力会相对下降。

目前户外运动的消费者主要是两类人:一类是对户外运动感兴趣者或爱好者,他们对服务的价格不敏感;另一类是企事业单位,比如大学、企业工会等常常会组织本单位人员参加户外运动。由于参加者不用担心账单,所以没有动机或其他原因来担心户外运动的价格,甚至有时在了解到价格高昂时参加者会更有幸福感,所以在选择了户外运动项目之后,购买者对价格的议价能力较弱。

(五)竞争

如果现有公司间的竞争程度激烈,常常会降低平均行业的收益率,因为竞争者或者压低价格，或者提高做生意的成本。一般来说，行业中公司数量越多，竞争性就越强；总体行业销售的较慢增长或下滑将加剧竞争；行业的过剩生产能力也倾向于增强竞争，几乎人人可见的一个生产能力过剩的例证就是零售购物空间的扩大。

在户外运动行业的竞争中，过剩的生产能力是与生俱来的，是由户外运动对自然条件要求多样化、户外运动项目多样化的特点决定的。比如，我国有70%的土地是山地，山地自行车运动随处都可以举行。实际上，只要有空气、土地、阳光、溪流、江、河、湖、海、沙滩、田野、森林、山地、草原、荒原等几乎任何自然条件，就可以在登山、攀岩、徒步、溯溪、溪降、漂流、越野自行车、探洞、轮滑、野外生存、定向等项目中找到合适的活动。但目前从事户外运动的企业数量还不多，抑制了行业竞争性的表现。

(六)五力模型的局限性

五力模型在做行业分析和理解平均行业业绩水平的差异上比SWOT优越。但是这个模型也有它的缺陷：一个主要缺陷是该工具只是提供用户行业环境的“快照”，缺乏对非常动态的行业环境的跟踪分析；另一个主要缺陷是该工具不能给管理人员提供具体的战略建议，只有方向性的建议。比如，当管理人员分析发现他们的公司处于不太具备吸引力的行业中时大致有两种选择：第一，他们可以使公司多元化而一定程度地脱离这种行业，或者完全脱离此行业。但实际上，几乎更有吸引力的行业一般更难进入，此外，公司经常缺乏必要的资源来进入其他行业；多元化对于没有多元化经验的公司来说是具有很大风险性的。第二，他们可以通过减少五力的作用，或保护公司免于五力的影响，来使他们的行业更具有吸引力。例如，几乎所有的公司试图通过广告或提供好的客户服务来建立品牌忠诚；通过取得政府管制来获得保护；通过建立第三方支付帐单的方法削弱购买者议价能力，等等。

用五力模型分析，户外运动的五力除购买者议价能力较弱外，新进入者的威胁、替代产品的威胁、供货商议价能力、行业内竞争四力都较强，可以确定目前户外运动行业是一个低业绩的行业。

第二节 户外运动市场竞争策略

一、市场竞争策略的理论基础

企业要赢得市场竞争的胜利，获得更多的市场份额，可以运用许多竞争手段，或者称为竞争策略。从营销的角度出发，竞争策略可以分为产品策略、价格策略、渠道策略、促销策略等方面；从市场竞争分析的角度出发，竞争策略可以分为颠覆性技术的新进入者策略、企业定位的行业竞争策略、向前一体化和向后一体化的供应商和购买者策略、维护顾客忠诚度的品牌策略；从对竞争之根本的挖掘角度出发，竞争策略可以分为组合策略和核心竞争力策略。究竟是采用哪些策略来竞争，取决于企业管理者对与竞争密不可分的几个方面的理解。

(一)资源的认识和运用

资源的基础观点是企业要经营成功就必须拥有资源。企业在竞争过程中，如果能拥有更多的资源，那么它们就可以比竞争对手更有效率地生产产品，或者能够比竞争对手更有效率地传递顾客价值。

识别企业资源通常都是比较容易的，因为资源是企业拥有的一切，例如，位置、品牌、员工、专利、客户等。但是要识别让企业超越竞争对手的关键资源通常是比较困难的，通过考查稀缺性、不可移动性和范围性等方面可以得到较好的答案。

1. 稀缺性

稀缺性是指一家成功的企业掌握了某项资源，别的企业就不能掌握了，该企业就在竞争中取得了优势，该项资源就是稀缺性资源。

2. 不可移动性

它是指企业拥有某项资源，没有该企业的准许，资源就不能在市场上买卖，或者即使资源能够被其他企业买卖，但是其他企业不可能以同样的效率使用它。换而言之，资源的不可移动性意味着，支撑一家企业成功的资源不可能被另外的企业用更高的价钱买走。例如，一些消费品企业，如可口可乐公司、耐克公司等，这些公司的主要资源就是它们的品牌，品牌与企业紧密地联系在一起，保证了这些企业长期地持续成功。不可移动性还可以解释，为什么一些大众化的街头或路边餐厅和商店容易倒闭？因为这种企业的主要资源通常就是它们的选址，而这种位置常常不是该企业独自拥有的。

但是一项资源是否是不可移动性的，并不是一成不变的。例如，耐克公司认为其品牌是它不可移动性的资源，福洛客百货公司认为它的选址和富有销售经验的员工是其不可移动性的资源。换而言之，耐克公司认为它的业绩来自于自己强有力的运动品牌，不在某一地方销售，影响不会很大；福洛客百货公司则认为它的业绩来自于它们的选址和富有销售经验的员工团队，不卖某一种商品对其业绩影响不大。事实上，许多年以来，福洛客百货公司一直销售耐克运动鞋。2002 年，福洛客百货公司开始关注更为高档的鞋子，与耐克公司发生了针锋相对的争议，并导致中止了与耐克产品的订单。福洛客百货公司坚信，通过销售锐步、盖世威以及其他更多的品牌一样可以保持自己的顾客。耐克公司也同样相信，通过其他销售商一样可以获取自己的利润。而第二年的现实给了他们狠狠的打击。在运动鞋货柜方面，福洛客公司的销售额出现了幅度虽然不大，但是持续时间相当长的下降势头，而耐克公司在美国的运动鞋销售额下降幅度达到 10%，利润额下降一半。一直到

2003年7月，福洛客百货公司与耐克公司双方都认识到，如果没有对方的合作，它们都不可能回到原来的利润水平。可见企业资源的不可移动性不是绝对的，而是相对的。

另一方面，当企业的资源是可移动时，企业就难免会丢失利润。但是，企业可以通过减少资产的可移动性来改变这种处境，从而获得利润。下面是户外运动俱乐部的案例，大多数户外俱乐部都是靠人力资本来创造公司的产品。那么俱乐部怎样才能确保人力资本的所有者(如项目负责人)不为自己谋取利润呢？假如一名项目负责人给俱乐部创造的利润是30万元，但是项目负责人却认为他的收入只有10万元，要远远低于他给俱乐部创造的价值，因此该项目负责人要求得到更多的报酬，而该俱乐部的管理者则提出三点理由来拒绝他。首先，如果让项目负责人自己去开拓这项业务，那么他需要花费更多的时间，这是因为一家有声誉的俱乐部已经建立起相应的品牌认知，而项目负责人个人没有。其次，一个出自声誉良好的俱乐部的活动方案，更加容易得到顾客的接受和认可，尤其当顾客是个大机构时，大机构将更愿意和法人单位合作而不是个人。再次，如果没有俱乐部其他人员的配合，没有俱乐部的信息资料或知识基础，那么项目负责人个人也难以保证相应的质量水平。总之，俱乐部管理者可以证明，项目负责人离开俱乐部单凭他自己是不可能挣得他现有的年利润水平的。但是，常发生的事情是，该项目负责人虽然不可能出去自己干，但是他可以去其他的俱乐部。以上案例反映了企业可移动性资产与共同专有资产的关系。企业只能在共同专有资产的基础上，而不是在稀缺但可移动性的人力资源的基础上持续发展下去。俱乐部的优质产品不能依赖具可移动性的人力资源。因此，把可移动的人才捆绑起来形成工作团队，人才就不易流动了，就形成了企业的共同专有资产，该过程就是将资源的可移动性转变为不可移动性的过程。

3.范围性

资源都是具有范围性的，尤其对独一无二的资产来说，资源确实是很难改变它的范围的。例如，在户外运动中，那些赫赫有名的山川，作为开发户外运动项目是独一无二的资源，在此基础上开发出的户外运动产品的生产和消费过程是不可以改变范围的。

但是，如果某企业的资源可以改变范围，那么就可以在新产品和新的区域市场中得到应用，那么该企业就增加了扩张机会，从而超越自己传统的经营界限。因为税收、资本市场、技术、法律和政治结构、人口分布等，一切随时间变动而发生变化的各种因素，它们都会随时影响着企业获得顾客的能力，所以企业要长期生存和发展下去，就要有能力改变其资源的范围性。

改变资源的范围性的运作过程，就是战略匹配。战略匹配的核心是提高企业活动的互补性,即企业开展一项活动可以提高其他活动的效率,也可以说这样的活动是具有互补性的。这样通过战略匹配就提高了企业的整体效能,同时一个良好的战略匹配是很难模仿的。企业不能简单地一时复制一个活动过程,它必须同时复制全部活动过程。

例如,美国西南航空公司积极努力,力争成为所有航空公司中运转速度最快的公司,所以他们执行了与这个目标匹配的战略,包括一架飞机正在着陆,就要开始准备下一轮的飞行,中间花费的时间不到30分钟,办法是飞行期间不提供餐饮服务,只采用单一型号的飞机(波音737),这样他们就可以简化行李托运程序,减少中途加油和保养维护环节。在航线上从不选择过于拥挤的机场。

现在联合航空公司成立特德航空,它主要定位于提供低价位飞行市场,目的是与西南航空公司进行正面竞争。联合航空公司可以在费用及其他供应成本方面与西南航空公司竞争,它甚至还可以改用独一无二的飞机类型,也停止飞行期间的餐饮供应。然而,除非它不停泊于拥挤不堪的芝加哥机场以及其他拥挤的机场;否则,它的运营效率无论如何也不能与西南航空公司竞争。

同样的,在户外运动市场竞争中,围绕资源的范围性可以采用战略匹配来确保现有企业的领先优势。

(二)对竞争的认识

存在适度的竞争可以促进行业提高生产力水平,但是要获得利润不一定要通过竞争。因为一个公司获取利润的多少,等于该公司所在行业的平均利润加上该公司相对平均利润的差,而行业平均利润等于行业平均价格减去行业平均成本,竞争的作用是驱使价格下降,使行业利润趋于零。所以假设不存在多少竞争,价格多半会很高,甚至连处于平均生产水平的企业都可以获得较高的利润水平。

竞争主要是行业内部的竞争,使行业备受折磨,这种情况如果不能及时发现,那么恶性竞争就会加剧和蔓延。结果除了那些最厉害的竞争者之外,所有企业的生存都会受到威胁。

不论是生产要素市场,还是最终产品市场,企业都应该高度关注那种既破坏营利性,又不能刺激行业需求的恶性竞争。但是,企业的管理者对竞争的判断往往主观上倾向于认为面对的是激烈的竞争。实际上当我们用“激烈的竞争”来描述各种不同的竞争环境时,这个概念便失去了意义。有些市场,如五金公司、服装公司、百货公司等,它们的竞争激烈,边际利润很小。因此,即使是绩效最好的企业都有可能濒临破产。在其他市场,例如处方药物、商品房等,这些企业即使是绩效平平,也可能长期盈利。

赫芬达尔指数是一个对市场竞争程度较好的测量方法。赫芬达尔指数等于公司市场份额的平方值之和。比如市场有两家公司,市场占有率分别为60%和

40%，那么赫芬达尔指数为：$0.6^2+0.4^2=0.52$。如果市场只有一个垄断者，那么赫芬达尔指数等于1；如果许多公司瓜分市场且市场份额全部都在10%以下，则赫芬达尔指数接近于0。一般情况下，随着赫芬达尔指数的增加，竞争会趋于良性。但是，当行业中集中度变大，只有2～3个竞争者控制市场时，则竞争反而会更加地趋于恶性。目前，我国户外运动市场，从市场结构来看，是许多公司的自由竞争的市场结构，但是从较小些的地域来看，从事户外运动的公司数量不多，从开展的户外运动项目来看，相同项目即户外运动产品之间的竞争也是较少的。

（三）竞争的手段

企业竞争的目的是为了赢得利润，而利润值等于产品价格与产品成本的差。产品成本受生产力水平的限制很大，降低成本往往很不容易。因此，企业竞争最容易采用的竞争手段就是降价，开展价格战。

但是价格战的直接结果就是减少企业的利润，旷日持久的价格战往往使行业成为低利润的行业，所以企业竞争在价格战以外常常进行多种非价格竞争。

价格竞争与非价格竞争相比较：非价格竞争往往费时较多，又会赶走消费者，因为伴随着每一次非价格竞争的是涨价，不论是广告、开发新技术、提供先进技术设备、改善服务质量，还是别的竞争手段，都要增加投入，最后要通过提高价格把成本转嫁给用户。甚至可以说，非价格竞争手段根本是不可行的（若加价的产品难以售出），在这种情况下，削价常常是获取市场份额的唯一可靠方法。

削价总是会提高销售额，至少在对手有机会做出反应之前是这样的。销售额增加了，接着收入就可能增加。然而，当利用价格竞争手段时，企业需要冒许多风险。最大的风险在于一家企业启动价格战的目标是夺取更多的市场份额，而当竞争企业作出降价反应后，所有企业最终能够得到的市场份额差不多也就是它们一开始占有的份额。而在价格降低之后是不太可能再提升起来的，所以企业的价格和毛利一般要比价格竞争以前低得多。可见，价格竞争几乎未曾给行业利润带来过什么好处。

其实，绝大多数的管理人员都很清楚削价所存在的风险，但是，他们仍然要开展价格竞争，仍然要削价促销。原因在于企业在权衡自己短期与长期的收益和成本的时候，发现值得冒险。理由有四个：一是企业已经用尽了非价格竞争的手段。许多管理者发现，非价格手段的费用大且耗时，而且还不一定能成功，如果削价，通常可收到立竿见影的效果；二是企业坚信削价将会使销售额上升；三是企业更关心的是眼下企业的收益，不怎么关心接下来对行业未来利润的影响；四是短期而言，企业可以得到清除竞争对手赢得消费者的目的，长期而言，企业如果达到垄断地位，可以促使行业价格回升，把削价丢失的利润补偿回来。因此，进入既定市场的新企业，常常热衷于降低价格以鼓励顾客的转移。等新进入者财大气粗，足以承受长期低价折磨的时候,整个市场格局已经为之改变了。例如,电脑产业界尤其是网络产业和软件产业中很多公司的崛起都是从低价甚至是免费招徕顾客开始的。户外运动企业相对于户外的旅游产业和在人工场地上开展的运动项目而言,户外运动企业是新进入者或者替代者,价格竞争是它们重要的竞争手段。在户外运动企业之间,新进入者在较成熟的市场采用价格竞争策略,因为户外运动还有很多项目是未开发的市场,所以新进入者也采用定位策略等非价格竞争的手段。

企业防止价格战的办法有两种:一是单方面采取行动软化价格压力;二是通过协同行动使竞争者和平共处。企业单方面软化价格竞争的逻辑是:在所有危及到价格竞争的因素中,竞争者的数量和商品的价格敏感度是最重要的。一般来说,虽然有一些方法可以阻止竞争者进入,但企业很少有办法可以限制竞争者的数量。所以企业只有降低商品的价格敏感,从而软化价格竞争。

企业降低顾客对价格的敏感度的方法有两种:一是想方设法独特地满足顾客的需要;二是让顾客感到,要寻找可以接受的替代品很困难或者花费昂贵。无论使用哪一种方法,企业都可以增加它的产品或者服务价格,而且不会失去重要的市场份额。所以,这时假设竞争者降价,企业则不必响应它。这样的结果是,价格竞争得到软化,因为价格不再是有效的竞争性武器。为了独特地满足顾客需要,企业必须选择正确的目标市场,不要把其他人的目标市场当作自己的目标市场,发现一个可以使企业不用竞争就可以获取利润的市场,就是选择了正确的目标市场。事实上,那些所谓"强大竞争者"的企业,它们竞争的历史往往就是回避竞争者的历史。另外,顾客在对他们已购买过的产品感到满意时,一般不愿意为了低价而逐店再次选购,顾客害怕那样做的结果——得到低于标准的质量,当建立了公司品牌声誉时,顾客会感到要寻找可以接受的替代品不值得。因为顾客都要承担转换成本的问题。卖方还可以通过派送赠券或常客积分来提高顾客的转换成本。

通过协同行动使竞争者和平共处的情形,通常是行业里存在一个价格领袖最早宣布提价,宣布提价可以产生试探性效果,稍后就会有相应的涨价竞争了。如果价格领袖宣布的价格,是取自行业利润的最大值,那么其他的竞争者就会追随,结果是整个行业都能获得最高利润,竞争者不会有什么理由来捣乱。不过要实施市场协同作用,必须对各个竞争者有维护市场规则的威慑力,比如一个企业通过降价伤害了它的竞争对手,那么这个竞争对手就必定会用更大的力量给予回击,让肇事者搬起石头砸自己的脚,这将起到威慑的作用,使下一个可能的削价者踌躇。欧佩克(石油输出国家组织)就是这样的企业联合组织中最著名的一个。

目前,户外运动正处在市场快速发展时期,有较多的新市场等待开发,而且户外运动多采用俱乐部的组织形式,拥有较高的顾客忠诚度,所以户外运动市场恶性竞争还较少,一般不宜开始价格战的竞争。另外,户外运动可以采用常客计划,把参加活动的机会当作奖品，从而把奖品成本降低到零，这样户外运动俱乐部通过把反复无常的顾客变成忠诚顾客，使价格竞争趋于温和。

二、以市场结构为中心的市场竞争策略

把制定市场竞争策略的立足点较多地偏向外部分析，从价格角度出发，可分为价格竞争和非价格竞争；从进入壁垒角度，可分为先进入者防御策略和新进入者侵略策略；从隔离机制角度，可分为模仿障碍策略和先进入优势策略。

所有的战略规划，都必须把进入威胁考虑在内。在各种情况下可以采取多种进入壁垒策略。

(1)已进入者已经投入，而新进入者还没有投入的情况下，可以采用沉没成本策略来形成进入壁垒。但要注意成本必须是真正沉没的，因为如果已进入者可以卖出它的固定资产，那么新进入者也可以。这意味着失败不会非常惨重，进入就难以阻止。

(2)已进入者拥有较高的产量规模、优越的场所、制作过程、产品专利或政府补贴的情况下，可以采用生产性障碍策略来形成进入壁垒。但要注意已进入者取得的优势一定要是不对称的。由专利建立的门槛要不断加高才难以逾越，因为技术创新往往可以在一夜之间冲垮已进入者长期营造的壁垒。

(3)在已进入者和供应商以及顾客建立起了长期关系的情况下，可以采用品牌策略来形成进入壁垒。因为品牌是很难量化的因素，比如质量、可靠性。新进入者不可能去承诺。

(4)在销售渠道少，而且难以开辟新渠道的情况下，采用分销渠道限制的策略来形成进入壁垒。这个策略通过与渠道建立起共同承担损失的关系，就像掐住了入口，让新进入者想进市场却没有门路。

(5)在新进入者对于市场需求或成本不清楚的情况下，可以采用限制性定价来形成进入壁垒。不过这样做，可能需要持续地降低利润率来支撑设置进入壁垒。因为只要定价过高让新进入者觉得有利可图，就失去了阻止进入的效果。

(6)公司具有强势品牌，而且要多元化经营。当一个市场有新进入者要占有部分市场时，可以采用掠夺性定价来设置进入壁垒。为了维护自己的垄断地位，采用大幅度降价，将新进入者驱逐出去，这种进攻的策略是最好的防守，用这个办法，不仅使已进入者能够重建它在市场中的垄断地位，而且还可以威慑未来的进入者。但是采用这种策略，已进入者可能比新进入者损失更多，而且可能会引起反倾销的调查。

(7)在行业边际成本较低，产品进入市场就会导致价格下跌的情况下，可以采用拥有超额生产能力策略来形成进入壁垒。因为产能投入是沉没的，如果市场需

求是缓慢增长的,那么已进入者采用这个策略在出现进入问题以及随之而来的价格战中就有了一个优势。

三、以企业素质为中心的市场竞争策略

20 世纪 90 年代以后,世界市场变化迅速,把竞争战略制定的立足点过分地偏向外部分析,常常导致决策的波动性和战略的不连贯性,因为环境波动愈来愈大,而企业任何战略定位都会被竞争者迅速模仿,所以以企业素质为中心的竞争理论应运而生。

到底企业持续竞争优势的源泉是什么?普拉哈拉德和哈默尔通过对世界 500 强中部分机械和电子企业的实证研究,提出了企业持续竞争优势之源在于企业的核心竞争力,并把这种竞争力定义为企业内的一种积累性的学识。企业核心竞争力又称核心能力,它包括三个层次的内涵:①组织中的积累性学识,特别是如何协调不同的生产技能和有机结合各种技术流派的学识或知识;②是关于工作的组织和价值的传递;③核心竞争力是交流、介入和跨越组织边界的深入工作。形象地说,将一家企业比作一棵大树,核心产品是树干,业务单位是树枝、树叶,果实是顾客所需要的最终产品,而提供养分、维系生命、稳固树身的根就是核心竞争力。核心竞争力就是隐含在核心产品里面的知识、技能或它们的集合,尤其是如何协调纷繁复杂的生产技能和融合多种技术流派。

普拉哈拉德和哈默尔将核心竞争力的竞争分为四个层次。

第一层,开发与获取构成核心竞争力的技能和技术之争。这一层次的竞争发生在技术、人才、结盟伙伴和知识产权的市场上。有远见的企业会争取那些可以形成核心竞争力的单项技能或技术,意欲在全新领域形成核心竞争力的企业,可能会竞先获得政府科研合同,竞先吸引潜在的用户签订长期开发合同。获得核心竞争力领先地位的另一条途径是争取率先注册专利,以保护其服务用户的方式不被模仿。这一阶段利用资源的方式,主要是获取或吸收外来的技能或技术。

第二层,整合核心竞争力之争的通才之争。各企业在聘用关键人才、争取独家许可、结交伙伴上是短兵相接、正面交手的,但是在把分散的技能整合成核心竞争力方面则是比较间接的较量。值得重视的是,既能接受其他学科的原则,又能克服自身具体技术或技能领域的偏见的通才极少。在整合核心竞争力阶段,善用资源不是外借他山之石,而是通过多方重复利用既有专长来实现的。

第三层,核心产品份额之争。核心产品一般是介乎核心竞争力与最终产品之间的一种中间产品,这个阶段的善用资源是靠利用下游合作伙伴的销售渠道和品牌来实现的。企业竞争的目标实际上应是在某种专长领域建立垄断或尽可能接近垄断的地位。建立最终产品垄断地位会受到法律和分散的销售渠道的约束,但是

核心产品不受这些限制，所以核心产品份额之争成为竞争的核心。

第四层，扩大最终产品份额之争。对于拥有品牌的企业而言，还有一个竞争层次，就是扩大最终产品份额之争。

四、培育和不断发展核心竞争力是企业长期的根本性战略

企业本质上是一个能力体系。有形的人力物资资源和无形的规则资源是企业的基本构成要素，但这两者只是载体，只有企业通过一系列活动表现出一定的能力时，资源的存在才具有了意义和价值。所以企业的能力是最根本的东西，它规定了企业的内涵。企业的能力是企业长期学习和积累的结果，和企业的初始要素投入、追加要素投入、企业的经历等密切相关，企业的能力存在于员工的身体、战略规划、组织、文化氛围之中。企业的任何一部分脱离企业之后都不再具有完全意义上的原有"能力"，企业是一个能力集合体。

企业的核心竞争力是企业核心的能力，体现为企业具有不断开发新产品和开拓市场的特殊能力，它决定了企业经营范围的广度和深度。企业核心竞争力的差异决定了企业的效率差异。各企业的员工组成与能力、组织结构、经历、内部各要素之间相互作用方式等各不相同，由此使各企业在从事相同或不同的生产经营活动中具有不同的能力，显示出不同的效率，表现在企业的技术水平、生产成本、产品特色、服务质量、市场位置等方面的差异，并最终体现在获利的多寡上。

既然核心竞争力是企业长期竞争优势的源泉，那么培育和不断发展核心竞争力自然就成为企业的长期根本性战略。该战略的核心不在于产品、市场和结构，而在于行动反应能力，关键是创建学习型组织，不断增加企业的专有性资产、隐性的不可模仿的知识等。

通过五力分析得知，户外运动行业外部环境威胁大，行业内部竞争激烈，总体上行业利润有限，缺乏吸引力。然而，通过培育和不断发展核心竞争力的策略，在户外运动这个新兴市场中，从事户外运动的企业仍有很多机会建立垄断性的竞争优势，取得很大的利润回报。

第三节　户外运动品牌竞争

品牌是一个综合性概念，主要包括品牌名称、品牌标志和品牌内涵三个部分。品牌名称是指品牌中可以用语言称谓的部分，又称"品名"；品牌标志又称"品标"，是指品牌中可以被认出，易于记忆但不能用语言称谓的部分；品牌内涵是指企业所赋予品牌的内在特征以及它在消费者心目中的意义。

企业在创立品牌的过程中，增加了产品价值；在销售过程中，品牌忠诚的存在

能促进销售、提高利润；品牌本身可以成为企业的资产，还可以成为培育企业核心竞争力的重要因素。因此，实施品牌战略成为企业市场竞争的重要策略。

实施品牌战略的重点在于品牌的培育。品牌的培育大致经过以下过程：品牌的命名、品牌的定位、品牌的设计、品牌的营销、品牌的管理等。每一个过程都有各自不同的策略。

一、品牌的命名

美国品牌专家凯文·凯勒认为，品牌命名要遵守五项原则：①可记忆性原则。品牌名称应该便于记忆，这样可以促进消费者对品牌的回忆。②有意义性原则。品牌应该可以直接或间接地传递商品的某些信息，这样可以吸引顾客。③可转换性原则。品牌应可以在不同产品品种、不同的国家或市场进行延伸，这取决于品牌名称的文化内涵和语言特点。④可适应性原则。品牌应该能够适应时代的变化。这主要针对品牌其他要素而言的，如图案。但品牌的名称一般不轻易改变。⑤可保护性原则。品牌名称应该具有被保护性，不但在法律意义上能够受到保护，这主要通过注册，有必要可在全球注册，而且在市场竞争意义上也能得到保护。

二、品牌的定位

品牌的定位首先要通过市场细分，将整个市场分成若干个具有不同特征的市场，发现市场机会，从而使企业在设计、塑造自己独特的产品或品牌个性有了客观依据。其次，根据市场细分结果和企业自身的资源、技术条件、管理水平和竞争状况，结合企业的营销目标，选择对企业最有优势、最有吸引力的细分市场。再次，企业一旦选定了目标市场，就要设计并塑造自己的产品品牌及企业形象，而品牌是企业传播产品相关信息的基础，还是消费者选购产品的主要依据，因而品牌成为连接产品与消费者的桥梁和纽带，品牌定位也就成为市场定位的核心和集中表现。

三、品牌的设计

品牌设计是品牌营销和管理的基础，蕴涵善感、富有感召力的品牌是品牌经营获得理想效果的必要条件。品牌设计得好，容易在消费者心中留下深刻的印象，也就容易打开市场销路，增强品牌的市场竞争力。品牌设计的要求如下：

(1)品牌的设计要简洁醒目，让人易读易记。

(2)品牌设计里面应该有一种巧妙的构思并暗示着属性。

(3)品牌名称与品牌标志要相互协调。这样容易加深消费者和社会公众对产品品牌的认知与记忆。

(4)品牌的设计应该尊重社会的习俗，符合法律规范。这样的品牌才能够受到拟扩展地区的消费者的喜欢。

四、品牌的营销

品牌营销是品牌培育的重要一环。只有营销才能赋予品牌现实的意义，因为营销的结果是顾客接受了品牌内涵的效用。

五、品牌的管理

品牌管理是一个复杂的、科学的系统工程，它不仅包括产品本身，而且涉及到品牌经营的整个支持系统。强势品牌都是精心设计的经营系统，其范围从最初的原材料的选择一直延伸到最终的客户服务。消费者购买的并不单是产品本身，而是一个完整系统的服务。品牌管理涉及各职能部门并贯穿于整个经营管理的流程，成为品牌经营战略的核心。

六、品牌策略

企业争取差别化、打造品牌竞争优势具有深刻内涵。打造竞争优势品牌，不仅要针对消费者，而且还要面对社会公众，包括一切与企业生存和发展有关系的群体，要建立竞争优势，有多种品牌策略可供选择。

1.核心品牌策略

核心品牌在企业所有品牌中占有主导地位，它是企业经济活动中的一面旗帜，在企业经济活动中具有很强的系统识别和导向功能，是企业产品、企业信誉、企业文化的全面概括，是企业品质和信誉的担保书。采用核心品牌策略必须具备两个条件：一是这种品牌已经在市场上获得了一定的信誉，二是企业拥有若干个品牌，而且所有产品都具有相同的质量水平。通过核心品牌战略在多个分品牌中推出主导品牌，来概括企业的整体形象、产品和服务状况。不过，核心品牌与其他品牌必须有所区别。每一个分品牌都应该有清楚的界限，从而使企业的品牌从不同的市场区域、不同的市场层面细分市场。

2.品牌延伸策略

企业可以借助于已经成功的品牌，扩大所涵盖的产品组合，利用其声誉，推出新产品的过程就是品牌延伸。企业在推出新产品时，利用已经成功品牌的市场影响力，可以节省许多费用和投入，还可以借助原有品牌的好评促进销售。因为消费者对品牌的信任、思维情感和忠诚度很容易转移到新产品上，所以品牌延伸策略运用得好，就会给企业提高经济效益带来很大的作用。但是，新产品一定要紧扣品牌的主题，使品牌的核心价值进一步深入和强化；品牌的延伸才会丰富品牌的内涵，使品牌的形象更加饱满。然而，如果新产品与品牌没有多少关系，甚至与品牌的主题背道而驰，那么这样的品牌延伸只会使消费者迷惘，只会削弱品牌的价值，这样的品牌延伸策略就是失败的。

3.品牌多元化策略

企业可以拥有两个或两个以上的品牌。这种策略的好处是：企业可以深入到各个不同的细分市场，从而占有更大的市场份额；多种品牌可以吸引更多的消费者，提高市场占有率；多种品牌一旦被零售商所认可，就可以占有更大的货架面积，有利于从气势上压倒竞争对手。总之，品牌多元化策略运用得好，企业在多个细分市场能同时取得成功。不过，多元化品牌策略在运用时必须注意要有一个核心品牌，同时，多元化品牌的选择也要精心研究，要结合企业的实际情况、已有品牌的发展状况、新品牌的定位和市场容量大小等因素。

4.品牌创新策略

随着企业规模不断的扩大和经营环境的变化，品牌的内涵和表现形式也要不断地变化发展，这就意味着品牌需要不断创新。品牌创新包括：产品创新、时尚的重新定位、商标的重新设计与注册等内容。因此，实施品牌创新策略是一个系统工程，必须要有企业内部组织上的配合。由专门机构和人员管理品牌的推陈出新，并且要把品牌创新作为企业品牌发展的一项重要战略措施。

户外运动在我国刚刚兴起，户外运动作为一个产业，目前正在经历剧烈的产业演变。所以户外运动企业开展市场竞争，运用品牌竞争策略不但要避免违背产业演变规则的战略所带来的无谓的风险和成本，而且要发现并利用产业演变为企业发展带来的一系列机遇，借以打造企业的优势。比如，产业的演变往往要延续很长的时间，通常是十年，甚至几十年，当企业管理者对每一个机会作出反应，而不管其是否真正重要时，就会出现创新疲劳症；相反，当制定的战略遵循产业演变规则并反映产业发展的长期趋势时，企业才能将精力集中于特色经营方面，从而避免与对手进行正面交锋，甚至弄得两败俱伤。

产业演变的轨迹可以分为渐进性演变、创新性演变、适度性演变和激进性演变四种。户外运动产业演变的特征介于创新性演变和适度性演变之间。一方面，户外运动随着运动时尚的变化，新项目的出现意味着对产业有较大的创新，但是新出现的户外运动项目并不威胁到核心经营活动，产业与顾客和供应商的关系保持相对稳定，威胁主要来源于竞争者或者新进入者，这些是创新性演变轨迹的特征。另一方面，户外运动大量的创新项目和传统项目要求企业管理者不仅要找到保持住原有资产和收益的方法，同时还要发展全新的关系模式。企业常常要承受原有顾客的不满和原有供应商的抵触，还要面对组织有可能发生的剧变，这些是适度性演变轨迹的特征。综合起来，户外运动产业演变具有创新性演变和适度性演变的双重特征，因此户外运动市场的竞争环境很复杂，企业面临来自竞争者、新进入者、顾客以及供应商的大量威胁。不过，详细分析下去，由于户外运动产业受到的根本威胁影响核心资产而不是核心经营活动，所以准确地说户外运动产业演变的轨迹是属于创新性的演变轨迹。

资产是企业所拥有的耐用性物品和服务，只有在拥有有形或无形资产时，企业所有权才能成立。比如设备、商标、专利都是资产，但雇员的技能、新的研发能力等就不是资产。由于户外运动产业演变遵循创新性演变的轨迹，企业核心资产常常受到威胁，品牌属于企业的核心资产，所以品牌价值常常受到威胁。

又由于户外运动产品消费是经验性的，即产品的全部价值有赖于消费它们所获得的体验，所以顾客的偏好经常会发生无法预知的变化。品牌的经营是维持顾客忠诚的重要策略，因此，在顾客偏好经常变化的户外运动行业，品牌经营遇到了巨大挑战。

创新性演变的生命周期表现出较长的分散阶段和成熟阶段、较短的震荡阶段和衰退阶段。分散阶段包含着大量且多种的试验。当风险变得清晰明确时，产业发展的试验阶段就告结束，主流模式开始出现，各公司开始角逐产业龙头地位。由于试验过程是逐步累积的过程，因此早期的进入者，不论是在拥有项目设计的经验上，还是支持性活动的经验上，都要比后来者更有优势。户外运动产业目前大量品牌存在的现状及其发展的历史就是生动的例证。

户外运动行业的演变轨迹和生命周期决定了每一个户外运动企业都面临着两种基础性的战略选择：一是要成为产业演变的领导者还是追随者，对应着的品牌竞争策略主要是核心品牌策略；二是要继续巩固已经建立起来的优势竞争地位，还是要试图重新进行定位，对应着的品牌竞争策略主要是品牌延伸策略和品牌多元化策略，还是品牌创新策略。

扩展阅读

阿迪达斯 PK 彪马：未来竞争胜算几何

（资料来源：www.8264.com 户外资料网）

在运动市场上，同宗同源的阿迪达斯和彪马或明或暗、或虚或实的厮杀和对决，从来就没有停止过。在“利”字为先的竞争中，这两个同根生的品牌胜算几何？

在体育运动市场中，阿迪达斯和彪马不仅仅是竞争对手，他们的创始人还是亲兄弟。阿道夫·达斯勒和鲁道夫·达斯勒分别创建了阿迪达斯和彪马两大运动品牌王国，并在 20 世纪赞助了大批体育明星。从创立之初至今，这两大品牌之间一直进行着激烈的商业战。

作为体育品牌巨头，多年来阿迪达斯和彪马在各自领域精耕细作，竞争的战火也是越燃越烈，但如今二者在同一领域的收获却各不相同。

都是致力于发展运动品牌，都是行业的经营佼佼者。他们在不断碰撞中"竞争"，在长期对抗中"厮杀"，竞争带来的是反目。在此面前，即便是"兄弟情深"，也毫无意义可言。

历史对垒：兄弟变对手

鲁道夫和阿道夫，出生在德国南部的小镇——黑措根奥拉赫的一个鞋匠家庭。哥哥鲁道夫昵称鲁迪，颇具商业头脑，喜爱与人狂侃；弟弟阿道夫昵称阿迪，头脑敏锐，眼光独到。

1919 年第一次世界大战后，阿道夫师从父亲当了制鞋匠。凭着很高的悟性，阿道夫的手艺很快便超过了父亲，生意越做越红火。生产的扩大、人手的不足，让阿道夫产生了拉哥哥鲁道夫入伙的念头。幸运的是，鲁道夫的商业才智在这里发挥得淋漓尽致，凭着他的智慧，顾客总是心甘情愿地掏腰包，而且认为买得很值。1924 年 7 月 1 日，兄弟俩注册了"达斯勒兄弟运动鞋厂"，携手打拼天下。

"二战"期间，动荡不安的环境让制鞋厂被迫停产。似乎是受到了幸运之神的眷顾，尽管慕尼黑等大城市已被炸成一片废墟，不过黑措根奥拉赫没有战事，达斯勒制鞋厂设备、厂房保护完好。

1945 年 5 月，纳粹无条件投降，阿道夫与哥哥鲁道夫重操旧业，制鞋厂重新开张。但好景不长，1948 年冬，兄弟二人在经营方面产生严重分歧。虽然他们极力想协调，但始终无法解决。次年 1 月，在意识到矛盾已经无法调和后，兄弟俩正式分家。哥哥鲁道夫带着一半财产，和支持他的大部分销售人员建起新的制鞋厂；而大多数操作工人则选择留下来，与阿道夫一起继续经营原来的鞋厂。1949 年 8 月，阿道夫几经斟酌，"Adidas"在当地法院正式注册。随后，鲁道夫的鞋厂取名"Puma"。兄弟二人间的生意大战就此拉开序幕。

竞争是不受时间和空间限制的，半个世纪过去了，直到兄弟二人相继去世，竞争依旧激烈，他们二人不仅自己老死不相往来，甚至留下遗愿，让子孙后代继续斗下去。阿道夫与鲁道夫兄弟的墓地分别位于小城黑措根奥拉赫的两端，身为亲兄弟，可墓地却相隔最远，可想而知他们之间的仇有多深。而令达斯勒兄弟更没有想到的是，他们之间的竞争竟然能让黑措根奥拉赫这个人口仅 2 万人的小城，分裂成"阿迪达斯"与"彪马"两大阵营，小城的文化也因此铬上深深的争斗印痕。

黑措根奥拉赫也因此得到一个别称："弯脖之城"。因为当地人交友前，必定会弯下脖子看看此人脚上穿的是哪个公司的鞋，倘若不是同一品牌支持者，绝对不会开口说话。乘坐公交车，倘若车上坐的全是"彪马"派，那么"阿迪"族只好硬着头皮等下一趟车。

现实对抗:实力先行

德鲁克认为大多数竞争,特别是同一行业的竞争,都是有意识、有目的地寻找竞争机遇的结果,而机遇只存在于为数不多的几种情形中。

阿迪达斯和彪马的争斗,也直接表现在它们各自公司的“竞争机遇”层面上。严谨的阿迪达斯使用“狙击营销”方式,推广自己的品牌,而活跃的彪马则使用游击队般的市场策略,在最吸引眼球的国际体育盛会中打擦边球。

在国际奥委会中,特别是国际足联的顶级商业伙伴中,阿迪达斯一直在市场上占据主导地位,彪马根本无法涉足。

有这两大国际体育管理机构在手,国际体育用品市场便出现了这种奇怪的老大打游击,老二稳做官方代表的局面。为了向阿迪达斯发起冲锋,彪马曾向日韩世界杯投入了1亿欧元。相比之下,阿迪达斯投入的4000万欧元就少得可怜。而在2006年上演的德国世界杯,有6支球队身披阿迪达斯的著名的“三叶草”商标出现在赛场上。与此同时,彪马也与8支球队签订了赞助合同。

作为国际足联的合作伙伴,阿迪达斯把他们的传统优势发挥得可谓“说一不二”。以德国世界杯为例,同样作为德国的顶级品牌,但各大电视台就是在世界杯期间将只播放阿迪达斯的广告,而罕见彪马的广告牌出现。同时,阿迪达斯还在柏林建立了一个微缩的奥林匹克球场,可容纳10 000名球迷通过大屏幕观看比赛;在全球范围内组织“+10青少年足球挑战赛”活动;它们的广告牌出现在xbox平台上的足球游戏中;它们还在美国各个级别足球比赛现场为球迷们提供球鞋测试、试穿、足球游戏等全方位的体验。相比而言,彪马在这方面就难以和阿迪达斯抗衡了。

在中国市场,两家的竞争相当激烈。对阿迪达斯和彪马公司来说,以2008年北京奥运会为契机扩大中国市场影响力,特别是影响力最大的足球运动上加大投入是必需的。这样的竞争,让两家公司都在意料之外、情理之中选择了中超联赛。不过,由于阿迪达斯从20世纪80年代就和中国足协建立起了合作关系,常年都是各级男女国家队的装备商,所以彪马在“中国之队”这一项目的竞争上相形见绌。对彪马公司来说,要利用中国足球确保和扩大在中国市场的地位,就只有以联赛为突破口。彪马其实早就看中了中国足球市场的广阔前景。在2005年,它们曾一度提出竞争“中国之队”的装备商,虽然最终没有成功,但还是让阿迪达斯付出了巨大代价才保住了装备商的地位。而通过这样的竞争,彪马也从普通赞助商晋级为主赞助商,在中国运动品牌市场的地位也明显提升。

彪马拥有的是以客户为导向的营销和产品,而阿迪达斯现在面临销售滑坡,彪马正好利用这个领先优势加大资金投入。因为消费者期望值很高,再加上它雄厚的财力和能力,这个市场前途就会无量。相反,彪马正处在企业的第二个生命周期，它也正在为提升市场份额而打拼。

一项调查显示，超过50%的运动员和普通消费者认为阿迪达斯和彪马在过去的两年里变得更时尚、更有现代感、更平民化和更年轻了。但品牌的创新更为重要，如果每个企业观念太偏执，任何超越常规的事情都不能做，那么要突破就很难了。无论是今天的阿迪达斯，还是明天的彪马，它们都有突破常规的勇气，而这也是老品牌能够超越自我完成蜕变的核心。品牌改变着我们的生活方式，也带来许多成功路上必需的经验和借鉴。

阿迪达斯：保持领导者的姿态

阿迪达斯的市场营销战略并没有多少标新立异，在很多方面它还是沿袭了自己半个世纪来树立起来的成功典范：坚持技术领先、低成本扩张、独特企业形象识别系统、利用国际大赛及大牌明星的广告效应、产品多样化等。也就是这一系列的坚持使自己始终保持着领先地位。

从1980年起，阿迪达斯就从一家以产品为导向的公司逐渐转变为以市场为导向的公司。它实行积极进取的市场活动，签约顶级运动员，并创造了"Impossible is nothing"这一口号，并将它的运动鞋定位于具有创新技术、高价位的高品质产品。凭借丰富的产品类型和杰出的设计，2000年占据了超过39%的全球运动鞋市场，几乎是彪马市场份额的两倍。

作为阿迪达斯的核心竞争力之一，市场营销不仅是做广告，更多的是通过什么样的策略吸引并留住顾客。阿迪达斯营销团队采用的市场策略始终反映公众意见。在20世纪90年代以后，阿迪达斯投入大量资金，聘请成功的、富有魅力的知名运动员为产品代言人。

比如大卫·贝克汉姆。阿迪达斯一直在用像小贝这样的"帅哥级"专业运动员担当形象代言人，以吸引男性和女性顾客。而现在，其代言人又有了新的目标——街头篮球。特别是阿迪达斯公司专门为健身街头篮球等有氧运动的女性爱好者专门设计了鞋和性感的运动服。

态度的转变正帮助阿迪达斯从女性运动市场获得更多的份额，女性运动产品的销售正在迅速超越男性运动产品。从2002年到2006年，阿迪达斯女装及女鞋的销售额占阿迪达斯品牌总销售额的20%。女性运动服装的销售额增长了9%，达174亿美元；而同期男性运动服装的销售额却下降了11%，至134亿美元。

市场策略要随着消费者的喜好而变。对市场变化做出快速反应，正是保持阿迪达斯在市场上核心竞争力的法宝。

诚然，当一个企业发展暂时找不到新的组合就随行就行借鉴他人。阿迪达斯毫不讳言在企业发展过程中对其他品牌的学习与仿效。严谨的阿迪达斯会把其他品牌的操作方法大大方方地搬过来套用，也就是名正言顺地走了一条捷径，使公司获得了飞速的发展。不过，阿迪达斯并没有在产品的设计本身追随别人，阿迪达斯自信其自主研发设计的产品是其他品牌所不具备的。成功的模仿不是简单的盲从，可模仿的只是成功的政策、标准和措施。阿迪达斯在模仿过程中，确立了自己的个性和风格。借助于有效的模仿，建立起对新的市场机会保持警觉的管理机构。尽管模仿不必非要创新和耗费大量资源，但有效的模仿如果能导致自身成功，那模仿别人又有何错误呢？

彪马：从追随者到挑战者

营销宣传对彪马来说其实并没有什么新鲜手段，不过它还是有自己的一定特色。早期的彪马广告作品主要侧重宣传产品的技术优势，因为当时品牌定位在正式竞技体育选手市场上。当然一些休闲跑步者及体育锻炼的人也购买彪马鞋，因为穿着舒适，也是因为彪马宣传："谁拥有彪马，谁就懂得体育！"这对消费者有一定的影响。但这段时期的彪马广告称不上是真正意义上的沟通，彪马的沟通广告是在其"广告变法"中产生出来的。

20世纪80年代，彪马产品开始从田径场和体育馆进入寻常百姓家。彪马公司必须在不失去正规体育传统市场情况下，尽力扩大其广告的吸引力。彪马公司在两个完全不同的市场作战，它面临的难题是在适应流行意识和宣传体育成就上如何获得平衡与一致，彪马公司开始重新思考其广告策略了。

1986年的一则宣传彪马充气鞋垫的广告是真正的突破，在广告片中彪马公司采用一个崭新的创意，不是采用一味宣传产品技术性能和优势的惯常手法，而是由代表和象征嬉皮士的甲壳虫乐队演奏的著名歌曲《革命》，在反叛图新的节奏和旋律中，一群穿戴彪马产品的年轻人正如痴如醉地进行健身锻炼……这则广告准确地迎合了刚刚出现的健身运动的变革之风和时代新潮，让人感觉耳目一新。彪马公司原先一直采用杂志作为主要广告媒体，向竞技选手们传递产品的信息，但自此以后，电视广告成为彪马的主要"发言人"，这一举措使得彪马广告更能适应其产品市场的新发展。

广告变法为其赢得了市场和消费者，但更重要的是彪马公司在变革中，逐渐掌握了广告沟通艺术，形成了自己独特的广告思想和策略——须致力于沟通，而不是销售诉求。这一策略与大多数运动公司的广告策略是根本不同的，但正是这一独特的策略和作法，使得彪马公司在市场招展中不断成功，迅速成长。

其实，彪马公司自创立至今，就生产各式各样的高品质的运动鞋，并在20世纪60年代，成为全世界所有著名赛事的首要运动鞋供应商。但是进入70年代，彪马没有意识到服装市场的深度变化，且一味生产着旧有的品牌，从而给彪马的发展带来了阻力。

不过，从彪马的生产渠道讲，它是第一家发起生产外包的鞋类公司。

它们的生产公司分布于中国、越南以及拉丁美洲。它们的供应链利用三种不同的供应商类型,包括承包商、下级承包商和本地原料公司。外包策略对团体的成功至关重要,并被整个领域仿效。这种策略可以转移风险,降低劳动力成本并可将主要精力集中到彪马的核心策略——市场营销和研发上。借此,彪马勉强支撑着这个庞大的服装帝国。

1997年,彪马收购了所罗门公司,组建成为世界领先的体育用品集团公司之一,这两家公司在产品和地域协调上互为补充。所罗门公司原来在北美和日本的表现就特别强劲,这对彪马提高在美国的市场份额很有帮助。彪马在重新获得了市场份额之后,也紧随耐克、阿迪达斯之后,稳居第三的市场位置。重组后的彪马在90年代末期出现了复苏迹象,他们采取和阿迪达斯同样的巨星代言市场策略后,由于其品牌根基深厚,彪马逐渐在远东与阿迪达斯分庭抗礼。

复苏的彪马建立了一个全新的技术创新团队,每年至少投放一个大的创新。2003年彪马建立了"大众定制"系统,可以根据顾客脚的不同情况、个人喜好和要求设计特别的鞋,领先者的优势使彪马在这一领域处于第一位。在研发方面有着非凡的能力,它需要的是更加以顾客为导向的营销策略。因此,当阿迪达斯的营销和研发队伍更多关注北美消费者的需求时,彪马主动开始塑造自己的市场区隔。

行业领先者往往会出现自满情绪,即在迅速增加的需求面前得意忘形、麻痹大意。在此期间,行业领导者的销售额会有大幅的增长,这种增长掩盖了其日益衰落的市场地位。因为此时竞争对手们正积极进攻行业的领先者,在"损人利己"的情况下逐步提高自己的地位。实际上,作为一个德国的体育运动品牌,欧洲人喜欢的产品不一定符合其他国家人的胃口,有些人更强调个人化,彪马于是有意招纳和培养那些真正了解并且能够预测这个充满活力的市场的人才,并希望借此能够力压阿迪达斯于市场之下。

一个企业要迅速改变它的路线很难,但是如果想在竞争中生存,除了时刻关注对手的"一举一动"外,其随行就市的路线也必须与时俱进。比如,在中国两巨头或明或暗,或虚或实,同宗同源的阿迪达斯和彪马的厮杀和对决,就从来就没有停止过。它们在价格、布点和竞争策略上极为贴近。两大企业制定的优惠政策、门店设计方案以及利润模式基本相似。阿迪达斯经销的所有产品,都是深圳、东莞、江苏等地的中小规模企业生产的。另外,越南、泰国、马来西亚等也有密密麻麻的工厂,为其度身打造,这与彪马的工厂布局几乎完全一致。

所不同的是,阿迪达斯的变化在于,它将把其公司——阿迪达斯(苏州)有限公司保留,再成立一家阿迪达斯(中国)有限公司。与阿迪达斯的投资模式几乎一致,彪马素来就没有中国公司,而是一直以彪马体育用品有限公司行走在江湖中。这样的管理模式,与大多数的跨国企业并不相同。彪马的未来订货项目帮助公司迅速地成长。阿迪达斯也与它的零售商一起实施类似的订货系统来模仿这一战略。

到底是谁模仿谁,业界几乎没有对此进行过深究。尽管如此,彪马在中国的每年营业收入的增长率大约在30%以上,去年的销售额约为14亿元人民币左右。而阿迪达斯的销售业绩,较前者略高1亿至2亿元人民币左右。两家公司在中国的市场份额几乎不相上下。因此,彪马在全球市场上经营是非常有挑战性的,但消费者很可能会倾向于本国产品而不是进口货。相比之下,阿迪达斯在管理实践、组织架构、公司治理以及本土资本市场的掌控方面都有优势。如果它们在白热化的本土竞争中都能生存,它们在国际市场上就会更有竞争力。

其实,在某种程度上,消费者的态度决定了企业未来的兴衰。消费者除了购买产品,也购买企业的服务,消费者对产品和服务越满意,购买率就越高,企业就会兴旺发达。反之,企业就会衰退。就像阿迪达斯和彪马,因为阿迪达斯与全球体育运动及体育产业经济的关系渊源甚深,与彪马一样在全球消费者及体育运动领域均拥有着刻骨铭心的品牌印象,都是体育运动发展的两大精神信仰。是哥哥打赢弟弟,还是弟弟战胜哥哥,只有消费者说了算。阿迪达斯和彪马之间的竞争更像一场马拉松赛,彼此之间始终存在一种相互的追逐,最终要在追逐中获胜,与消费者时刻亲密接触是必不可少的。

案例分析

国产运动服十年"运动"

（资料来源：www.efu.com.cn 中国服装网）

李宁广东举旗

1990年,李宁决心在商海大展拳脚,创办广东体育用品有限公司。这一年,中国迎来了第11届亚洲运动会,一场轰轰烈烈的圣火传递活动在中国大地展开。作为中国运动员的杰出代表,李宁在喜玛拉雅山麓庄严地点燃了象征着和平、团结、拼搏的亚运圣火。通过电视镜头,人们看到,在李宁漂亮的运动服上,一枚红红的既像火焰又像旗帜的标志在耀眼地跳跃、闪耀着。

圣火传递中的悄悄亮相是"李宁"产品出场的第一步,紧接着,李宁将贷来的300万元全力投入到亚运会领奖服赞助权的角逐中,并最终击败蜂拥而至的众多洋品牌而成功胜出。对亚运会领奖服的赞助让"李宁"一开始就站到了振兴民族体育品牌的高起点上,把其他对手远远地抛在了后面。

亚运会一"赞"成名,全国各地要货的订单潮水般涌来,李宁有些始料不及的惊喜,又有点准备不足的忙乱。一边是饥饿的市场需求,一边是混乱的供货渠道,还没来得及仔细品尝成功喜悦的李宁开始为销售渠道伤起了脑筋。

1991年，李宁到香港考察，遇到金利来的老板曾宪梓，两人相谈甚欢。在得知他正为销售渠道烦恼时，曾对李宁说："你在大陆知名度高，朋友也多，为什么不试试专卖连锁的形式?"一句话提醒梦中人。回到广州后，李宁立即着手组建全国连锁网络，迅速在北京、上海、成都、广州、昆明等地设立专卖店。"李宁"的市场份额急速上升。

1992年，第25届奥运会在巴塞罗那举行。在国内气势如虹的李宁品牌乘胜追击，一举拿下了中国体育代表团的运动服赞助权。"李宁"产品又一次随着中国队的大获全胜而名声大震，并成功登上中国体育用品第一品牌的王座。

"李宁"的诞生，宣告了中国没有民族体育用品品牌时代的终结，中国体育用品行业从此逐渐由散兵游勇走向初具规模。它的成功犹如一声春雷，唤醒并催生了众多的体育用品厂商加入到这个行业中来。李宁的一声长啸引来了众多的追随者，同时也为自己带来了大量的竞争对手。在众多迅速崛起的高手中，康威无疑是出手最快、实力最强的劲敌。

康威十年一剑

总部设在广州的康威是老牌的体育用品生产商了，老板黎伟权是当地有名的能人。康威的市场销量一直不错，1992年以前始终占据着第一的位置，"李宁"的横空出世打乱了康威原先不重视品牌只做市场的格局。仗着自己多年来建立起来的市场优势，刚开始黎伟权并没有把"李宁"放在眼里。直到1992年"李宁"一举取康威的市场地位而代之，黎伟权才发觉，这次自己是真的大意了。

黎伟权迅速召开各部门负责人参加的会议，全面研究"李宁"公司的市场策略。黎伟权指出，康威必须彻底抛开原来被动做市场的做法，积极主动培养品牌，丰富产品内涵，扩大康威的知名度。于是，一场精心策划、准备充分、以李宁为靶心的市场争夺战在黎伟权的亲自指挥下开始了。

1993年，首届东亚运动会在上海召开。"李宁"当年用300万元换来名满天下，黎伟权此番出手，志在必得，一掷800万元拿下东亚运动会的赞助权。所有人被黎伟权的"疯狂"举动吓坏了，这相当于康威全年销售额的12%，一旦广告效果不理想，康威将陷入万劫不复的境地。然而奇迹总是出人意料地发生，"李宁"一"赞"成名的情形再次重演，康威一夜之间成了全国知名品牌。"做了这么多年的市场，每年也有几千万上亿元的销售额，但只有这一次，康威真正在全国同行面前出够了风头。"康威一位员工回忆说，"那一段时间，打到市场部要求订货的电话从早到晚响个不停;这让其他生意清冷的厂家羡慕不已。"

造名运动顺利完成，黎伟权当机立断，立即推进第二个步骤——面向全国招商，推行专卖连锁。由于"李宁"早先一步开展连锁经营，康威的这次招商实际上成了针对“李宁”的一场战略布局。康威默许，凡是“李宁”品牌的经销商做康威，一律给予相应的优惠政策。于是，人们发现，在很多城市李宁专卖店的旁边又出现了一家康威专卖店，而且场地更大，货品更多。

在品牌形象诉求上，“李宁”走的是民族品牌之路，强调品牌的民族性，注重品牌的历史沉淀和文化传承。康威如果再打“民族牌”，一来缺乏李宁这样有号召力的形象代言人，二来先机已失，很难超越“李宁”。黎伟权决定走一条与“李宁”截然相反的路：“李宁”重视品牌内涵而忽视产品诉求，康威就侧重“攻其一点”，在产品宣传上大做文章；“李宁”主打民族品牌，康威则猛刮“洋”风，在所有广告中一律使用外国人做模特，抓住国人的“崇洋”心理大行其道。

黎伟权老将出马，一时间中国体育用品市场猛刮康威旋风，康威市场占有率节节上升。

康威的迅速崛起让李宁不再有“高处不胜寒”的寂寞，中国体育用品市场两分天下的局面开始形成。但不论是李宁还是康威，都清醒地认识到，在体育用品市场，已经不可能是哪一家操持着绝对的主导权，新的品牌随时会揭竿而起，竞争随时随地都可能激化。

安踏攻伐

1999 年成都体博会上，一家来自晋江的企业——安踏引起了李宁和康威的警惕：一双外观、质地基本相同的运动鞋，耐克零售价为 1000 多元，李宁为 300 元，康威也要 200 多元，但安踏却打出了 128 元的超低价。尽管安踏努力让自己保持低调，久经沙场的同行们还是从中感觉到了一些令人不安的因素。

安踏的现身立即让李宁、康威感觉到了铮铮的杀伐之气，它集中火力攻打的中低端市场正是两大巨头的软肋。李宁、康威等成名早，品牌美誉度高，公司管理费用大，如果将现有产品价格降到和安踏相当的位置，不但无利可图，还会大大损伤产品形象。趁着李宁、康威腾不出手来对付自己之际，安踏一路大搞公关，高歌猛进，迅速占领了运动鞋很大一部分低端市场。

安踏此次兵发江湖，除了价格利剑，还手握另外一张王牌——孔令辉。孔令辉本为格威特的形象大使，被安踏老板丁志忠重金请到自己门下。在 2000 年的悉尼奥运会上，孔令辉一改以前温柔小生的形象，断发立志，大展神威，一举夺得男子单打冠军。乒乓球世界冠军新鲜出炉，安踏运动鞋广告在中央电视台随之高密度播出，孔令辉的一句“我选择，我喜欢”让所有人在景仰这位年轻乒乓球国手的同时记住了他东家的名字——安踏。

“李宁”终成霸主

2008 年北京奥运会，李宁点燃火炬升上半空，完成三分钟的祥云漫步并成功点燃主火炬，让全世界的人们记住了中国有一个“李宁”，让世界的目光聚焦在“李宁”,这注定成为奥运历史上最成功的免费广告。奥运会期间“李宁”赞助队员服装。篮球是最受欢迎的赛事之一,世界篮球的头四家是阿根廷、美国、西班牙和希腊,“李宁”签了两家——阿根廷和西班牙。幸运的事,两家都进入奥运会决赛。“李宁”赞助中国国家队的乒乓球、跳水、体操和射击,他们都是中国夺金的主力队。还有苏丹田径队、瑞典奥运队、埃塞俄比亚的特罗沙,等等。奥运赛场上到处飞扬着“李宁”服装,“李宁”借助2008北京奥运会进行“华丽转身”,成为奥运会认知率最高的品牌,随之带来滚滚财源,终成霸主。

本章讨论题

1. 简述SWOT分析法和五力模型分析法。
2. 简述户外运动市场的竞争策略。

第六章

户外运动营销调研

【内容提要】 所有的市场营销活动都要围绕满足顾客的需要这个基本目的来组织。那么,顾客的"真实"需要是什么?顾客需要企业提供什么样的产品和服务?在企业满足顾客需要的同时,有没有竞争对手与企业争夺顾客?企业能否保持持续的盈利性?这些问题关系到市场营销的许多重要决策。要制定正确的决策,首先必须通过市场营销调研,获得可信的、正确的信息。本章通过介绍户外运动营销调研的类型、方法、技术和步骤,有效地引导学习户外运动营销调研的相关知识。

【学习要求】 了解户外运动营销调研的定义和类型;熟练掌握户外运动营销调研的方法和步骤;重点学会运用户外运动营销调研的方法。

第一节　户外运动营销调研概述

一、户外运动营销调研的定义

营销调研译自英文 Markting Research,它也被译为市场调研、市场营销调研、市场调查、市场研究等,译法虽然不同,但内涵基本相同。美国营销学理事会通过的定义是:营销调研是营销者通过信息与消费者、顾客和公众联系的一种职能;这些信息用于识别和定义营销问题和机遇,制定、完善和评估营销活动,监测营销绩效,改进对营销过程的理解;营销调研研究解决问题所需的信息,设计信息收集的方法,管理和实施数据收集过程,分析结果,就研究结论及其意义进行沟通。简单地说,营销调研就是系统地识别、收集、分配和使用信息,目的是发现营销问题(机遇),并提出有效的对策的活动。

户外运动营销调研是以户外运动市场为对象,系统地识别、收集、分配和使用相关信息,目的是发现户外运动营销问题(机遇),并提出有效的对策的活动。

二、户外运动营销调研的类型

户外运动营销调研的分类因目的不同而分为两类:一类是问题识别研究;另一

类是问题对策研究。

(一)问题识别研究

户外运动问题识别研究是为了识别户外运动市场存在的问题而进行的研究，这些问题包括：市场潜力、市场份额、公司或品牌形象、市场特征、销售分析、近期预测、远期预测和发展趋势等。问题识别研究可以分为下列三种类型：探测性研究、描述性研究和因果关系研究。

1. 探测性研究

在研究者对所欲研究的问题仍不清楚，无法确定研究的具体问题时，研究者所进行的用以找出问题的研究就是探测性研究。例如，某户外运动用品销售店购进一批名牌装备已经有一段时间了，可是产品的销售量一直不理想，商店不能确定销量不畅究竟是商品不对销路所致，还是其他因素如运动时尚变化、竞争对手崛起、天气不理想、市场饱和等原因所致。解决这一问题的研究就是探测性研究。探测性研究主要采用深度访问或座谈会等方法，通过对专家或具有专门知识的人士，如批发商、零售商或特殊消费者的访问，以期对问题作出深入的了解。此外，探测性研究还可借对可获得的二手资料，如政府统计数据、学术机构研究资料的分析，来了解问题。

2. 描述性研究

描述性研究就是对户外运动市场规模、市场份额、市场特征、公司或品牌等内容进行客观的描述。比如对户外运动商品品牌的调研就是一项描述性研究，研究将目前市场上经营的户外运动商品的品牌、市场占有率、地域分布等信息客观准确地调查出来。事实上，大多数的调查研究是描述性研究，事先没有任何明确的假设，但对于研究要获得什么信息，研究者往往心中有数。描述性研究主要采用问卷调查、二手资料分析等方法。

3. 因果关系研究

确定各种变量之间关系的研究就是因果关系研究。例如，要研究某户外运动俱乐部推出的一项活动，广告费的投入量在多大程度上影响产品的销售量，俱乐部活动的频率与收益有什么关系等问题，都要进行因果关系研究。因果关系研究建立在假设的基础上，其基本思想是在对外部变量加以严格控制的条件下，考虑某一或某几个变量的变化对另一变量所产生的影响及影响的程度。这类研究主要采用试验方法。

(二)问题对策研究

户外运动问题对策研究是对户外运动市场一旦发现了问题或机遇，进而找出解决问题对策的研究，包括市场细分、促销、产品和定价等方面的研究。它主要按研究结果的用途分为学术性研究和商业性研究两类。

第二节　户外运动营销调研的方法

户外运动调研的方法主要有两类:一类是直接资料调研法;另一类是间接资料调研法。直接资料调研法是指通过实地收集市场第一手资料的方法,包括访问法、观察法、实验法和德尔菲法。间接资料调研法是指从各种文献档案中收集信息资料的方法,如文献资料调查法。调研方法选择的正确与否,直接关系到调研活动的成败。

一、访问法

访问法是指通过询问的方式向被调查者了解市场情况的方法。根据调查者与被调查者接触方式的不同,访问法可分为面谈调查、邮寄调查、电话调查、网络调查四种方式。

(一)面谈调查

面谈调查是指派调查员当面访问被调查者,询问与营销活动有关问题的方法。面谈调查可分为个人面谈和小组面谈两种方式。个人面谈是调查员到消费者家中、办公室或在街头进行一对一面谈。小组面谈是邀请6～10名消费者,由有经验的调查者组织对方讨论某一产品、服务或营销措施,从中获得更有深度的市场信息。小组面谈是设计大规模市场调研前的一个重要步骤,它可以预知消费者的感觉、态度和行为,明确调研所要了解的资料和解决的问题。

1.面谈调查的优点

(1)能当面听取被调查者的意见,并观察其反映。

(2)回收率高,可以提高调查结果的代表性和准确度。

(3)可以从被调查者的个人条件推测其经济状况,进而判断对方回答问题的真实程度。

(4)对于被调查者不愿意回答或回答困难的问题,可以详细解释,启发和激励对方合作,以顺利完成调查任务。

2.面谈调查的缺点

(1)调查费用支出大。特别是对于复杂的、大规模的市场调查,人力、财力和物力消耗很大。

(2)很难对调查员的工作进行监督和控制。如有的调查员为尽早完成调查任务,不按照样本的随机原则抽样,有的调查员在调查了部分样本后即终止调查做出结论;有的调查员甚至不进行实地调查,随意编造调查结果。对于这些问题,调查组织者应采用必要的制度约束和相应的监控手段,加强对调查员的管理。

(3)对调查员的素质要求较高。调查结果易受调查员的工作态度和技术熟练程度的影响。

(二)电话调查

电话调查是调查人员依据抽样规定或者样本范围，借助电话向被调查者了解有关问题的调查方法。电话调查适合于访问那些不易接触到的消费者，也适用于一些想即时得到调查结果的市场调查。

1. 电话调查的优点

(1)能在较短的时间内得到答案，取得信息的速度很快。

(2)调查的覆盖面广，可以对任何地区的消费者进行调查。

(3)调查费用支出少。

(4)被调查者没有现场心理压力，能轻松进行回答。

2. 电话调查的缺点

(1)母体不完整，有些地区的消费者没有电话，故调查的覆盖面相对较窄。

(2)不容易取得被调查者的合作，对拒绝访问者很难进行劝说和引导。

(3)调查时间短，无法询问一些比较专业和复杂的问题。

(4)由于用户通常只有一部电话，故接电话者有时并非是真正的目标调查者，从而会影响样本的代表性。

(三)邮寄调查

邮寄调查是指将设计好的调查问卷邮寄给被调查者，请其按要求填写后寄回的一种调查方法。邮寄调查在实践中主要有两种形式：一是调查组织者委托某一媒体发布调查问卷，请求被调查者回答并将答案邮寄给调查单位；二是调查者利用各种通讯录、客户名单等选择调查对象，将问卷直接寄出，并请被调查者填好后寄回调查单位。

1. 邮寄调查的优点

(1)调查的区域广，凡是可以通邮的地区都可以定为被调查对象。

(2)样本的数目多，费用支出少。

(3)被调查者有充分的时间考虑和回答问题，故可以询问一些较为敏感和复杂的问题。

(4)答案可以不受调查人员态度和倾向性意见的影响。

2. 邮寄调查的缺点

(1)回收率低，一般仅在15%左右。

(2)获得资料的时间长，有时会影响调查结果的时效性。

(3)被调查者常因看到问卷后面的问题而更改前面的答案，使调查者有时对答案的可靠性较难判断。

(四)网络调查

网络调查是调查者将设计好的调查问卷发布在互联网上，利用互联网收集市场信息的方法。与传统的市场调查相比，网络调查由于具有自愿性、实时性、低成本等特点，因此受到重视，被广泛应用到市场调查的各个方面。

1. 网络调查的优点

(1)调查的空间范围大。网上调查没有时空、地域的限制，任何一个上网者都可以成为调查的对象。

(2)收集资料的速度快。网上调查的问卷发送、信息收集、统计处理都可以由计算机自动完成，调查的周期短，实效性好。

(3)成本低。由于节省了问卷印刷、装订及调查人员的费用，故网上调查的费用要相对低很多。

(4)表现力强。网上调查可以使用图片展示产品的外观，使用视频表现产品的性能，使用声音说明填表的要求，这种视听效果是其他调查方式无法比拟的。

2. 网络调查的缺点

(1)样本的选择有一定的局限性。很多消费者不经常上网，即使上网，主动浏览调查问卷的人也很少，这就使样本的代表性受到一定的限制。

(2)较难吸引被调查者参与。网上信息繁多，内容丰富，调查问卷很难让被调查者注意到，故常会漏掉那些真正对调查问题感兴趣的人。

(3)信息失真。网络调查对被调查者无限制，任何人都可以随便回答，甚至多次重复填写，故有时会产生大量的无效问卷，影响调查结果的真实性和可靠性。

二、观察法

观察法是调查者在调查现场对被调查者的活动直接观察，以获得市场信息资料的方法。采用观察法进行调查，调查者与被调查者不直接发生接触，被调查者的活动不受外在因素的影响，因而取得的资料会更可靠和反映实际情况。但观察法由于只能观察被调查者表面的行为，不能了解其内在心理因素的变化，故在实践中也受到了一些限制。它更多的是与其他调查方法配合进行市场调研。观察法有多种形式。

(一)观察法的分类

1. 自然观察与模拟观察

自然观察是指在自然的状态下进行的观察，被调查者没有意识到正被观察。自然观察能准确地反映市场的真实情况，但观察的时间通常较长。模拟观察是指在人为设计的场景中观察被调查者的行为和活动特征。模拟观察可以控制和缩短数据收集的过程和时间，但观察的结果可能与真实状态下的行为有一定的偏差。

2. 直接观察与间接观察

直接观察是调查者直接到现场观察调查对象的情况或行为，如通过观察零售商的货架，了解产品对顾客的吸引力。这种观察方法在营销调研中经常使用，并且观察结果的准确性较高。间接观察是调查者通过观察与调查对象直接关联的事物来推断调查对象的情况，如通过观察竞争对手的广告来了解对方的竞争策略和产品优势。

3. 公开观察与非公开观察

公开观察是指被观察者意识到自己正在被观察。这种观察有时会使被调查者的表现和行为不自然，调查结果与实际情况产生偏差。非公开观察是指被观察者没有意识到自己正在被观察，被调查者的表现和行为不受干扰，故观察结果要相对真实和可靠。

4. 结构观察和非结构观察

结构观察是调查者事先要确定观察的范围、内容和程序，以此来实施观察。非结构观察是不限定调查的范围和程序，调查人员可以根据调查目标和要求，自己决定观察的内容。非结构观察一般是在试调查或调查对象缺乏了解的情况下采用。

5. 人员观察与仪器观察

人员观察是调查人员直接在调查现场观察记录有关内容，并对观察到的现象进行合理的推断。人员观察的成本较高，且观察结果易受调查人员主观因素的影响。仪器观察是借助录音机、摄像机、监视器、扫描仪等进行调查观察，如通过摄像观察记录顾客对促销广告的反应等。仪器观察前期投入较多，且观察结果还需要调查人员作进一步的分析和推断。

(二)观察法的优缺点

1. 观察法的优点

(1)观察法具有直观性和可靠性。这是观察法最突出的优点。它可以较为客观地搜集到第一手资料，真实地记录调查的事实和反映被调查者的行为，调查的结果更加接近实际。

(2)可以避免被调查者因误解调查内容而产生的误差。观察法基本上是调查者单向的活动，实施时一般不需要与被调查者接触，也不需要双方进行语言沟通。因此它能够消除人际交往中各种因素的干扰，避免因问答双方能力差异而导致的偏差。

(3)调查实施简单，操作容易。观察法由于机动灵活，实施简单，故只要选择好合适的时间和地点，可随时进行调查。

2. 观察法的缺点

(1)无法观察事物的原因和所有内在的因素。观察法的最大缺点是只能观察事实发生的经过，而不能说明事物发生的原因，也不能了解被调查者内在心理因素的变化，如因消费者偏好改变而导致的市场变动。

(2)调查的时间较长，成本高。观察法需要派出大量调查员到现场观察，有时需要多次、反复的观察才能取得调查结果，因此调查的周期长，费用支出大，通常只适用于小样本的市场调查。

(3)对调查人员的素质要求较高。观察法要求调查人员要有一定的市场感觉，有较强的观察能力，有较扎实的营销学知识及熟练的设备操作技能。如果调查人员的知识储备不够，或经验、能力不足，会直接影响调查的结果，导致调查失败。

(三)观察法的应用范围

观察法的应用通常需要具备三个条件。

首先，所需搜集的信息是可观察的或者是可推断的，对于那些看不到摸不着的事物，观察法不能提供相应的答案。

其次，调查的对象应该是重复和频繁出现的，否则采用观察法的成本将很高。

最后，所要观察的行为必须是短期的，即能够速战速决，对于那些复杂的购买行为，观察法并不适用。比如，20 世纪 90 年代，一个日本人以学习英语为名住到美国人家里，奇怪的是他除了学习英语之外，每天都记笔记，记录美国人居家生活的各种细节，如吃什么食品，看什么电视节目等。三个月后日本人走了，此后不久，丰田汽车公司就推出了针对美国家庭需求而设计的价廉物美的旅行车。该车的设计在每一个环节上都考虑了美国人的需要，如设计有能冷藏并能安全放置玻璃瓶饮料的柜子。

观察法在户外运动市场调研中主要应用于以下几个方面：

1. 商店顾客情况观察

即通过观察顾客的人数、顾客构成、顾客在户外运动产品店内的流动规律及购买行为，为企业合理安排营业时间、改善服务方式提供参考。

2. 消费需求观察

市场上很多商品的消费使用是看得见和摸得着的，如登山服装、鞋帽、户外品牌的装饰品等，通过观察这些产品的销售和使用情况，有利于企业做好产品的营销决策。

3. 商店布局与陈列观察

即通过观察营业现场的布局、商品的陈列、货架的摆放、橱窗和广告的内容等，可以了解和判断企业的经营管理水平，及时提出改进的建议。

4. 商品库存观察

通过对库存场所的查看、库存商品的盘点以及进货出货的商品种类、频率的记录，了解商品的分类结构和储存条件，计算库存成本，以利于企业确定合理的采购政策和库存结构。

5. 商店选址观察

通过观察店铺附近行人和车辆的流量、流向，及观察周围同业店铺的经营情况，为新店铺的选址提供决策参考。

6. 广告观察

即通过观察广告的投放数量、张贴位置、顾客对广告的注意程度，以及顾客对广告媒体的反馈和反应等，了解广告的吸引力和效果，为企业的广告定位和促销决策提供依据。

7. 神秘购物观察

神秘购物观察是指让调查员扮成消费者到零售商店，观察记录产品的价格、服务及促销手段，以收集市场资料的方法。神秘购物观察在西方营销调研中经常使用，它可以观察企业的经营方式，记录员工的工作态度和行为，鉴别企业的优势和不足，从而有利于企业有针对性地改进营销措施，提高自己的竞争能力。

三、实验法

实验调查法是指通过实验对比，收集市场信息资料的方法。实验调查属于因果关系研究，在市场调查中，调查者经常通过改变某些因素（自变量），来测试对其他因素（因变量）的影响。如通过改变产品的品质、价格、包装、广告数量、商品陈列等，了解对企业产品销售量、市场份额的影响。

（一）实验法的实施程序

1. 明确实验目标

采用实验法进行调查，首先要明确实验的目标，即明确通过实验所要了解的问题，所要收集的资料，以及所要获得的结果。只有目标明确，才能抓住工作重点，才能达到事半功倍的效果。因此，调查者可事先进行小规模的试调查，依据试调查的结果，再设计和展开较大规模的实验调查。

2. 选择实验对象

不同内容的实验调查需要选择不同的实验对象。选择实验对象的方法主要有两种：一是主观判断，即由调查者根据实验的目的、要求和对调查对象的了解，选择那些有代表性的单位进行实验。二是随机抽取，即按照随机抽样的原则，从调查对象的总体中抽选实验单位。前一种方法适用于母体较小，个体差异较大，调查者对实验对象了解较多的情况；后一种方法适用于母体较大，个体之间同质性较强，调查者对实验对象了解较少的情况。

3. 确定实验方法

实验调查的方法主要有三种，即实验单位前后对比实验，实验单位与非实验单位对比实验,实验单位与非实验单位前后对比实验。三种方法适用于不同的产品、不同的调查对象,以及不同的市场环境,调查者要根据调查目标的要求和调查对象的特点,从中选择最适合的实验测试方法。

4.控制实验环境

调查者首先要对实验的环境进行分析和研究,选择代表程度高的市场进行实验。其次在实验的过程中,要注意排除各种因素的干扰,使实验尽可能在相对稳定的状态下进行。如果一旦出现突发性的、无法回避的特殊情况,调查者要沉着应对,及时对实验进程加以调整和控制。

5.测评实验效果

测评实验效果主要有两方面工作:一是采用数理统计的方法对实验结果进行测量,得出实验的效果;二是采用主观判断法对实验活动进行评价,评价其科学性和有效性。如果最后得出的结论是调查的过程科学合理,实验结果真实有效,调查者即可建议企业将典型调查的结果应用于较大规模的市场推广中。

(二)实验调查的优缺点

1.实验调查的优点

(1)能够揭示市场变量之间的因果关系。通过实验调查,调查者可以发现影响市场变化的主要因素,确定自变量对因变量的影响程度,并深入研究它们之间的相互关系,从而采取相应的营销措施,提高决策的科学性。

(2)能够控制调查环境和调查过程。在调查过程中,调查者可以主动地引导市场因素的变化,并通过控制其变化来分析、研究这些因素对市场的影响,而不是被动、消极地等待某种现象的发生,这是其他几种调查方法无法做到的。

(3)能够提高调查的精确度。在实验调查中,调查者可以根据调查目标的要求进行科学的实验设计,有效地控制实验环境,对数据进行深入对比和分析,从而提高调查的准确性。

2.实验调查的缺点

(1)市场中的可变因素难以掌握。影响市场变化的因素很多,在实验过程中,经常会出现偶然性的、企业不可控的因素和现象,这些因素会在市场上发生作用,并对实验进程产生影响,进而影响到实验效果。

(2)调查的时间较长。实验调查法要求企业制定出很完整的实验计划和实验方案,实施时间也较长,而在市场调查实践中,常常要求企业在尽可能短的时间内得出调查结论。

(3)调查的风险较大,费用较高。采用实验调查法要冒一定的风险,在实施时需要专业人员操作,难度较大,费用也相对较高。

(三)实验调查法的应用

实验调查法的应用范围很广,任何一种产品在改变品质、包装、价格、广告及商品陈列方法等因素时,都可先用实验法进行小规模的实验测试,以观察市场的反应。实验调查法常常应用于以下几个方面:

(1)市场反应实验。找出两个在人口数量、购买力水平、销售类型等方面近似的细分市场,将改变了产品品质或价格的产品在其中一个市场推出,然后对比观察市场的反应,了解其对市场销售的影响。

(2)新产品投放实验。将企业新开发的产品投放到某一市场,对顾客的态度和反应进行测试,并对产品的销售额进行监测,以便了解顾客对产品的接受程度,及制定企业的产品推广计划。

(3)市场饱和度实验。当企业某种产品出现滞销时,企业随即推出一种更多功能的产品投放市场,同时提高其价格,以测试市场的反应。如果发现改进后的产品吸引了大量顾客购买,说明该产品市场仍有较大的潜力。

(4)广告效果实验。在两个相似的细分市场上推出内容不同的广告,或使用不同的媒体进行宣传,在其他条件不变的情况下,分别测试顾客的态度、视听率、印象强度等,以了解广告的吸引力,或评价媒体传播的效果。

(5)市场营销组合实验。在某一地区市场上改变现有的营销组合策略,包括产品、价格、渠道和促销,以测试其对企业销售的影响。

当企业现有的营销策略不理想,经过努力始终达不到预期的目标时,企业就应采取这种方法对市场进行实验,然后根据测试结果,整体改变或调整企业的营销战略和策略。

四、德尔菲法

德尔菲法又称专家调查法,是专家们采用书面的形式,背靠背地回答调查者提出的问题,并经过信息反馈,多次修改各自的意见,最后由调查者进行综合分析,得出调查结论的方法。

德尔菲法是 20 世纪 40 年代由兰德公司命名和率先使用的一种调查方法。德尔菲是希腊神话中太阳神阿波罗杀死恶龙的地方,由于阿波罗有智慧和预见能力,故德尔菲也被视为能预见未来的圣地。德尔菲法在市场调查和预测中经常使用。

(一)德尔菲法的特点

1.匿名性

在调查过程中,专家彼此互不相知,不受上级、权威的约束和能言善辩者所左右,专家可以充分发表不同的意见。

2. 反馈性

专家从调查反馈的信息中，可以知道其他专家的意见，便于做出新的判断。

3. 收敛性

即通过数轮咨询以后，专家们的意见相对集中，可以为企业提供决策依据。

(二)德尔菲法的实施步骤

1. 选择专家

企业选择的专家是否合适，直接关系到德尔菲法实施的成败。选择专家时应注意：

(1)应根据调查课题所涉及的行业和领域，选择业务精通、经验丰富、具有预见性和分析能力的专家。

(2)要考虑专家所属部门和单位的观点，要有一定的代表性，不能局限在一个部门。

(3)邀请的专家人数不能太少，一般 15 人左右较为适宜。

2. 设计调查意见表

调查意见表是专家回答问题的主要载体。调查者要根据调查的目的，拟定需要了解的问题，再制成调查表作为调查的手段。设计调查表需注意以下要点：

(1)提出的问题要简单明确，不能有含糊不清的语句。

(2)设计的问题数量不宜太多，回答时不应占用太长的时间。

(3)调查表中要附说明向专家讲明调查的目的，以便取得对方的合作和配合。

3. 发送调查表

发送调查表主要采用邮寄、派人上门或电子邮件的方式。要注意将相关的背景资料同时发给有关专家，供专家们回答问题时参考。

4. 处理调查意见

德尔菲法一般要进行三至四轮调查。调查者在每次意见返回之后，要将各种意见进行综合整理和分类，汇总后形成新的意见调查表，然后再分送给各位专家，再次征询他们的意见。经过几次信息反馈后，专家们对调查问题的意见会逐渐趋于一致。

5. 提出调查报告

调查组织者根据专家几次提供的资料和反复修改后的意见，最后做出调查结论和报告。

(三)德尔菲法的缺点

德尔菲法的应用范围很广，但也存在着一些不足。

(1)调查结果主要依靠专家判断，而专家个人的经验判断有局限性，有时意见可能不完整或脱离实际。

(2)当真理掌握在少数人手里,即只有少数专家意见正确时,用此方法得出的结论往往失败。

(3)调查往返费时,轮番反馈时间长,应答的专家有可能中途退出,影响调查的准确性。

第三节　户外营销调研的技术

户外运动营销调研所需资料,据其来源可分为初级资料和次级资料,二者都存在资料采集、测量、分析的问题,各自都有专门的知识和技术。

一、次级资料的采集技术

次级资料按其载体可划分为纸载资料和机读资料。纸载资料主要包括:各级政府的各个管理部门发布的法律、法规、公报、年鉴、刊物;科研院所、高等院校、图书馆、档案馆的各种文献资料;报纸、杂志、电台和电视台等新闻媒体所发布的资料;各种商会、协会和联合会内部刊物发布的各种资料。纸载资料的采集要通过合法手段获取,不得以任何手段去窃取或套取保密资料,对那些只传达到一定级别和一定范围的资料,不得以任何形式加以扩散。随着信息技术的进步,各种凭借计算机手段加工、传输和保存的资料,日益占据越来越重要的地位。这类资料的采集技术主要是互联网检索、数据供应商服务等。

二、初级资料的采集技术

户外运动营销调研的初级资料主要包括三类:第一,描述被调查者参与户外运动的具体行为的行为性资料;第二,描述被调查者对户外运动所持态度和所抱想法的意向性资料;第三,描述被调查者本身固有特征的社会-经济-人文背景性资料。例如,调查人们对某一项户外运动产品的消费是否与其年龄、受教育程度、收入水平等因素有关。以上资料主要通过调查者到现场运用询问法与观察法去采集,相关采集技术包括:口头询问技术、书面询问技术、直接和间接观察技术等。

三、初级资料的测量技术

在描述性调研和因果性调研中,所有的结果都不是对调查内容的文字性表述,而是在类、量和度的纲维上的刻画。在户外运动营销调研中,测量就是对调查对象行为、意向和社会经济人文背景所具有的差异进行比较。如他们是否购买了户外运动装备,是否支持户外运动,其学历程度和收入水平,等等,都是有差异的,对这些差异的测量技术涉及量表、信度和效度等概念。

自报法是在户外运动营销调研中最常用的态度测量方法。自报式态度量表，作为一种态度测量技术，是由调研者就态度属性提出一系列的问题，由被调查者采取自我报告的形式，将其所持态度刻画为可以度量的数字。自报式量表必须具备下列两个功能：第一，必须具备分类功能，即把对一事物态度的正反两个对立面区分开来；第二，必须能分辨态度的强弱，也就是在正反两个极端之间给每个人的态度确定一个确切的位置。

测量的信度是指测量结果的一致性或稳定性。按照测定信度所需数据的来源，可以把信度分为再测信度、复本信度和折半信度三种类型。用同一个测量工具，对同一组测量对象前后测量两次，根据前后两组数据计算出信度系数就是再测信度。如果一套测量工具具有两种或以上的复本，这样测定的信度称为复本信度。折半信度是将同一属性的题目分成数目相等的两半计算出的相关系数。

测量的效度是指测量工具的准确程度。从不同的角度看待测量的准确性，可以把测量效度分为内容效度、准则效度和构念效度三种类型。

四、初级资料的问卷设计技术

（一）问卷的结构

问卷调查的内容由引言、指导语、问题及答案、作业记载四部分组成。

（二）问题的设计

问题包括开放式与封闭式两类问题。开放式问题是提问时不为被调查者提供具体可能的答案，而留待他们自由回答。例如，您如何看待当前的户外运动热？封闭式问题是在提问的同时为被调查者提供若干选项，被调查者可以在所列选项中自由选择，但不能提出其他答案。例如，上个月您参加户外运动的次数是多少？

1. 0次　　2. 1次　　3. 2次　　4. 2次以上。

（三）问题顺序的设计

1. 问题顺序的设计原则

问题的编排顺序对于调查结果有着直接的影响。一份问卷，尽管每个问题都是精心设计过的，但是如果从总体上忽略了先后顺序的编排，就可能影响被调查者的合作态度，降低调查结果的准确性和问卷的回收率。在编排一份问卷中各个问题的前后顺序时，通常遵循如下原则。

(1)先问行为方面的问题，再问态度方面的问题，最后问个人背景方面的问题。行为方面的问题都是关于被调查者在最近一段时期和现实中的具体行为，属客观存在，被调查者比较容易回答。态度方面的问题涉及到个人舆论、意见看法、企望等，在被调查者回答了行为方面问题之后，就可以顺势问下来。但如果一开始就问态度方面的问题，则使被调查者感到突然或感到问题富于进攻性，他们可能会躲闪或不提供准确信息。背景性资料中有些可能被认为是敏感性问题，如婚姻状态、文化程度、年龄、职业、收入等，放在开头则容易使被调查者感到不自然，故放到最后。

(2)在以上所说的三大类问题的每一类中，应该先问简单易答的问题，后问复杂难答的问题；先问能引起被调查者兴趣的问题，后问会引起他们顾虑或可能感到乏味的问题；先问被调查者较为熟悉的问题，后问他们感到生疏的问题。

(3)少数开放式问题，旨在采集广泛、深入的信息，这往往要经过被调查者的深入思考和语言组织。这样的问题一般宜放在问卷的最后，以免在中间影响被调查者的情绪。

2.编排问题的技巧

(1)在某些问卷中可以安排前导性问题。这些问题简单易答，使对方轻松应对，又能引起其兴趣，以便烘托合作气氛。这在访问问卷中较多使用。前导性问题的作用是筛选适当的调查对象，这对于公共场所访问是很有必要的。

例如，在一份关于企业购置设备的公共场所访问问卷开头安排了以下问题。

■您是受贵企业委派，或者至少不是纯粹出于个人兴趣来参观本展览会的——通过参观可以获得一些信息，这对于贵企业进行购置生产设备决策有所帮助。

○是

○否(如果“否”，停止访问)

■您来此是为了参观某种设备

○是(请写明是什么设备)______________

○否

(2)在内容转折处使用提示语句或引导语句。当所问内容有变化时，为了不使被调查者感到突然，可以使用标题性提示语句，或叙事性引导语句。前者多用于自填问卷，后者多用于访问问卷。

例如，在一份关于组织户外运动活动的企业调查自填问卷中，某些问题构成了一个问题群——问题群中的问题首先在内容上是密切联系，而在答案形式上也往往一致，就使用了诸如“请在下面指明贵公司是否有组织户外运动活动的经验”、“以下问题旨在了解您对组织户外运动活动的一些看法”一类的提示语句。

在一份关于户外运动消费的个人访问问卷中，在集中询问购买户外运动产品的一系列问题后，问卷提出：在当前户外运动热中，许多青年朋友将户外运动视为生活现代化的一个重要组成部分，某些中年朋友也不甘落后。为了满足喜爱户外运动的朋友们的需求，一个新的组织——户外运动俱乐部出现了，它可以使你轻松加入户外运动行列。

这段叙事性的引导语之后，是一系列关于户外运动俱乐部的问题。

(3)在条件型问题之前安排分叉式问题。在问卷设计时,往往会有一些问题只需要一部分被调查者回答,而其余被调查者无须回答这些问题的情况;另外一种常见的情况是,符合某种情况的一部分被调查者需要回答这一部分问题,而不符合这种情况的一部分被调查者需要回答另外一些问题。这些问题统称为条件型问题。为了使自填问卷的被调查者和访问问卷的访员能够理清问题的上下承接关系,使问题接转自然,需要在条件型问题前安排分叉式问题(Branching Questions)。一般的分叉式问题和条件型问题可以写明跳转指示词,复杂的条件型问题和分叉式问题还可以通过问题框图和箭头作明确指示。

以下给出这方面的几个例子。

■您参加了户外运动俱乐部吗?

○是——→您参加的是某某户外运动俱乐部吗?

①是——→是 VIP 会员吗?

Ⅰ.是

缴纳会费了吗?

Ⅱ.否——→停止问题调查

○否——→停止问题调查

又例如,

■您上个月参加了某户外运动俱乐部的活动吗?

○是

○否(跳到第 10 题)

■您认为上个月的活动……

■您没有参加某户外运动俱乐部的活动的原因是________________

____

分叉式安排有利于剔除一些不具回答资格的被调查者。以免浪费他们的时间或引起反感。但是要注意不宜使用过多,不然会使问卷版面混乱,篇幅过长。

五、营销调研的抽样设计

(一)抽样技术及其选择

抽样技术是指在作业总体确定后,具体依据什么原则从中抽选总体单位的方法。按照抽取单位时是否遵循随机原则将抽样技术分成随机抽样(probability sampling)和非随机抽样(non-probability sampling)两大类,每一类中又有一些具体方法。抽样技术的分类见图 6-1,它们的具体做法在本章稍后部分逐一阐述。

- 抽样技术
  - 随机抽样
    - 纯随机抽样
    - 等距抽样
    - 分层抽样
    - 整群抽样
    - 多阶段抽样
  - 非随机抽样
    - 方便抽样
    - 判断抽样
    - 配额抽样

图 6-1　抽样技术分类

(二)选择抽样技术必须考虑的因素

1. 抽样调查的目的

如果抽样调查的目的是为了执行探索性研究的功能,或者是为了测试和评估调查工具的设计,就不一定要求样本有多大的代表性,样本数据也不是为了推断总体,此时往往选择非随机抽样。如果抽样调查的目的最终是为了推断总体的数量特征,样本一定要具有很强的代表性,就应该选择随机抽样。

2. 抽样调查的精确性

同样是为了从样本来推断总体数量特征,但对精确性的要求也会不同,因而可以选择不同的随机抽样方法。

3. 调查经费

调查经费是选择抽样技术时须考虑的重要因素。不同的抽样设计,导致调查成本不同。调研者往往需要在精确性与调查成本之间作出某种平衡。

4. 时间限制

时间也是一项不可忽视的影响因素。不同的抽样方法在执行时所花费的时间不同,因而在具体调研项目的时限下须选择适当的抽样方法。

5. 对总体状况的事先掌握程度

有些方法需要调研者事先掌握总体单位的存在架构,另外一些方法则要求事先掌握总体单位的清单,还有一些方法则要求事先掌握总体单位的同质性和差异性状况,以便能将总体划分成若干个次总体。如果能具备这些条件,就可以选择适当的抽样方法,以求降低调查成本或提高准确度。

6. 调查对象涵盖范围

总体单位分布的地理范围和其他空间范围也是选择抽样方法的标准之一。在一个城市搞调查，与同时在若干个城市搞调查，或者全国范围搞调查，抽样方法可以不同。在城市搞调查与在农村搞调查，抽样方法也可以不同。以一般居民为调查对象和以某一类人(如残疾人、三资企业白领职员、国有企业下岗待业人员等特定群体)为对象进行调查，应当有不同的抽样方法。以人为调查对象与以机关、企事业单位为调查对象，采用的抽样方法也不必相同。

除了以上因素外，抽样方法的选择，还应该结合调查方式、方法和调查工具的设计一并考虑。

六、营销调研结果分析技术

(一)定量分析

定量分析是对现象的数量特征进行研究，旨在发现事物的表象和外部联系，并用统计方法对事物表象所达到的规模、变化速率、分布特点和现象间联系程度加以描述和推断。定量分析技术包括差异性检定、关联性检定、多变量分析等技术。

1. 差异性检定

户外运动营销调研中常要回答不同总体的指标是否有差异，常用的方法有：两总体平均数差异性检定、两总体比率的差异性检定和多总体平均数的差异性检定。

2. 关联性检定

它是指两个或多个变量间是否存在着协变关系的检定。常用的技术有：相关和回归分析、独立性检验、秩相关系数等。

3. 多变量分析

户外运动营销调研中有些概念无法直接测量，只能通过测量一些其他的量来间接地表示。比如说选购冲锋衣，顾客的满意程度，“满意”这个概念无法直接测量，一般通过测量舒适、质料、款式、耐穿、价位、颜色、易干等可测量的变量来表示。反过来说，面对一些可测量的变量，需要找出这些变量背后真正起作用的因素，就要运用因子分析的技术。

(二)理论分析

理论分析是对调查所得的经验资料进行“去粗取精、去伪存真、由此及彼、由表及里”的加工，以达到由感性认识上升到理性认识的研究过程。理论分析与定量分析有着密切的关系。定量分析是对现象的数量特征进行研究，旨在发现事物的表象和外部联系，并用统计方法对事物表象所达到的规模、变化速率、分布特点和现象间联系程度加以描述和推断。但是定量分析并不能回答事物为什么会呈现如此表象，为什么会存在如此的联系。例如，某咨询公司通过网络调查得知，2006 年中国最好的户外运动品牌，以探路者、火枫、奥索卡、雪狼、龙鸟、阿珂姆、天石、极星、凯图巅峰、牧高笛等为代表的国产品牌占据了市场的主导地位。这与运动服装市场由洋名牌称雄的局面形成鲜明对照。为什么会出现截然不同的市场格局，这是仅凭统计分析所不能回答的，必须对户外运动和运动服装这两个产业部门作深入的调查和理论分析。在理论分析中除了运用经济学和管理学的理论外，还必须以思维方法为工具，从大量占有的材料中提炼出本质的东西。同时，在理论分析中还需要投入新的定量分析，以提供更多的有关现象数量特征的直接或间接佐证。因此，理论分析与定量分析是密切联系的。

理论分析不等同于定性分析。它们之间的关系是，前者包含后者，前者比后者能揭示出更深层次的东西和内在规律性。定性分析，即确定现象的性质，划分事物的类别，适用抽象概念对同类事物作出概括。在当前我国对外开放，利用外资促进国内经济发展过程中，出现了民族品牌与洋品牌的竞争，判断某一品牌是否为民族品牌是定性问题，而根据什么标准来判断则不仅仅是个定性分析问题，而是个理论分析问题，因为这关系到如何更有效、更合理地利用外资，促进我国经济与世界经济接轨的问题。解决这个问题，需要从"民族经济"这一历史现象的作用、企业发展的品牌战略、产品的国产化、消费者行为和品牌认同感等多个方面进行理论分析。

(三)理论分析的方法

理论分析所使用的思维方法，大体上分为两类：一类是科学的逻辑思维方法；另一类是与调研课题有关的各专门学科的方法。逻辑思维方法又可以分为形式逻辑思维方法和辩证逻辑思维方法。

1.形式逻辑思维方法

(1)比较和分类。比较是确定事物之间异同点的方法。分类则是在比较的基础上，将所研究的事物区分为不同种类的方法。这是认识客观现象的最基本的逻辑思维方法，也是商务调研中常用的理论分析方法。

(2)归纳和演绎。归纳法是从个别的、特殊的知识中概括出一般性知识的逻辑方法。归纳法有完全归纳法与不完全归纳法之分。完全归纳法就是根据某类事物中每一个对象都具有(或不具有)某种属性，概括出该类事物的全部对象都具有(或不具有)某种属性的归纳方法。不完全归纳法中主要有简单枚举法和科学归纳法两种形式。简单归纳法，乃是根据某类事物部分对象具有(或不具有)某种属性，而又没有发现相反事例，从而推论出该类事物都具有(或不具有)某种属性的归纳方法，其结论具有或然性，需要作进一步检验或论证。科学归纳法，则是根据某类事物中的部分对象与某种属性之间的必然联系，推论出该类事物的所有对象都具有某种属性，其结论具有必然性。

演绎法是从一般性前提推出个别性结论的逻辑方法，其中假言推理应用较为广泛。假言推理是前提中至少有一个假言判断，并且根据假言判断中前件与后件之间的关系推出结论。假言推理对论证问题极具说服力。

(3)分析和综合。分析就是在思维中把客观事物分解为各个要素、各个部分或各个方面，然后逐个分别加以考察、研究的方法。综合就是在思维中把对客观事物的各个要素、各个部分、各个方面分别考察后的认识联结起来，然后从整体上加以考察的思维方法。

(4)抽象和具体。任何一个完整的认识过程，都是由感性具体到抽象，再由抽象上升到思维具体的过程。抽象就是从客观事物或感性材料的整体中抽取出一定的方面、属性、特点或关系进行相对独立的研究，在此过程中暂时撇开其他的方面、属性、特点或关系。思维中的每一次抽象都只是对客观事物某一方面本质的反映，不可避免地具有某种程度的片面性和孤立性，因此，必须把思维抽象进一步上升到思维具体。思维具体就是客观事物各个方面质的规定性有机组合而成的统一整体在思维中的再现。

(5)证明。商务调研中所得结论，一种来源于统计检验，这需要以经验数据为投入；另一种来源于理论分析的证明，这需要理论依据和事实材料。需要指出的是，无论是哪种方式导出的结论，其根本的检验标准只能是实践。常用的检验方法是逻辑证明。

逻辑证明由论题、论据和论证三个部分组成。论题是其真实性需要加以证明的判断。要求论题必须明确，否则会犯“论题模糊”的错误；论题必须同一，否则会犯“偷换论题”或“转移论题”的错误。论据是用来证明论题真实性的一些判断，要求其必须真实而充分，否则会犯“虚假论据”或“理由不足”的错误。论证是论题与论据之间的逻辑关系和证明方式，要求其真实性不能依赖于论题的真实性，否则会犯“循环论证”的错误；论证必须符合推理规则，否则会犯“推不出来”的错误。

2.辩证逻辑思维方法

(1)矛盾分析法。矛盾分析法就是用对立统一规律来分析客观现象，其主要方法是：分析事物内部的对立与统一、提示事物发展的内因和外因、认识矛盾的普遍性和特殊性。

(2)质量分析法。质量分析法就是用质量互变规律来分析客观现象，把握事物的质，识别事物的量，探求事物的量变、质变及其相互关系。

(3)辩证否定分析法。辩证否定分析法就是运用否定之否定规律来分析客观现象，既不能肯定一切，也不能否定一切；按照肯定—否定—否定之否定的阶段性发展规律研究事物发展的表现和特征。这一方法在商务调研中也是完全适用的，如对市场供求关系本着动态中求平衡的原则进行研究，对组织结构和规章制度本着改革中求发展的原则进行研究。

第四节 户外营销调研的步骤

一、确定研究目的，拟订研究题目

户外运动营销调研涉及的内容很多，范围很广，所以首先要有明确的调研目的，不然就很难确定合适的调查人员、费用、调查方式等。确立一个明确的调研目的，即究竟想要获取什么资讯、解决什么问题、调研过程中应重点关注哪些问题，还需要确定研究对象及研究范畴。在确定研究目的以后，取一个恰当的调研题目是很有必要的。调研的基本情况应在题目里界定得很清楚，如调研的主题和内容、调研的空间范围和时间范围、调研的对象等。

二、概念的具体化

一项调研活动往往涉及的对象广、环节多、过程长，为使调查意图不至于在调查的各种环节和过程中被曲解，使用精确的语言描述调研主题相当重要。在确定调研主题后，设计调研的各种具体指标，将所使用的概念具体化，就是使语言更精确的一种努力。如要描述 20～40 岁女性的户外消费观念，就要将“消费理念”具体化，区分出消费观念的各种表现形式，设计出反映这些表现的各种指标或调研项目，从而做到能以各种具体的事实和数据说明“消费理念”这个概念。

三、拟定调研方案和工作计划

户外营销调研方案是对某项调研本身的设计。它包括调研的目的要求、具体对象、地区范围、内容提纲、表格及方法等，是指导调研工作的依据。调研工作计划是对调研的组织领导、人员配备和考核，工作进度、完成时间和费用预算，以及注意事项等的预先安排，目的是使调研工作有计划、有秩序地进行，以保证调研方案的实现。

四、设立户外营销调研机构

户外营销调研部门应根据调研任务和调研规模的大小配备调研人员，建立营销调研机构。为了保证调研结果的可靠性，需要集中组织调研人员学习或培训。其主要内容包括：明确调研方案、掌握调研技术、了解与户外营销调研目标有关的方针政策法规和必要的知识，也可以对调研人员进行模拟训练，将调研过程中可能碰到的问题充分表现出来，以锻炼受训者应付、处理实际问题的能力。

五、实施调研，收集资料

户外营销调研所需的资料可分为原始资料和现有资料两大类。原始资料是指需要通过实地调研才能取得的第一手资料；现有资料是指政府机构、企事业单位或个人现有的第二手资料。在实际调研中，应当根据调研方案所提出的资料范围和内容，尽可能组织调研人员收集现有资料。

六、整理与分析资料

户外营销调研所获得的资料往往是分散的、零星的，也可能是片面的、不真实的。因此必须对所收集的调研资料加以整理和分析，这样才能客观地反映被调研事物的内在联系，揭示问题的本质和各种市场现象间的因果关系。这一步的工作主要包括：资料的检查、核实和订正；资料的分类汇编；资料的分析和综合。

七、撰写调研报告

户外营销调研报告是对调研工作的书面总结报告，其建立在客观反映市场情况、如实反映市场情况和如实分析数据资料的基础上，是调研活动的最后成果。调研报告分为专门报告和一般性报告。前者要求内容尽可能简明扼要，后者要求资料尽可能详细完整。调研报告的内容包括：题目、摘要、序言、正文、附录等。题目包括标题、报告日期、承办部门、撰写人等；摘要介绍调研报告的主要内容及重要分析结论和建议；序言简要说明调研的动机、背景、过程、调研要点及所要解答的问题；正文包括对调研基本情况的说明、对市场情况的分析、有关图表和数据的分析和解释，调研的结论和建议；附录包括资料来源、使用的统计方法、附属图表、公式、附属资料及致谢等。

第五节 户外营销调研报告的范例

《××年中国野外帐篷市场调研报告》

（资料来源：www.cu-market.com.cn 中国产业投资决策网）

以中国野外帐篷市场调查数据和业内专家访谈依据，结合本公司专业的市场营销研究经验撰写而成。报告研究中国野外帐篷市场产品、企业、市场、产业链竞争等几大方面的详细情况。报告具体研究领域包括：产品价格行情、技术特点、原材料供应、消费群体、消费结构、市场容量、竞争格局、品牌竞争、产业政策和发展空间或决策建议等方面，为野外帐篷市场中的企业提供专业的竞争决策依据。本报告以企业访谈记录、产品用户问卷结果、国家统计局数据、海关进出口数据，采用多渠道对比校正和抽样统计分析的方法，以保证数据的准确性与合理性。报告撰写以定量分析为主，定量与定性分析相结合，在深入挖掘数据蕴含的内在规律和潜在信息的同时，采用统计图表、分析图示等多种形式将结果清晰、直观地展现出来。报告为生产企业及投资机构充分了解产品市场、原材料供应、销售方式及渠道、有效客户和潜在客户提供了翔实信息，为研究竞争对手的市场定位，产品特征、产品定价、品牌形象及定位、营销模式、销售网络和企业发展提供了决策依据。

以下是本公司的一般调研报告目录。

一、野外帐篷行业概况

1. 行业介绍

1.1 野外帐篷行业的划定

1.2 野外帐篷行业在国民经济中的地位

1.3 野外帐篷行业特性分析

2. 产品发展历程

2.1 萌芽阶段产品特点

2.2 形成阶段产品特点

2.3 当前阶段产品特点

3. 当前产业政策

3.1 国家出台的对于产业整体的政策方针

3.2 国家出台的对于具体行业的规划政策

3.3 国家出台的对于整体产业的发展和支持政策

4. 野外帐篷产品所处产业生命周期

4.1 根据产品发展周期理论判定

4.2 根据产业整体进入与退出壁垒判定

4.3 根据产业的整体生产形态判定

5. 行业市场竞争程度

二、生产调查

1. 国内产量统计

1.1 产品构成

1.2 产量统计数据

2. 地域产出结构

3. 企业市场集中度

3.1 产业主要产品市场分布
3.2 整个市场区域划分
4.产品生产成本
4.1 原材料
4.2 生产成本
4.3 管理费用
5.近期野外帐篷产品发展动态与机会
5.1 近期新兴产品动态及其市场定位
5.2 产品新技术及技术发展动向
5.3 企业投资的方向和空间

三、消费调查

1.产品消费量调查
2.产品价格调查
2.1 不同层次产品价格区间
2.2 不同区域市场价格区间
3.消费群体调查
3.1 消费群体构成
3.2 不同消费群体偏好以及对产品的关系
A群体消费偏好及侧重点
B群体消费偏好及侧重点
C群体消费偏好及侧重点
3.3 下游消费市场需求规模调查
3.4 消费区域市场调查
4.品牌满意度调查
4.1 品牌构成
A企业群体品牌分析
B企业群体品牌分析
C企业群体品牌分析
4.2 品牌地域性差异调查
A区域主要市场品牌
B区域主要市场品牌
C区域主要市场品牌
4.3 品牌满意度

A 企业群体品牌满意度概况

B 企业群体品牌满意度概况

C 企业群体品牌满意度概况

四、销售渠道分析

1. 行业产品销售的主要渠道

A 渠道分析

B 渠道分析

C 渠道分析

2. 不同企业群体的渠道方式分析

A 企业群体渠道分析

B 企业群体渠道分析

C 企业群体渠道分析

3. 渠道新策略

3.1 新的销售渠道

3.2 渠道整合

五、进出口市场调查

1. 进口市场

1.1 进口产品结构

1.2 进口地域格局

1.3 进口量与金额统计

2. 出口市场

2.1 出口产品结构

2.2 出口地域格局

2.3 出口量与金额统计

3. 进出口政策

3.1 贸易政策

3.2 区域或本土保护政策

3.3 贸易壁垒

3.4 关税政策(优惠或限制)

六、典型企业与品牌调查

1. A 企业分析

1.1 企业简介
1.2 组织架构及销售系统
1.3 产销量统计
1.4 产品线构成以及各产品市场定位
1.5 渠道策略
1.6 近期发展规划
1.7 产品投放区域格局
2.B企业分析
2.1 企业简介
2.2 组织架构及销售系统
2.3 产销量统计
2.4 产品线构成以及各产品市场定位
2.5 渠道策略
2.6 近期发展规划
2.7 产品投放区域格局
3.C企业分析
3.1 企业简介
3.2 组织架构及销售系统
3.3 产销量统计
3.4 产品线构成以及各产品市场定位
3.5 渠道策略
3.6 近期发展规划
3.7 产品投放区域格局

七、重点区域市场消费调查

1.A区市场
1.1 区域市场内主要产品品牌
1.2 主要的消费群体
1.3 消费渠道构成
1.4 价格变化趋势
1.5 区域品牌偏好
2.B区市场
2.1 区域市场内主要产品品牌
2.2 主要的消费群体

2.3　消费渠道构成
2.4　价格变化趋势
2.5　区域品牌偏好
3. C 区市场
3.1　区域市场内主要产品品牌
3.2　主要的消费群体
3.3　消费渠道构成
3.4　价格变化趋势
3.5　区域品牌偏好
4. D 区市场
4.1　区域市场内主要产品品牌
4.2　主要的消费群体
4.3　消费渠道构成
4.4　价格变化趋势
4.5　区域品牌偏好

八、细分市场调查

1. 细分市场一
1.1　产品特性
1.2　市场前景
1.3　消费模式
1.4　消费者需求发展趋势
2. 细分市场二
2.1　产品特性
2.2　市场前景
2.3　消费模式
2.4　消费者需求发展趋势
3. 细分市场三
3.1　产品特性
3.2　市场前景
3.3　消费模式
3.4　消费者需求发展趋势

九、野外帐篷市场上下游市场调查

1. 原材料市场
1.1　野外帐篷上游原材料构成

1.2 野外帐篷上游原材料最新市场动态

1.3 国内产销量

1.4 原材料价格走势

1.5 主要供应企业供应量

1.6 产业政策

2.消费市场

2.1 野外帐篷产品消费市场构成态势

2.2 野外帐篷产品消费市场结构变化趋势

2.3 野外帐篷产品下游市场相关政策

2.4 主要消费群体(企业)消费量

3.潜在市场

3.1 野外帐篷产品的现有潜在用户分析

3.2 潜在用户的对于野外帐篷产品特性需求分析

3.3 潜在用户市场规模分析

3.4 潜在用户市场的开发

3.5 野外帐篷产品的潜在用户挖掘

3.6 野外帐篷产品的潜在市场分析

3.7 野外帐篷产品如何开发潜在市场分析

4.产业链运行分析

4.1 野外帐篷产品产业环境分析

4.2 上下游关联度分析

5.野外帐篷产品产业发展前景预测

5.1 技术

5.2 消费者对于产品特性要求新变化或趋势

5.3 整体市场前景预测

十、本调研报告主要结论及尚普咨询独家策略建议

1.主要结论及观点

2.策略建议

2.1 产品策略

2.2 渠道策略

2.3 开发潜在市场的建议

2.4 市场竞争策略建议

第六节　市场调研与预测细化执行和模板

一、市场调研流程与工作执行

(一)市场调研流程与工作细化

1. 市场调研工作流程

<table>
<tr><td>流程名称</td><td colspan="4">市场调研工作流程</td></tr>
<tr><td>流程目的</td><td colspan="4">1. 规范企业市场调研工作，提升市场调研工作水平
2. 为企业产品的研发、生产和营销提供依据</td></tr>
<tr><td>知识准备</td><td colspan="4">1. 掌握市场调研的含义、类型、内容、原则等方面的知识
2. 掌握调研信息收集、数据统计、数据分析等方面的知识</td></tr>
<tr><td colspan="2">流程步骤</td><td colspan="2">细化执行</td><td>关键点说明</td></tr>
<tr><td rowspan="2">【1】</td><td>1. 确定企业调研需求</td><td>1</td><td>市场调研计划书
市场调研管理办法</td><td rowspan="8">● 关键点【1】
市场调研主管在明确企业调研需求之后，拟定年度市场调研计划，以“市场调研计划书”的形式提交上级
● 关键点【2】
市场调研专员准备市场调研所需工具，如市场调研问卷、访谈表、笔、相关统计表格等
● 关键点【3】
对配备的调研人员进行适当的培训，以保证调研任务准时、有效地完成
● 关键点【4】
市场调研专员根据市场调研执行方案及相关安排实施调研活动，并相互配合完成调研任务
● 关键点【5】
市场调研专员应选择合适的分析方法，有效地处理调研结果</td></tr>
<tr><td>2. 拟定市场调研执行方案</td><td>2</td><td>市场调研执行方案
市场调研管理办法</td></tr>
<tr><td>【2】</td><td>3. 准备调研工具</td><td>3</td><td>市场调研问卷
市场调研管理办法</td></tr>
<tr><td>【3】</td><td>4. 培训调研人员</td><td>4</td><td>调研人员培训记录表</td></tr>
<tr><td>【4】</td><td>5. 市场调研执行</td><td>5</td><td>市场调研执行方案
市场调研管理办法</td></tr>
<tr><td rowspan="3">【5】</td><td>6. 整理分析调研结果</td><td>6</td><td>市场调研管理办法</td></tr>
<tr><td>7. 撰写调研报告</td><td>7</td><td>市场调研报告
市场调研管理办法</td></tr>
<tr><td>8. 追踪报告应用情况</td><td>8</td><td>市场调研反馈意见表</td></tr>
</table>

2.市场调研控制程序

程序名称	市场调研控制程序	编　　号	
		受控状态	

一、目的

为了提升本公司市场调研效果，掌握更加客观的市场信息，同时在调研活动中尽可能地控制调研费用，从而为公司生产、营销等经营活动提供更有效的决策依据，特制定本程序。

二、适用范围

本程序可用来指导市场部在市场调研中拟定调研需求、拟定调研执行方案、执行市场调研方案等各项工作。

三、职责划分

1.市场部负责公司市场调研工作的日常组织管理，包括调研计划与执行方案的拟定、调研预算的申请、调研项目的执行、统计文献的收集等。

2.财务部负责市场调研费用预算的审核与审批。

四、市场调研内容

1.市场环境调研，包括政治、法律环境调研，经济与技术环境调研，社会文化环境调研等。

2.市场需求调研，主要包括市场需求规模调研、需求结构调研和消费者行为调研等。

3.产品调研，主要包括产品品种调研、数量调研、质量调研、价格调研、包装调研、产品生产周期调研以及产品生产能力调研等。

4.分销渠道调研，主要包括分销渠道结构调研、代理商库存调研、产品折扣调研、代理商资质调研等。

5.竞争对手调研，主要包括潜在竞争对手的数量调研、企业规模调研、市场份额调研、竞争优势与劣势调研、营销战略与策略调研等。

6.促销调研，主要包括促销活动的形式调研、特点调研、投入产出比调研、消费者印象调研等。

7.服务调研，主要包括消费者的需求调研、竞争对手提供的服务项目调研、己方能提供的服务项目的调研等。

五、市场调研程序

（一）确定市场调研需求

1.市场调研人员要从公司实际出发，分析调研目的，拟通过调研要解决的问题及调研结果所要应用的领域，分析、寻找并确定公司的调研需求，以供公司解决在生产经营过程中遇到的“瓶颈”或重大决策性问题。

2.市场调研主管根据市场调研需求，于每年一月底前确认本年度的调研项目，并拟定年度市场调研计划书，经市场部经理审核后，报送营销总监核批。

3.如有临时调研项目，市场调研人员需及时将该市场调研项目的安排报市场部经理审核、营销总监审批，并于获批后，列入年度市场调研计划书中，以便对调研人力、物力、时间进行合理分配。

(二)拟定市场调研执行方案

市场调研主管根据年度市场调研计划或临时调研的需要,起草市场调研执行方案,报送市场部经理核批。市场调研执行方案是市场调研活动的指导书,其内容包括但不限于下列10个方面。

1.调研目的,即在执行方案中明确在调研中要解决哪些问题、要取得什么样的资料、取得这些资料有什么用途等问题。

2.调研对象,即根据调研的目的确定调研的范围以及所要调研的总体。

3.调研项目,即在执行方案中要明确调研的主要内容,向被调研者了解些什么问题。

4.调研时间与期限,调研时间是指调研资料所属的时间点,调研期限是指调研项目开始的时间与结束时间。

5.调研地点,即在执行方案中要明确规定调研地点,以免调研资料出现遗漏和重复。

6.调研方式与方法,收集调研资料的方式有普查、重点调查、典型调研、抽样调研等,具体调研方法包括文案法、访问法、观察法和实验法等。

7.调研资料整理与分析方法,在执行方案中明确资料的处理是为了使资料更系统化、条理化,同时还需要明确必要的运算方法、计算精度及特殊目的等问题。

8.提交报告的方式,主要包括报告书的形式、份数、基本内容、图表量的大小等。

9.调研工作进度安排,要用到的工作表单包括"工作进度日程表"、"工作进度监督检查表"。

10.调研预算,要用到的工作表单包括"调研费用预算表"。

在进行预算时,要将可能需要的费用尽可能考虑全面,以免在调研工作开展中出现一些没有想到的情况而影响调研的进度。

(三)准备市场调研工具

市场调研工具包括市场调研问卷、访谈表、笔、相关数据统计表等。其中市场调研问卷是执行市场调研的最重要的工具,其内容设计得是否合理,会直接影响到调研数据的合理性、准确性,进而影响到调研分析的结果及应用。

确定调研需要的信息和调研问卷问题的范围。

1.确定问题的内容,明确在问卷中提出哪些问题,包括哪些调查项目。为了确保调研效果,在保证获取所需信息的前提下,要尽量减少问题数量,降低回答难度。

2.根据问卷内容的特点,确定问题的类型。

3.设计好问题词句,避免引起被调查者误解、反感等。

4.优化问题的顺序,以提高被调查者的兴趣。

5.将设计好的问卷,选择小样本进行预调查,以发现并改善问卷的缺点,提高问卷质量。

(四)市场调研人员准备

1.市场调研主管在市场调研前,确定市场调研人员的条件和人数,并及时组织培训。

2.市场调研人员培训相关资料,如调研人员培训课件、"调研人员培训记录表"等。

3.调研人员培训课件内容主要包括调研前期准备、调研的技巧、调研记录处理等,具体内容如"调研人员培训内容一览表"所示。

调研人员培训内容一览表

项　目	培训内容	培训目标
调研前期准备	调研项目内容介绍	了解此次调研要解决的问题
	调研地区和调研对象介绍	掌握调研对象和地点的大致情况
	所选用的调研工具介绍	熟悉本次调研的工具并熟练使用
调研技巧	接近调研对象的方法	了解并能在实际中灵活应用
	访谈时提问的技巧	掌握并在实际中灵活应用
	不合作情况的处理	熟悉并在实际中灵活应用
	调研访谈礼仪规范	掌握并在实际中遵照执行
调研记录处理	个人隐私问题的处理	了解并在实际中遵照执行
	被调研者拒绝记录时的处理	熟悉并在实际中灵活应用
	选择性回答的记录处理	掌握并在实际中灵活应用

(五)执行市场调研

1. 市场调研人员按照市场调研执行方案，运用调研方法，收集调研结果。

2. 市场调研主管督促市场调研专员按市场调研执行方案执行，保证调研结果的客观性、真实性。

(六)处理调研结果

对于收集回来的调研结果，市场调研专员要进行分析、整理，其工作程序如下：

1. 进行结果的真实性检验，即检查调研结果的真实性和准确程度，可以根据以往的实践经验对调研结果进行判断，也可以根据调研结果的内在逻辑关系进行判断。

2. 检查记录的一致性、口径的统一性。经过检查对含糊不清的资料或记录，应及时要求市场调研人员辨认。对于不合格的调研结果应剔除不计，以保证资料的完整性、准确性。

3. 分类编号，把经过编校检验的资料，分别归入适当的类别，并制成有关的统计表或统计图，以便于观察分析运用。

4. 运用事先确定的统计分析方法、工具对调研结果进行统计分析。

(七)撰写市场调研报告

1. 市场调研主管根据整理分析之后的市场调研结果，撰写市场调研报告书。市场调研报告的内容主要包括五大部分：序言、摘要、引言、正文(包括调查方法、调查结果、结论与建议)、附录。

2. 市场调研报告书撰写完成后，一式多份，分送至市场部经理指定的部门及人员。

(八)跟踪报告的应用情况

1. 市场调研专员实时跟踪“市场调研报告”的使用情况，防范公司商业机密外泄。

2. 市场调研专员及时向调研报告使用者发放和回收“市场调研反馈意见表”，收集反馈意见。

编制日期		审核日期		批准日期	
修改标记		修改次数		修改日期	

(二)市场调研执行工具与模板

1. 市场调研计划表

编号：　　　　　　　　　　　　　　　　日期：____年____月____日

调研计划实施期限	____年____月____日至____年____月____日	
调研需求分析	调研项目内容	时间安排
调研项目名称		
临时调研项目		
人力安排		
调研预算		
备　注		

2. 市场调研执行表

编号：　　　　　　　　　　　　　　　　日期：____年____月____日

调研项目名称			
调研地区		调研时间	____年____月____日至____年____月____日
调研目的			
调研对象			
调研内容			

续表

调研方法设计		
影响调研效果的因素分析		
调研工作进度安排	时间安排	进度情况
调研预算		
调研人员安排		
备　注		

3. 竞争对手调查表

调查区域		调查人员姓名		调查时间	
企业基本情况	竞争对手名称				
	企业地址				
	高管团队				
	规模及组织结构				
	银行授信				
	销售渠道				
竞争对手产品线					
品　名	类　别	价　格	性　能	品　质	市场份额
竞争对手与我方优劣势对比分析					
项　目	我　方		竞争对手		
优　势					
劣　势					
其他评价及建议对策					

4. 购买行为调查表

被调研者姓名：　　　　　　性别：　　　年龄：　　　　　日期：______年______月______日

商品名称 行为					
经常购买					
偶尔购买					
了解，从未购买					
不了解，从未购买					

5. 市场调研报告表

编号：　　　　　　　　　　　　　　　　　　　　日期：______年______月______日

<table>
<tr><td colspan="6">呈____________部门____________：
本部门于______年____月____日至______年____月____日实施的________________市场调研项目，其结果报告如下，请阅读后给予反馈意见并配合相关事宜的实施。</td></tr>
<tr><td>调查内容</td><td colspan="5"></td></tr>
<tr><td>调查对象</td><td colspan="5"></td></tr>
<tr><td colspan="3">统　计</td><td colspan="3">图　解</td></tr>
<tr><td colspan="3"></td><td colspan="3"></td></tr>
<tr><td>调研结论</td><td colspan="5"></td></tr>
<tr><td>反馈意见</td><td colspan="5"></td></tr>
<tr><td>报告部门</td><td></td><td>主　管</td><td></td><td>报告人</td><td></td></tr>
</table>

6. 市场调研管理办法模板

办法名称	市场调研管理办法			编　　号	
				受控状态	
执行部门		监督部门		编修部门	

第一条　目的

为使本公司及时掌握市场情况，做好市场调研及预测工作，有效地对市场信息进行管理，从而作出符合实际的市场预测，并据此制定正确的生产、营销经营决策，特制定本办法。

第二条　组织领导

本公司市场调研与预测工作在营销总监的领导下由市场部经理归口管理，市场调研主管负责具体实施。

第三条　调研类型

1. 定期调研。每年一月底确定本年度的调研项目和调研计划。

2. 临时调研。新产品推出后或临时需了解市场动态和反应时，随时拟定调研执行方案。

第四条　市场调研的主要内容

1. 市场环境调研，包括政治法律环境调研、经济与技术环境调研、社会文化环境调研等。

2. 市场需求调研，主要包括市场需求规模调研、需求结构调研和消费者行为调研等。

3. 产品调研，主要包括产品品种调研、数量调研、质量调研、价格调研、包装调研、产品生产周期调研以及产品生产能力调研等。

4. 分销渠道调研，主要包括分销渠道结构调研、代理商库存情况调研、产品折扣调研、代理商资质调研等。

5. 竞争对手调研，主要包括潜在竞争对手的数量调研、企业规模调研、竞争优势与劣势调研、营销战略调研等。

6. 促销调研，主要包括促销活动的形式调研、特点调研、投入产出比调研、消费者印象调研等。

7. 服务调研，主要包括消费者的需求调研、竞争对手提供的服务项目调研、乙方能提供的服务项目调研等。

第五条　市场调研的主要方法

1. 文案调研法，利用公司内部和外部现有的信息、情报资料，对资料内容进行分析研究。

2. 面谈调研法，调研人员直接面对被调查者通过交谈而获取市场信息。

3. 电话调研法，通过电话向被调研者询问有关调研内容而获得调研信息。

4. 问卷调研法，将印制好的问卷通过邮局或当面的方式给予被调研者，请被调研者按要求填写好后，在约定日期寄回或由调研人员上门回收。

5. 观察调查法，调研人员在调研现场对被调研者的情况直接观察记录，或借助于仪器进行观察，以获得市场信息。

6. 专家访谈法，通过与选定的专家沟通，说明情况，提出问题，收集意见，得出预测结论。

7. 技术分析法，通过技术手段与工具进行市场预测，如时间序列法、回归分析法、假设检验法等。

第六条　制定市场调研计划与控制程序

1. 根据公司的发展战略、销售目标和市场状况，每年一月底之前由市场部经理制定并提交公司本年度市场调研计划、费用预算，营销总监批准后组织实施。

2. 市场部经理负责组织制定市场调研控制程序和市场预测控制程序，并监督是否按程序规范作业。

第七条　制定市场调研执行方案

根据公司年度调研计划，由市场调研主管起草调研计划的具体执行方案，报市场部经理审批。市场调研执行方案的内容可以参照以下内容：

1. 调研问题的准备。

2. 调研表的种类与形式的确定。

3. 调研项目的确定。

4. 调研方法的选择。

5. 调研对象与调研样本的确定。

第八条　市场调研工作的开展

市场部统一管理公司的市场调研工作，市场调研人员负责市场调研项目全过程的组织与实施，收集并整理市场信息，提出初步市场调研总结，市场调研主管汇总并撰写市场调研报告和市场预测报告，供公司领导和有关部门决策时参考。

1. 市场调研专员负责市场调研项目的执行，负责国家与地区的相关法律、法规和政策动态及主要竞争对手和商业信息的日常收集、整理、分析工作。

2. 市场调研主管负责市场调研相关人员的指导、培训工作，并对其工作业绩进行考核。

第九条　信息分析与预测

1. 对调研结果或调研表进行整理和初步分析，然后汇总或编辑成册。

2. 对所收集的调研结果进行分类、分项目分析研究，并结合原始记录或历史数据等资料进行对比研究。

3. 对研究结果或调研资料的真伪、可靠性和误差进行计算和分析。

第十条　市场调研与预测工作注意事项

1. 所有参与市场调研的人员要严格坚持市场调研流程和程序，不得弄虚作假、徇私舞弊。

2. 对于市场调研与预测所涉及的各方面资料，市场部应有专人负责管理。

第十一条　本制度由市场部负责解释、修改。

第十二条　本制度自发布之日起生效。

编制日期		审核日期		批准日期	
修改标记		修改次数		修改日期	

二、市场预测流程与工作执行

(一)市场预测流程与工作细化

1. 市场预测管理流程

<table>
<tr><td>流程名称</td><td colspan="4">市场预测管理流程</td></tr>
<tr><td>流程目的</td><td colspan="4">1. 规范企业市场预测工作，确保市场预测结果的科学、合理
2. 对市场动态进行科学合理的预测，为营销决策提供依据</td></tr>
<tr><td>知识准备</td><td colspan="4">1. 掌握市场预测的含义、原理、要求、方法等方面知识
2. 熟悉数学、统计学、统计工具等相关知识</td></tr>
<tr><td colspan="2">流程步骤</td><td colspan="2">细化执行</td><td>关键点说明</td></tr>
<tr><td>【1】</td><td>1. 确定市场预测目标</td><td>1</td><td>市场容量预测表
市场占有率预测表等</td><td rowspan="7">● 关键点【1】
市场调研主管根据企业营销决策的需要，选定市场预测目标，明确预测的对象、结果和期限等。
● 关键点【2】
市场调研专员可选用市场调研所得的调研结果作为所需的市场数据，也可适当采集第三方发布的市场数据。
● 关键点【3】
根据预测资料和目标特点选择合理的预测方法，市场预测方法包括购买者意向调查法、综合意见法、集体讨论法等</td></tr>
<tr><td>【2】</td><td>2. 收集预测所需数据</td><td>2</td><td>市场调研管理办法</td></tr>
<tr><td rowspan="5">【3】</td><td>3. 选择预测方法</td><td>3</td><td>——</td></tr>
<tr><td>4. 建立预测模型进行预测</td><td>4</td><td>市场容量预测表
市场占有量预测表等</td></tr>
<tr><td>5. 修正预测误差</td><td>5</td><td>市场容量预测表
市场占有量预测表等</td></tr>
<tr><td>6. 撰写市场预测报告</td><td>6</td><td>市场预测报告</td></tr>
<tr><td>7. 追踪报告应用情况</td><td>7</td><td>市场预测反馈表</td></tr>
</table>

2.市场预测控制程序

<table>
<tr><td rowspan="2">程序名称</td><td rowspan="2">市场调研控制程序</td><td>编　　号</td><td></td></tr>
<tr><td>受控状态</td><td></td></tr>
<tr><td colspan="4">
一、目的
为了对市场未来的发展状态、趋势等进行更客观的推测与判断,为公司生产、营销等经营活动提供更有效的决策依据,特制定本程序。
二、适用范围
本程序适用于市场部在市场预测过程中确定市场预测目标、实施市场预测等各项工作。
三、职责划分
市场部负责公司市场预测工作的日常组织管理,包括市场预测目标确定、市场预测项目执行、预测报告应用情况跟踪等。
四、市场预测原理与要求
(一)市场预测的基本原理
1.惯性原理:根据市场变化的一般规律,如价值规律等进行市场预测。
2.因果原理:通过分析市场上各种因素的变化和因果关系,进行市场动态预测。
3.类推原理:根据同类产品的发展周期情况,类推某一产品的市场动态。
4.概率原理:借助概率论和数理统计方法对市场发展过程中的偶然事件进行分析,解释市场内在的必然性,从而推测市场发展趋势。
(二)市场预测的基本要求
1.客观性。在市场预测过程中,人的主观能动性必须以事实和客观规律为基础,不能主观臆造。
2.全面性。市场预测之前,应全面分析和研究影响市场活动的各种因素,如经济活动、政治环境、社会环境、科学技术等。
3.及时性。必须在规定的时间内提供必要的信息,信息越及时,预测的误差越小,对决策的分值越大。
4.科学性。科学分析综合资料,精心挑选预测方法和模型,都有助于提高预测的准确性,减少预测误差。
5.持续性。预测结果要不断地与实际情况进行比较,及时纠正预测误差。
6.经济性。预测工作必须量力而行,讲究经济效益。
五、市场预测的实施程序
(一)确定市场预测目标
市场调研主管根据上级的意图,分析公司的决策需要,明确市场预测的具体目标。市场预测目标具体化时,需考虑以下因素:预测对象、预测期限与范围、预测结果的精度要求、预测方法等。
(二)收集市场数据
1.市场预测所需市场数据主要来源于以往市场调研的结果。
</td></tr>
</table>

2.如有必要,市场调研主管可通过临时安排市场调研或采集、购买第三方统计数据的方式,来取得所需的市场数据。

3.市场调研专员对所收集到的市场数据进行整理和核实,从中提取所需的市场数据。

(三)选择预测方法

1.市场调研专员根据市场预测目标、市场数据特点、时间、人员等条件选择适当的市场预测方法。

2.针对同一预测目标,市场调研专员应同时采用两种以上的预测方法,用于比较和鉴别预测结果的可信度。

3.市场预测方法主要分为定性预测方法和定量预测方法。定性预测方法包括购买者意向调查法、营销人员综合意见法、集体讨论法、个人综合预测法、德尔菲法、市场试销法等;定量预测方法包括模拟分析法、简易平均法、移动平均法、指数平滑法、季节指数法、因果关系法等。

4.选择市场预测方法时,应考虑的主要因素如下:预测的期限与范围、预测的资料与模型、预测的费用与精度要求。

(四)建立预测模型

市场调研专员运用已选定的预测方法,通过建立预测模型推导出预测期内的预测结果。

1.在建立预测模型时,要注意在满足预测要求的前提下,尽量简单、方便和实用。

2.市场预测模型主要包括判别预测、统计预测两大类。

判别预测是根据已有的历史资料和现实资料(可能通过市场调研取得),依靠管理人员、营销人员、专家经验与综合判断能力,对市场的未来变化趋势作出直接的判断;统计预测是根据定量市场调查数据,采用数理统计的方法进行科学的推算,从而得到数量预测结果的方法。

(五)修正预测误差

1.在获得预测结果后,市场调研专员运用检验方法评价预测结果,分析预测误差。

2.市场调研专员根据上述评价结果修正和调整预期结果。

(六)撰写市场预测报告

1.市场调研主管根据市场预测结果,撰写市场调研报告。市场预测报告由五部分组成,分别为:前言、现状分析、预测结果、结论、建议。

2.市场预测报告撰写完成后,一式多份,分送至市场部经理指定的部门及人员。

(七)追踪报告应用情况

1.市场调研专员实时跟踪“市场预测报告”的使用情况,防范公司商业机密外泄。

2.市场调研专员及时向预测报告使用者发放和回收“市场预测反馈意见表”,收集反馈意见。

编制日期		审核日期		批准日期	
修改标记		修改次数		修改日期	

(二)市场预测执行工具与模板

1. 市场容量预测表

调查区域：　　　　　　　　　　　　　　　日期：______年______月______日

年度 项目					
当地总人口(万人)					
目标消费群体(万人)					
当地人均收入(元)					
目标群体购买力					
区域市场总容量					
物价指数					
经济景象趋势					
替代品销售情况					
竞争对手销售情况					
本公司销售情况					
竞争关系趋势					
初步分析					
备注					

2. 市场占有率预测表

调查区域：　　　　　　　　　　　　　　　日期：______年______月______日

项目 时间	产品名称	市场总需求量	本公司销售量	市场占有率	备注
初步分析					
备注					

三、市场调研与预测文书范例

(一)市场调研问卷范例

××空调用户满意度调查表

尊敬的用户：

感谢您长期对我们的爱护与支持，为了更好地了解您对我们产品和服务的感受与评价，我们设计了此表，烦请您用几分钟时间填写此表。您的意见将有助于我们持续改进产品与服务质量，以便为您提供更优质的产品和服务。我们将对与您相关的个人信息严格保密。

用户姓名：　　性别：　　年龄：　　职业：　　联系电话：

一、产品满意度

1. 请问您购买空调时所考虑的首要因素是什么？

□价格　□质量　□品牌　□其他________

2. 请问您对××空调的质量满意度如何？

□非常满意　□比较满意　□一般　□不太满意　□非常不满意

3. 请问您对××空调的品类满意度如何？

□非常满意　□比较满意　□一般　□不太满意　□非常不满意

4. 针对××空调质量和品类的意见____

二、产品价格满意度

1. 请问您可以承受的××空调的价格调整方式是什么样的？

□适当提价并增加新的功能　□适当提价并提供赠品

□价格维持不变并保持原有功能　□降价并减少非必要功能

项　目	非常满意	比较满意	一般	不太满意	非常不满意
目前的售价	□	□	□	□	□
产品性价比	□	□	□	□	□

三、了解产品特性的方式

1. 请问您对××空调产品特性的了解主要是通过以下哪几种方式？

□营销人员介绍　□产品宣传材料　□媒体报道　□熟人介绍　□其他______

2. 请问您认为了解我们产品最好的方式是什么？

□营销人员介绍　□发放宣传材料　□媒体报道　□熟人介绍　□其他______

四、服务满意度

1. 请问您是否接受过××空调的售后服务？

□比较多　□很少　□没听说过有售后服务　□没有接受过售后服务

2. 请问您购买××空调的方便程度如何？

□非常方便　□比较方便　□一般　□不太方便　□非常不方便

3. 请问您购买××空调产品的方式是什么？

□专卖店　□家电卖场　□网上订购　□其他______

4. 请您对××空调售后服务作评价

项　目	非常满意	比较满意	一般	不太满意	非常不满意
服务态度	□	□	□	□	□
上门安装	□	□	□	□	□
上门维修	□	□	□	□	□

感谢您的配合！（调查表编号：2010－10－□□□）

编制日期		审核日期		批准日期	
修改标记		修改次数		修改日期	

(二)市场调研报告范例

××房地产项目市场调研报告

一、调研目的

从______年____月____日至______年____月____日,公司投资发展部开展了针对公司位于××市××房地产项目的调研活动。

本市场调研报告就是对这次调研活动的全面总结,它全面、详细、合理地分析了公司在××市××项目的市场情况,从而为××项目的市场定位和销售决策提供比较全面的数据参考。

二、调研方法和人员

(一)调研方法

本次调研活动所采取的调研方法包括问卷调查法、文献法、访谈法等多种调研方法。

(二)调研人员

1.公司投资发展部是本次调研活动的主导部门。市场调研部派出三名经验丰富的市场调研专员开展本次调研活动,并编写了市场调研报告。

2.为了确保调研活动顺利开展,投资发展部还聘请了部分在校学生协助开展调研活动。

三、调研结果

(一)××市的宏观环境

1.宏观经济指标(各项指标均以三年为选取年限)。(编写思路:此处需要报告的宏观经济指标主要包括国内生产总值、人均国内生产总值、职工年平均工资、城镇居民人均可支配收入、城镇居民人均消费性支出、城乡居民储蓄存款余额、城市居民人均居住面积等。)

2.未来三年的城市规划及发展趋势。

(二)去年××市房地产的发展情况

1.新建商品房发展情况。

2.经济保障住房的发展情况。

3.二手房的发展情况。

(三)今年××市房地产市场分析和预测

1.截至今年××月的销售增长情况。

2.未来几个月的销售预测情况。

(四)今年××市房地产政策分析

1.土地政策。

2.金融政策。

(五)××项目所在的××区的地理环境及交通状况

1.××区总体规划。(编写思路:××区总体规划需要报告的内容主要包括××区的城市规划、居住用地规划、商业规划、交通规划等。)

2.××区零售业态综述。(编写思路:零售业态综述需要报告的主要内容包括××区的主要零售业态分布区域、主要业态所处地位及趋势等。)

(六)××项目所在的××区的房地产市场分析

1.项目区域市场分析。

2.项目片区市场分析。(编写思路:需要报告的内容主要包括项目所属片区的位置与片区范围。)

3.项目街区特点。(编写思路:需要报告的内容主要包括项目的地块位置、环境及交通、人口分布及收入构成等。)

4.项目周边配套。(编写思路:需要报告的内容主要包括项目周边的商业分布、经营状况、教育配套、金融配套、医疗配套等。)

(七)××项目所在的××区在售楼盘及竞争对手分析

1.项目竞争楼盘及分析。(编写思路:需要报告的内容主要包括竞争楼盘的概况、交通情况、户型分析、价格分析、销售分析、客源客层、项目优劣势等。)

2.项目潜在竞争对手及分析。(编写思路:需要报告的内容包括各潜在竞争对手的楼盘概况、配套情况、价格情况、户型情况等。)

3.其他在售楼盘及分析。(编写思路:需要报告的内容包括其他在售楼盘的基本情况、交通状况、配套状况、户型统计、价格水平、客源层面、优劣势分析等。)

四、调研结论与建议

(一)本区域房地产项目特点

1.本区域房地产产品类型和景观营造的特点。

2.本区域开发的楼盘建筑风格和设计特点。

3.本区域的户型特点和面积分布情况。

4.本区域楼盘客户的主要特点。

(二)本区域房地产项目畅销与滞销的因素

本区域房地产项目畅销与滞销的因素如下表所示。

畅销因素	滞销因素
1.交通便利,生活配套设施、教育配套设施完善	1.交通不方便
2.市场定位准确	2.企业运作项目资金链断裂
3.产品在当地市场具有唯一性	3.规划设计较差,户型设计不合理,面积过大
4.户型设计相对较为合理、利用率高	4.总价过高,首付压力相对较大
5.产品的性价比高	5.产品定位与营销概念的设计与市场实际脱节
6.物业管理到位	6.开发规模与开发时机出现错位
7.营销定位及宣传效果较好	
8.企业及项目品牌具有影响力	

（三）建议

1. 项目市场环境、区域供求、项目竞争优劣势分析。

2. 项目发展建议，包括发展策略、目标客户特征以及具体建议等。

五、相关资料附录

（一）入户调研问卷（略）

（二）统计数据资料（略）

（三）访谈及会议记录（略）

编制日期		审核日期		批准日期	
修改标记		修改次数		修改日期	

（三）市场预测报告范例

××公司××记账卡市场销售预测报告

一、预测目的

××记账卡是本公司针对过路费、停车费等电子化缴纳服务的产品。用户通过此卡可享受“先消费，后付款”的服务。

××记账卡已上市多年，在销售中出现了增长不明显和不平衡的问题，需要通过对市场现状的分析，来推测与判断市场趋势，以便及时调整经营模式，适应市场的需求。

二、整体市场拓展状况

（一）2006—2010 年市场拓展基本状况

在这五年间，本公司××记账卡的保有量连续出现了爆发式增长，2006 年该卡的保有量超过 8 万张，随后更是迈上一个新台阶，2008 年该卡的保有量已超过 12.5 万张，预计到 2010 年 12 月 30 日，该卡的保有量将超过 28 万张。

总而言之，本公司××记账卡市场的拓展开发大致呈现以下两个方面的发展特点：

1. 客户总需求保持了适度稳定增长，该卡的应用率提高到了历史新高度。

2. 经过品牌优势的全面提升，该卡主要以两种销售方式推动发展，以直营渠道为主，以合作渠道为辅，具体如下图所示：

2006—2010年××记账卡销售渠道的变化图

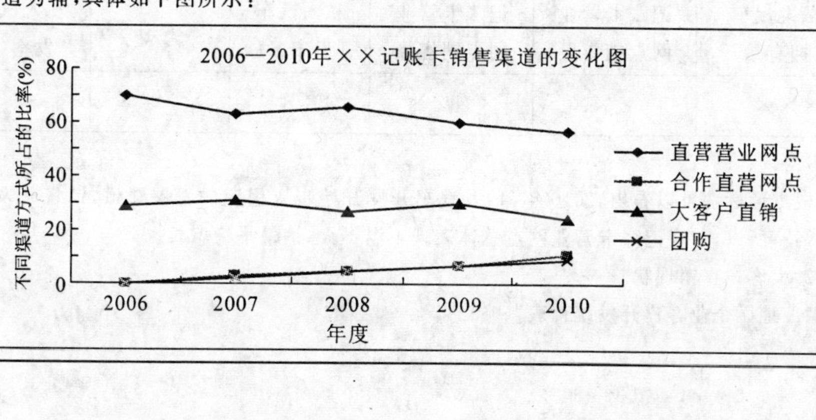

(二)2006—2010年××地区购买力统计

1.汽车保有量的变化,特别是私人汽车的变化,对××记账卡的直营营业网点发展影响深远。

(1)2006—2010年××地区汽车保有量统计表(略)。

(2)2006—2010年××地区私人汽车保有量统计表(略)。

(3)2006—2010年××地区居民人均收入统计表(略)。

2.××地区企业结构和数量变化统计。

(1)2006—2010年××地区企业行业组成结构统计表(略)。

(2)2006—2010年××地区企业数量统计表(略)。

(3)2006—2010年××地区企业平均产值统计表(略)。

三、A地区市场拓展情况

(一)影响本公司××记账卡营销的关键因素分析

影响该卡营销的关键因素分析,如下表所示。

A地区××记账卡营销的关键因素分析表

影响关键因素	因素的现状及发展结果
路网开通情况	(可附:A地区公路开通计划时间表)
快速安装点开通情况	
团购项目储备情况	
组织架构调整情况	

(二)市场的拓展现状

1.营业网点拓展现状。

A地区私人汽车开发率统计表

2008年A地区私人汽车拥有量	2008年××记账卡营业网点销售量	2009年××记账卡营业网点销售量	2009年私人汽车开发率(%)	2010年××记账卡销售量	2011年私人汽车开发率(%)
××××	××××	××××	××	××××	××

根据商标法可以看出,2010年,私人汽车开发开始步入稳定的发展轨道,销售开发率达××%。所以,××记账卡营业网点总体表现不温不火,销量平稳增长。

2.大客户直销现状。

“A地区企业客户开发统计表”(略)。

从上表可以看出，自2006年以来，A地区企业客户数量虽然一直保持增长，但增长幅度较××市、××市低(××市除外)。2009年企业汽车开发率为＿＿＿＿＿%，从市场开发的周期性特征来看，企业客户销量开始增速，但企业客户量开始下滑。

3.团购项目拓展现状。

“A地区××记账卡团购占总体销售额的比例统计表”(略)。

从上表可以看出，2009年该卡的团购销售未出现明显增长，反而不断趋“冷”，增幅也是近几年来最低的。

四、B地区市场拓展情况

(一)影响××记账卡营销的关键因素分析(略)

(二)市场拓展现状

1.营业网点拓展现状。

“B地区私人汽车开发率统计表”(略)。

从上表可以看出，2009年，私人汽车开发开始步入“大踏步”的发展轨道，销售开发率达到＿＿＿＿＿%。营业网点总体表现销量快速增长，“井喷”的主要原因是快速安装点销售整体形势好于2008年，总销量达＿＿＿＿＿%左右。

2.大客户直销现状。

“B地区企业客户开发统计表”(略)。

从上表可以看出，自2007年以来B地区企业客户量一直保持快速增长，增长幅度达到＿＿＿＿%，为大客户开发提供了较为平稳的市场空间。2008年，企业汽车开发率约为＿＿＿＿%，从市场开发的周期性特征来看，企业客户销量增速率将明显降低。

3.团购项目。

“B地区××记账卡团购占总体销售额的比例图”(略)。

从上图可以看出，2009年××记账卡团购销售出现了迅猛增长的势头，不断趋“热”，增幅也是近几年来最高的。

五、2011年××市场销售预测

(一)2011年××记账卡总体市场销售预测(略)

(二)2011年××记账卡细分地区市场销售预测(略)

六、××记账卡在2011年的市场拓展建议

(一)自主渠道发展是营业网点发展的关键

营业网点要想提升销量，就要做好××记账卡的使用功能创新(如增加加油、代缴费用等功能)的工作，以便通过扩展使用功能吸引私人车主，同时，加快快速安装点的建设，以方便私人车主购买，结合“使用功能”和“买的方便”来调整销售增长方式的转变，进而达到提升销量的目的。

(二)企业客户结构调整是大势所趋，大客户直销将进入新的工作阶段

(三)工作重心转向中小型企业

目前，大客户直销工作主要集中在行业的大型企业用户对象，2011年是由大型企业对象转为中小型企业对象的过渡期，可能存在工作量加大而市场份额增长不明显，甚至存在销量下降的情况。

由于中小型企业客户存在集中度低、布点分散的现象，2011 年将调整大客户的行业细化开发工作。同时，针对一些垄断企业采取集群政策引导，使垄断企业的私人车主集中购买，帮助企业大客户的销售量平稳加速。

(四)复制成功团购模式，加速发展团购项目

随着汽车保有量的增加，本公司××记账卡的团购项目正吸引着众多汽车制造商的合作需要，2011 年公司将继续与各大汽车集团沟通团购项目，已达到该卡销售量迅猛增长和实现新的增长点。

编制日期		审核日期		批准日期	
修改标记		修改次数		修改日期	

案例分析

石家庄户外服装消费分析与市场探究

第一部分 基础部分

一、调研目的

1. 了解石家庄市户外服装市场现状。

2. 了解消费者对户外服装的关注情况。

3. 探究石家庄户外服装的发展道路。

二、调研时间

8 月 29 日—9 月 2 日。

三、调研地点

石家庄市先天下、火车站、东购

四、调研方法

问卷调查。

五、调研内容

本次收回调查问卷 290 份，调查石家庄市户外服装市场现状与消费状况。通过问卷调查，初步掌握了户外服装在石家庄市场的销售、网络、品牌等方面的资料。

第二部分 具体情况

一、石家庄市户外服装的市场状况

目前，石家庄市已有多个户外品牌，多家户外用品专卖店，户外用品销售是在逐年增长。但户外市场培育相对滞后，国内厂商只能提供初级产品和服务，缺乏行业中具有领导性的企业和知名品牌产品，使得户外市场还没有形成足够的规模。

随着市场需求的迅速增长，国内的户外运动市场表现为有效供给明显不足。总的来说，石家庄户外服装市场蕴含着良好的投资机会。随着社会经济的发展，经济规模的日益壮大，户外服装市场的潜力可观；随着客户需求种类的增多，销售量的增长，户外服装批发销售品种也在日益完善。近几年，为了满足顾客的需求，在原有产品的基础上，又大量添置了一系列户外休闲服饰、户外服装批发、户外装备等。

二、消费群体情况分析

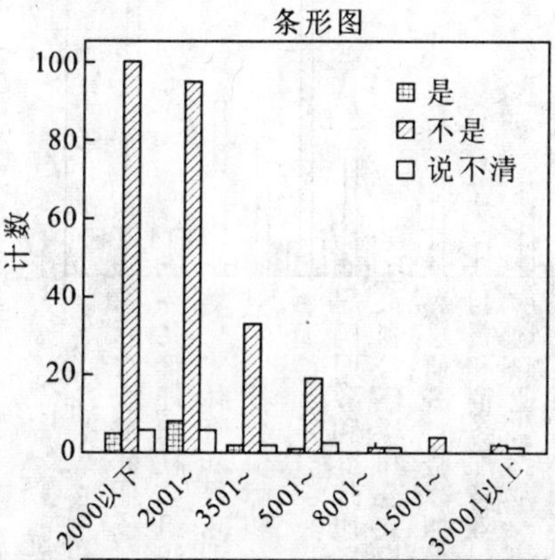

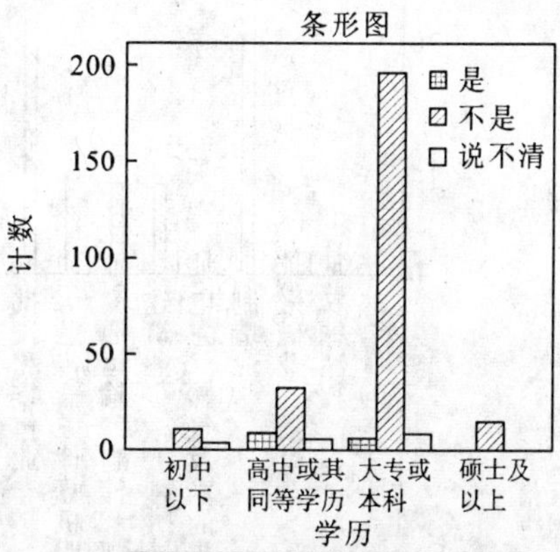

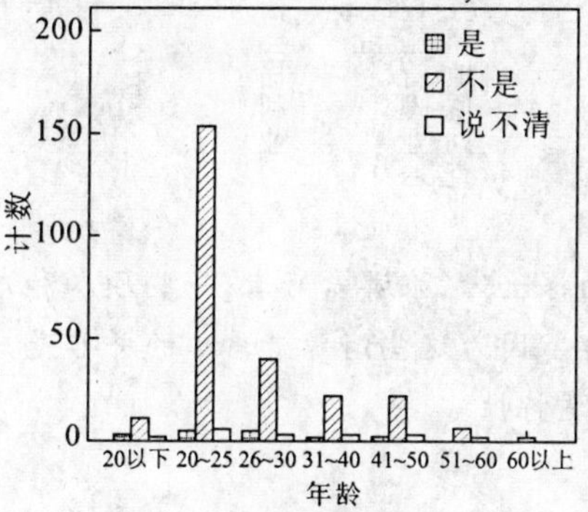

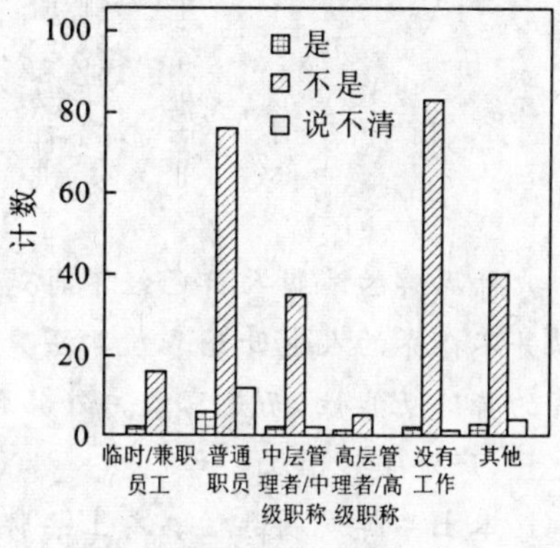

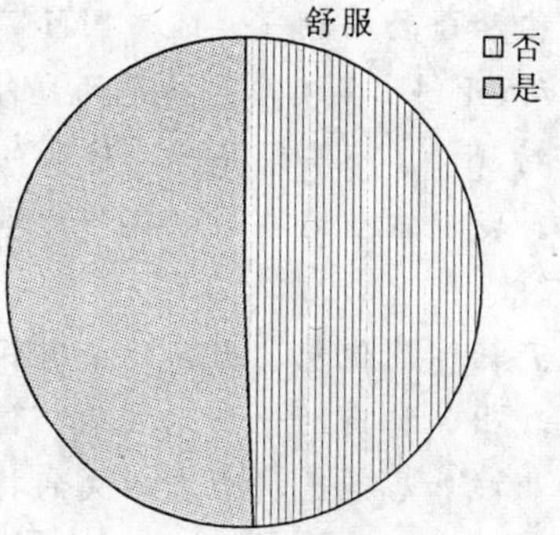

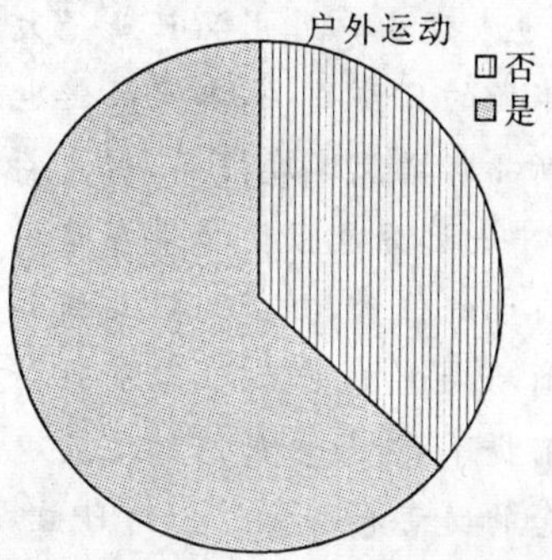

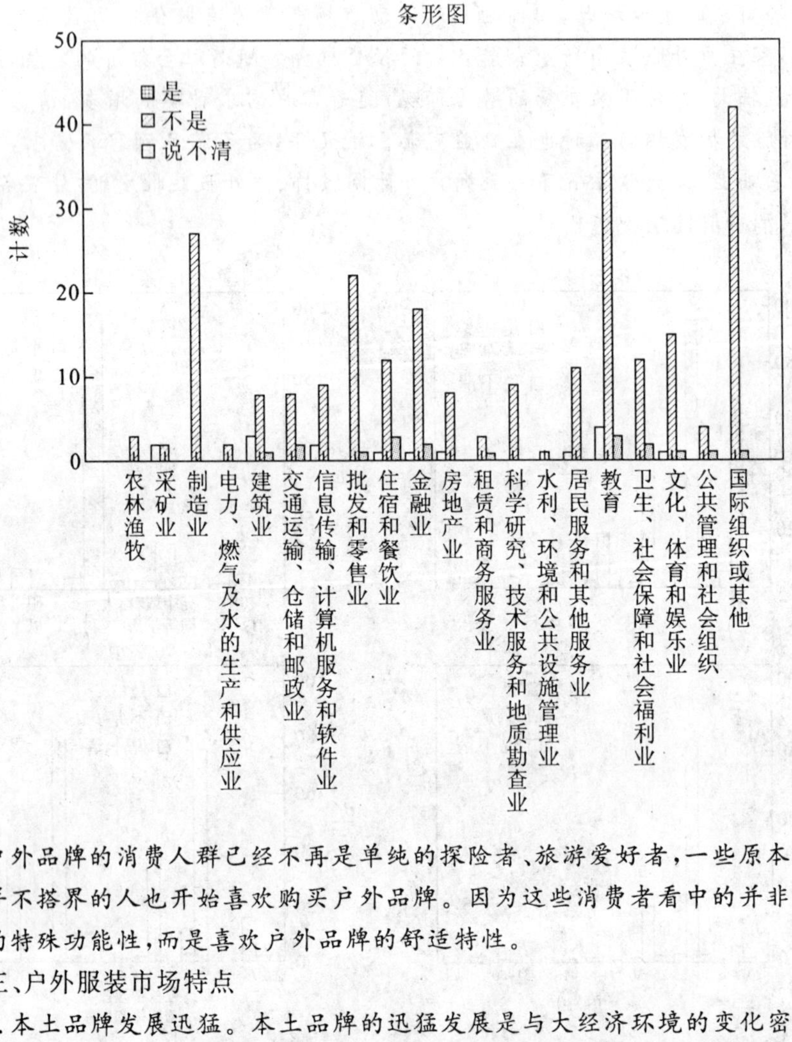

户外品牌的消费人群已经不再是单纯的探险者、旅游爱好者，一些原本和户外运动并不搭界的人也开始喜欢购买户外品牌。因为这些消费者看中的并非是户外服装的特殊功能性，而是喜欢户外品牌的舒适特性。

三、户外服装市场特点

1. 本土品牌发展迅猛。本土品牌的迅猛发展是与大经济环境的变化密不可分的，同时也表现出户外用品产业强大的吸引力和蓬勃的朝气。随着国际品牌对我国户外市场的日益关注，本土品牌也适时而动，开创出具有本土特色的户外产业。

2. 新品牌增长速度提高，但生存能力有待观察。一些新品牌以较快的速度出现，但其中一部分也很快隐没在市场大潮中。我们希望这些新兴品牌能尽快在业内找到自己的位置，并成为行业新的推动力。

3. 商场渠道发展稳定，专业户外店渠道开始体现优势。在商场渠道保持优势地位的前提下，专业户外店的发展也开始表现出其特有的优势。我们相信随着消费者观念的转变和消费理念的日益成熟，专业户外店渠道将会在不久的将来迎来一个快速发展期。

四、消费者需求

随着人们对于户外、旅游活动的关注，适用于户外生活的户外服装成为消费者关注的热点，石家庄户外消费者市场也在不断增长。既能满足户外活动的需求又能日常穿着是众多消费者选择多功能户外服装的主因，此外除了穿着舒适外，户外服装的很多特性，比如防水、透气性、吸湿、排汗、除臭、防紫外线等功能，在日常生活中也能得到很好应用。

从问卷中分析出，很多人热衷于露营、野营、攀岩、徒步、自驾车、休闲旅游等户外运动，因为户外运动比较专业，因此专门用于户外活动穿着的服装的种类和款式也多。例如，登山有冲锋衣，滑雪有滑雪裤等。户外产品种类越来越多，品牌越来越丰富，人们对于这类产品的质量更加关注，尤其对于其所宣称的功能性更是购买前要考虑的要点。如下图。

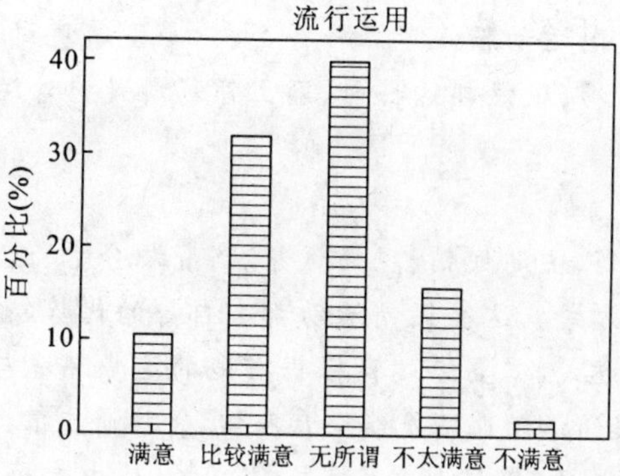

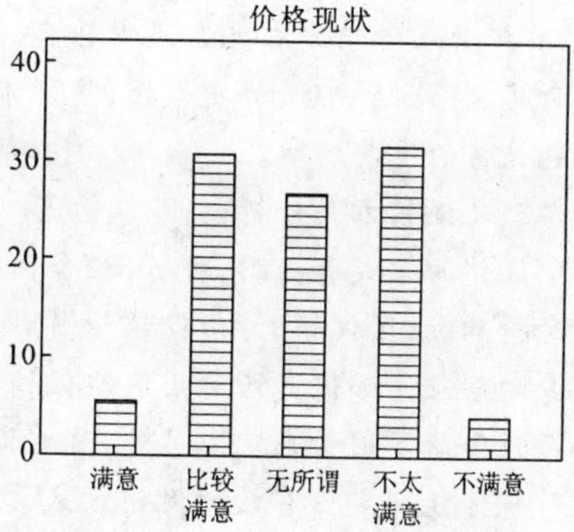

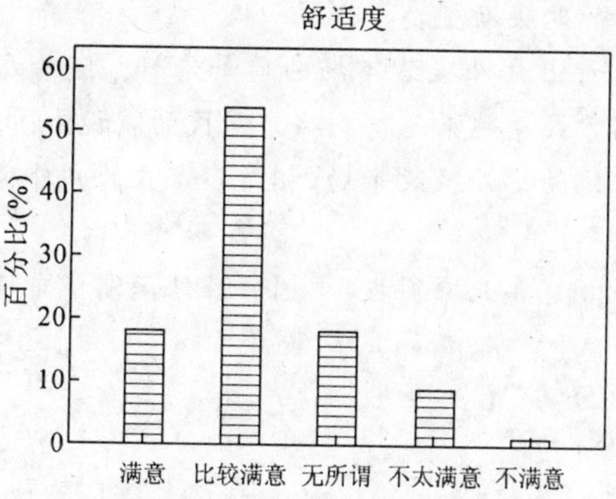

对户外服装的功能现状，21.5%的人满意，50.9%的人比较满意。总体来看，消费者对户外服装的功能现状还是很乐观的。而在价格方面，53.1%的人觉得现在购买的户外运动服饰及装备价格贵了，超过35%的人表示不太满意户外服装的价格现状。大多数消费者接受价位在300元以下和301～500元的户外服装。

五、户外服装的销售渠道

1. 从信息渠道方面分析

调查分析，现在更多的消费者是通过以下渠道来获得户外服装的信息的：电视广告、报纸杂志、朋友介绍、专卖店、网络论坛。其中，有28.1%的消费者有网购的经历，他们觉得网上购物方便，价格也合理。网上销售户外运动服装也已出现。通过互联网销售户外运动服装，为消费者及时传递新产品信息，提供个性化服务。调查数据显示，50%的消费者还是乐于在大商场购买，大约60%的消费者会选择在专营店购买，超过80%的消费者喜欢在不知名的小店购买。因此，目前传统的销售渠道仍占主要地位。

2. 从购买渠道方面分析

户外运动的服装，作为运动和休闲之间的分类，逐步形成自己特有的销售渠道，其经营及营销方式也在逐步转变。同运动服装产品一样，大中小型零售商场、专卖店、特许经营店、批发市场、集贸市场、服装邮购公司、网上商场都是户外运动服装销售的重要场所。

3. 从促销方式分析

促销的方式有买赠、打折、联合促销、主题促销、现场试穿、消费积分卡、返现、限时抢购、社区促销、特价促销等多种方式。这些促销活动都有自身的优势，也有自身的缺点。如何灵活运用这些促销方式，需要终端商根据当地的消费环境与风俗习性等诸多因素来定。另外，这些促销活动也不是能全盘照搬，终端商应根据消费特点才能制定出有效的促销方式。选择“促销打折”的占42.2%，从中看出“促销打折”在一定程度上可以激发消费者的购买欲望。

通过此次调查活动，从一定程度上看出户外服装市场的前景看好。随着居民收入水平的不断提高，健康的户外休闲方式也越来越得到城市居民的重视。同时，各大商场、服装企业也在努力地开拓本地的户外服装市场，相信石家庄的户外服装市场具有较大的发展空间。

（资料来源于2010年北京商报《中国户外休闲消费市场》）

本章讨论题

1. 户外运动营销调研的类型包含哪些？

2. 列举户外运动营销调研的方法。

3. 谈谈户外营销调研的步骤。

第七章

户外运动产品策略

【内容提要】 产品是营销组合中的第一个要素，也是占据中心地位的关键要素。消费者从享用各类户外运动产品与服务的过程中获得利益和满足，因此户外运动产品及其策略是户外运动经营者营销活动的关键，户外运动产品与服务的设计、研发与生产的理论依据则是产品生命周期理论。

【学习要求】 本章从户外运动产品的一般属性出发，分析了户外运动产品的特殊性，并就产品的分类、产品的生命周期、产品开发组合，以及户外运动产品的品牌和商标等问题做了系统论述。

第一节 户外运动产品及其生命周期

一、产品概述

现代市场营销学理论认为，产品的概念具有极其宽泛的外延和深刻的内涵。产品是指能够通过交换满足消费者某一需求和欲望的任何有形物品与无形服务的总称。

（一）产品的一般属性

产品的一般属性，由产品核心、产品形式与产品附加三部分组成（见图 7－1）。

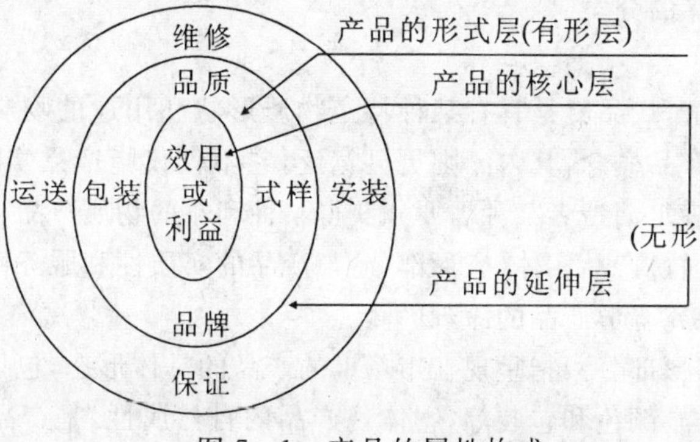

图 7－1 产品的属性构成

产品核心：是指向顾客提供的产品的基本效用或利益。核心产品也就是顾客真正要购买的利益，可以理解为产品的使用价值。即消费者真正购买的利益是什么？为什么购买？事实上，消费者购买的不是产品本身，而是满足需求。产品核心是消费者购买该产品的出发点和归宿。企业提供给顾客产品的效用是客观的，但顾客对产品效用的理解是主观的，不同的顾客对产品效用的理解是不同的。如对于同一件户外冲锋衣，有的消费者购买它，主要是因为其具有防风、防水、透气等性能；有的消费者购买它，是将它视为时尚的标志；还有的消费者是因为舒适而购买它。因此企业营销人员要从不同的角度提示商品的效用，吸引更多的消费者。

产品形式：指核心产品借以实现的形式，或某一目标市场需求的特定满足形式。具体包括产品核心的外部特征，如质量、特色、式样、品牌、包装等。消费者在购买商品时，除了考虑到核心部分以外，还要对形式部分进行选择。因此，设计或生产部门在注重满足消费者购买产品所追求的核心利益的基础上，还要力争体现产品外在形式的独特性，以进一步满足消费者的需求。比如冲锋衣的靓丽色彩与新颖款式等。

产品附加：购买产品时获得的全部附加利益与服务(信贷、保险、送货、安装、培训使用与售后服务等)。产品附加的概念来源于对市场需要的深入认识，购买者的目的是为了满足某种需要，因而他们希望得到与满足该项需要有关的一切。美国学者西奥多·莱维特曾经指出："新的竞争不是发生在各个公司的工厂生产什么产品，而是发生在其产品能够提供何种附加利益。例如产品的"三包"服务，保障消费者权益。奥索卡的品牌形象一直得到业内的广泛认可，其售后服务也堪称一流。奥索卡的冲锋衣是长期质保的，无论是一年或是五年，只要是正品，奥索卡都会终身免修。据统计，奥索卡公司曾一次性回收几万件冲锋衣，最长的距销售时间为九年，最短两三年，修复后制定 logo 或者搭配装饰作为奥索卡售后服务的标志。目前，这种以长远目光进行的销售方式、售后保障还没有得到普及。

(二)一般产品的分类

1.有形产品

按照惯常理解，产品就是具有某种特定物质形状和用途的物质实体。从市场营销观念上探究产品概念，其内涵则更显宽泛，它不仅仅指产品实体本身，还指能够通过市场交换满足消费者某种需要和获得某种利益的物质产品与非物质形态的产品。我们可以通过产品实体(有形部分)与产品的实质性和服务性(无形部分)两个概念，进一步探究有形产品的深刻内涵。

产品实体(有形部分)：指呈现在市场上的产品的具体形态，包括产品的实体及其品质、外观、式样、颜色和包装等，它体现产品的自然属性，是产品价值的物质载体。产品实体具有有形特征，即指产品能够被看见、被感知、被触摸。

产品的实质性和服务性(无形部分):指产品提供给消费者的基本效用、价值或利益,是人们主观价值的体现,包括各种无形的物质,比如产品形象、企业名誉和售后服务等。其中售后服务是生产者与消费者建立良好关系的关键环节之一,因为消费者尤其关心产品所贡献的效用或价值能否实现并得到可靠的保证。售后服务关系到企业的形象与声誉,并能进一步影响到企业的生存与发展,当今企业与商家均将其作为市场竞争的主要内容之一。

2. 无形产品

对比有形产品概念,无形产品指的是以非实物形态向消费者提供的各类服务(或劳务)或信息,具体有概念、思想、构思、战略和战术服务、培训等多种形式。无形产品与其生产过程、交换过程和消费过程同时发生,无法储存,由此构成了服务产品的如下特征:

(1)不可感知性——无法通过感觉器官感知;

(2)不可分割性——服务在生产的同时即被消费;

(3)易消失性——服务如果不消费,就会消失;

(4)服务质量的不确定性——消费者依据主观感受对服务产品的性能和质量作出评价,因消费者个体的差异性,形成了对统一服务的不同评价。

无形产品特征及其含义总结见表7-1。

表7-1 无形产品(服务)的特征及其相应含义

特 征	相应含义
无形性	(1)不可储存;不能申请专利; (2)不容易进行展示或沟通;难以定价
异质性	(1)服务的提供与顾客满意取决于员工行动; (2)服务质量取决于许多不可控因素; (3)无法确知提供的服务是否与计划相符
生产与消费的同步性	(1)顾客参与并影响交易;顾客间相互影响; (2)员工影响服务结果;分权是必要的; (3)难以进行大规模生产
易消失性	(1)服务的供应和需求难以同步进行; (2)服务不能退货或转售

二、户外运动产品及其分类

(一)户外运动产品

户外运动营销的产品,不仅具有普通商品的一般属性(实体部分),比如户外运动服装、户外运动鞋帽、器材装备、场地设施、营销食品等有形产品,还包括户外运动服务产品,即户外运动活动体验(锻炼)指导、活动策划、赛事组织等,我们称之为无形产品。由此,可确立对户外运动概念的全面完整的理解,即户外运动产品是指有目的的劳动创造,通过市场交换以满足消费者户外运动欲望与需求的有形实体和无形服务的总称。户外运动产品是被设计出来给户外运动观众、参与者或赞助商提供利益与价值的任何一种商品、服务或者二者的结合体。

(二)户外运动产品的分类

分类就是把一个概念的全部对象,按照一定的标准,划分为若干个小群体的一种揭露概念外延的逻辑方法。就户外运动产品的分类,可按多种参照系实行,如产品的外观式样、面料质地、使用季节、使用地域、消费者购买习惯等。

从市场营销观念出发,对户外运动产品的分类,应该旨在瞄准有助于市场细分、目标市场的选择与定位、营销策略组合的选择等营销实践工作的展开为目的。户外运动市场是户外运动产品实现交换满足消费者需求的载体,换言之,若没有户外运动产品则户外运动市场也没有存在的必要。根据市场营销工作的实际需要,对户外运动产品的分类越细致深化,便越能体现户外运动市场形成的完善与成熟程度。根据户外运动产品的外在形态,市场中存在户外运动有形产品与无形产品(表 7 - 2),十分有利于我们认识与理解户外运动产品的特殊性。

表 7 - 2　有形产品和无形产品的层次划分比较

种　类	产品或服务	产品核心	产品形式	产品附加
有形产品	冲锋衣	保暖、防风、防雨	质量、特色、式样、品牌、包装	售后服务
无形产品	野外生存体验活动	团队精神、亲密接触自然、社会适应	活动地点、活动内容、活动组织形式	活动精彩照片、视频等

1. 户外运动有形产品

它是产品呈现在市场上的具体形态,是满足消费者某种需求的特定形式,也是核心产品得以实现的形式。比如山地户外运动专业绳索、上升下降器材、安全保护器材、专业冲锋衣等(表 7 - 3)。它们一般通过质量水平、产品特色、产品款式以及产品包装和品牌等不同方面反映出来，这一点与一般产品具有相似的基本属性。

表 7－3　户外装备分类表

分类标准	类　别	装　备　种　类
适用范围	个人装备	背包、睡袋、防潮垫、冲锋衣裤、速干衣裤、保暖衣裤、鞋帽、登山杖等
	公共装备	帐篷、炉具、对讲机、登山绳、安全带、上升器、下降器等
用　途	基础装备	背包、睡袋、帐篷、户外衣物、指南针、灯具等
	专业装备	高山靴、冰爪、冰镐、冰锥、雪铲、安全带、攀岩鞋等

2. 户外运动无形产品

户外运动无形产品是指对一切有形资源通过物化和非物化转化形式使其具有价值和使用价值属性，用于满足消费者健身、娱乐和精神需要的、非物质的户外运动服务。户外运动无形产品大致可归纳为如下三类。

(1)观赏类：户外运动赛事。

(2)参与类：包括野外生存体验、攀岩、体验式拓展、组织文化拓展培训、自驾游、徒步旅行等活动。其中，野外生存体验与体验式拓展培训是目前我国户外运动发展的主要依托形式，而广大爱好者参与户外运动的主要载体是户外运动俱乐部。

(3)中介信息类：户外运动活动策划、户外运动赛事的组织与编排、户外运动线路的勘测与选定等。

案例分析

雷速——将“无形”品牌文化引入到“有形”产品中

为了能够更好地衔接雷速户外文化和产品策划，雷速将美国“66 号公路”驾车飞驰的自由感和速度感的美式机车文化，引入到户外休闲领域。

雷速(中国)有限公司副总经理马德峰介绍，雷速是一个对生活有理解、成熟而热情的户外休闲品牌，一方面展现户外运动的专业性，另一方面体现与众不同的时尚户外理念，它追求的就是一种轻松自由的户外生活方式。

马德峰表示，为了进一步挖掘 66 号公路文化应用到服饰上，雷速启用了“66 号公路灵感”：20 世纪 30 年代，美国 66 号公路横跨美国 8 个州，3900km 的天然地形成为美国向西移民的重要通道，体现着勇敢、开拓、进取的精神。在 66 号公路文化内涵基础上，雷速提炼了机车、公路地图、路标等文化元素，深入运用到产品开发中。

三、户外运动产品生命周期和组合

(一)户外运动产品的生命周期

产品的生命周期(Product Life Cycle,PLC),是指产品从投放市场到最终被市场淘汰为止的全过程。它包括投入期、成长期、成熟期和衰退期四个阶段。

产品生命周期与产品使用周期是两个不同的概念,前者是产品的市场寿命,即产品在市场上生存的时间,主要取决于市场因素,如消费者需求、消费者偏好、技术进步和产品开发、市场竞争等。而产品的使用周期是指产品从使用到报废所经历的时间,它主要取决于产品的自然属性、使用状况。

事实上,产品生命周期的不同阶段在实际工作中很难具体描述。但为了户外运动企业更好地开展营销活动,营销学研究者从理论上提出存在户外运动产品生命周期的假设。假设并研究户外运动产品生命周期,对企业开展营销活动有着极为重要的意义。

(1)户外运动产品生命周期理论告诉我们,任何户外运动产品都存在生命周期,最终都会被新产品或替代产品淘汰,因此企业必须不断开发新产品才能保持发展。

(2)不同生命周期阶段,其市场特征各异,因此应该采取不同的营销策略。

(3)可以帮助预测和控制户外运动企业发展趋势,判断企业现实经营状况。

营销学理论通常将产品的市场生命周期划分为投入期、成长期、成熟期和衰退期四个阶段(图 7-2),其参考依据是产品的销售量和净利润的变化。

(1)投入期:销售量和利润增长变化慢,利润为负数。

(2)成长期:销售额迅速增长,利润由负开始快速上升。

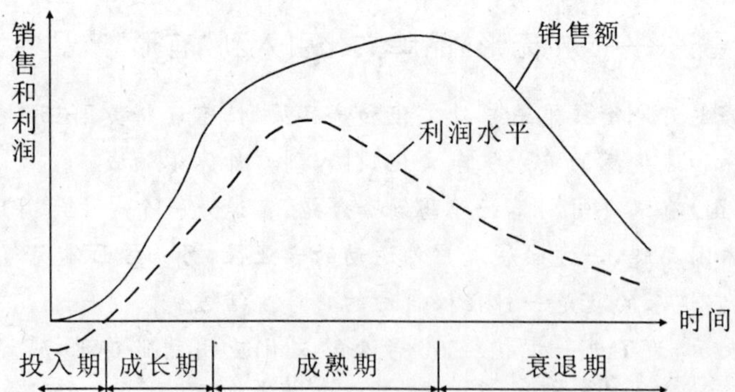

图 7-2 产品生命周期示意图

(3)成熟期:销售额增长放慢,利润增长处于停滞不前。

(4)衰退期:销售额逐渐下降,利润总额开始减少。

产品生命周期与产品定义的范围具有直接关系。如果把产品分为种类、型式和品牌三个层次,那么产品种类的生命周期最长,产品型式的生命周期次之,产品品牌的生命周期最短。

(二)户外运动产品的组合

户外运动产品线和户外运动产品组合两个概念,对户外运动营销战略的研究十分重要。户外运动产品线是由一组密切相关的产品所组成,一个户外运动组织销售给消费者的所有产品线的宽度称为产品组合。

产品组合是指经营各种不同类型的产品之间质的组合和量的比例。产品组合是产品生产服务和经营活动的有机组合,具有比较完整成熟的理论研究体系。通俗而言,产品组合就是避免经营活动的单一化,应该"吃着碗里的,夹着盘里的,盯着锅里的",不断推陈出新,促进产品更新换代,以适应市场变化,使企业立于不败之地。

产品组合从纵向来分,可以有不同系列产品,称为产品组合的深度。有些产品可能是现实收益的主要来源,有的要顾及远期效益;有些产品在生产中占主导地位,而有些产品在生产经营上则是必要的补充。这样做可以充分利用各种资源,增强竞争能力,确保经营安全,提高抵御市场风险的能力。

产品组合从横向分,每个系列又有许多品种,称为产品组合的广度。这样可以提高生产率和产品质量,降低成本,及时供货,满足市场需要。

国内户外运动品牌"凯图巅峰(K2 summit)"的产品线与产品组合,见图 7-3 所示。

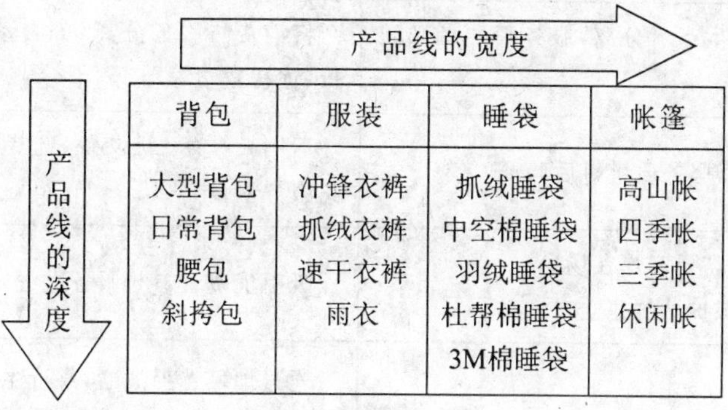

图 7-3 "凯图巅峰"的产品线与产品组合

四、户外运动服务的特征决定着特殊的营销手段

户外运动服务是一种无形产品，具有不可感知性、不可分离性、不可储存性、品质差异性等特征，与有形产品具有明显不同，其营销手段也应具有特殊性。作为户外运动经营者或促销人员，应该根据户外运动服务的各个鲜明特征，采取不同的营销方法或手段(表 7-4 至表 7-7)。

表 7-4　针对户外运动服务不可感知性的营销策略选择

消费者对不可感知性的特殊理解	营销者可采取的特殊手段
消费者很难形成准确的预期	简化服务；服务产品有形化
购买风险大于实物产品	设立标准；细化档次；降低购买失误风险
很难做到产品比较	把服务落实到感官上，使服务有形化
广告可信度更低	促进人际沟通，提供服务介绍和承诺
价格、设施、布局等传递信息	以价格树立形象，以设备技术赢得竞争
品牌忠诚度低	通过促销、宣传建立信任，赢得人心

表 7-5　针对户外运动服务不可分离性的营销策略选择

消费者的特殊感受	营销者的应对手段
服务无法与生产者分离，服务消费者必须亲自到场	将消费与服务分离(如自动售货、电子银行、远程教学等)
消费风险大，服务质量事后验证	运用高技术、新设备，选择高素质人员提高服务质量
有些服务不需要客户在场(如户外运动保护站的建立)	吸引消费者参与服务过程，进行质量监督
服务供需具有地域限制	通过地域选择战略，靠近主要消费群 通过营销宣传，扩大服务覆盖面，把服务生产过程分散化，形成规模效益

表 7-6　针对户外运动服务不可储存性的营销策略选择

消费者的特殊心理和行为	营销者可以考虑的方案
企业若不在生产时销售，就会失去服务收益，而消费者对此并不关心	预定系统，通过刺激手段调节需求流量，人员弹性
购买结束的同时，产品的概念已留在消费者记忆中	自助，只提供主要服务内容的介绍
在服务供不应求时，消费者才意识到服务没有库存的特点，被迫排队等候	补充或扩展服务，人员弹性，引导需求的时间结构

表 7-7　针对户外运动服务品质差异性的营销策略选择

消费者的服务质量观	服务管理者的应对措施
服务提供的只是一种虚无的活动	无形服务有形化
消费与服务同步进行，并同步检验质量	分解服务步骤，简化服务过程，提高质量预见性
服务质量检验具有主观性	通过使用高职业化的人员，提供个性化服务，变可变性为机遇
对服务生产的控制能力，取决于对服务性质的理解和经验的积累	对人员的筛选、培训和激励进行投资，并作为宣传题材
服务品质差异性加大了质量评价的风险	用机械代替人工
过程标准化和档次明细化，能降低质量风险	控制生产过程，制定一定的操作标准和服务档次

五、户外运动产品生命周期各阶段的营销策略

（一）投入期的营销策略

1. 投入期的市场特征

投入期是指新产品首次上市的最初销售时期。此阶段市场的主要特点是：①消费者对户外运动产品不太了解，购买行为不活跃，销售量较小；②产品的技术性能不够稳定，制造成本、广告宣传和其他促销成本较高；③分销网络还没有全面、有效地建立，销售渠道不畅，销售增长缓慢；④由于销售量小，成本高，产品通常处于亏损或微利状态；⑤同类产品生产者少，实力弱小，竞争不太激烈。

2.投入期的营销策略

投入期企业营销策略的重点是迅速进入并占领市场，使户外运动产品尽快地被消费者所接受，为进入成长期打下基础。主要策略有四种。

(1)高价高促销策略。此策略是一方面采用较高的商品定价，另一方面支付较高的广告宣传费用，使用户迅速对产品熟悉了解，快速打开销路，占领市场。例如，一些厂家的多功能健身联合机在市场初期就是选用此策略。

(2)高价低促销策略。此策略是以高价格、低促销费用来推出新的户外运动产品。通过两者结合，以求从市场上获取较高的利润。采用这种策略的市场环境必须是市场容量较小，竞争潜在威胁不大，不需要抢占市场，产品确属名优新特(名牌、优质、新颖、特殊)，需求者愿出高价等。例如，国内的一些高尔夫球俱乐部、各大星级宾馆的健身房、保龄球赛馆等。

(3)低价高促销策略。即以低价格、高促销费用来大力推出户外运动新产品。这种策略可使产品以最快的速度进入市场，使企业获得最大的市场占有率。这种策略的条件是市场容量相当大，需求价格弹性较大，消费者对此产品还不太熟悉，潜在竞争较激烈等。例如，我国一些足球、篮球等职业比赛即属此策略。

(4)低价低促销策略。即以低价格、低促销费用推出户外运动新产品。低价格可使市场易于接受新产品，低促销是为了尽可能降低成本，多取得利润。此策略的市场条件是市场容量大，消费者对价格敏感，消费者对产品已较熟悉，有很多潜在竞争者等。

(二)成长期的营销策略

1.成长期的市场特征

此阶段的产品基本定型且大批量生产，成本下降。此阶段特点主要有：①产品基本定型、性能趋于稳定；②大部分消费者对产品已经熟悉，产品分销渠道已经建立，产品销售量迅速增加；③随着销售量的上升，单位产品的生产成本和促销费用下降，利润增长较快；④竞争者相继加入，市场竞争加剧。

2.成长期的营销策略

企业要抓住市场机会，迅速占领市场，根据各自的竞争能力一般可采取五种具体策略。

(1)提高户外运动产品质量。从户外运动产品质量、性能、技术、品种、形式等方面努力加以改进，以提高户外运动产品的市场声誉，力创名牌产品。

(2)开拓新市场。随着户外运动产品销售量的增加和竞争激烈化，企业应进一步进行市场细分，选择新的目标市场，发展新用户，扩大销售量。

(3)树立户外运动产品或企业产品形象。广告策略由提高户外运动产品知名度逐渐转向树立企业产品形象，大力宣传户外运动产品特色，使消费者对企业产生信任感。

(4)增强销售渠道功效。增设中间代理机构,随时关注新的流通渠道以获得更多的产品推销机会,同时做好售后服务工作。

(5)选择适当时机,降低户外运动产品价格,既可吸引更多的消费者,又可打击竞争者。

(三)成熟期的营销策略

1. 成熟期的市场特征

此阶段的市场特征主要是:①销售量逐步达到高峰,然后缓慢下降;②产品成本逐步降到最低点,但销售费用不断增加;③生产同类产品的企业很多,竞争十分激烈。

2. 成熟期的营销策略

此阶段的市场竞争较为激烈,销售量虽有增长,但已接近或达到饱和状态,这时的经营情况较复杂。一般来说,对于实力不太雄厚或产品优势不大的企业,可选择防守策略,即通过实行优惠价格,提高服务水平,尽量保持和巩固现有市场。对于无力竞争的产品,可选择撤退型策略,即提前淘汰这种产品,积极地开发新产品,开创新的市场。对于实力雄厚、产品仍有相当竞争力的企业,应选择进攻型策略。

对处于成熟期的产品,企业应尽量采取主动出击的策略,尽量延长成熟期。为此,主要有以下三种策略可选择。

(1)市场改良。即通过发现产品的新用途和寻求新的用户,以扩大产品销售。改良的方式有以下几种:一是挖掘产品的新用途和将产品打入新的细分市场。比如美国杜邦公司的尼龙产品,最初只用于军用市场(降落伞、绳索),二战后转入民用市场,开始生产尼龙衣料、蚊帐等日用消费品,使尼龙系列产品进入多循环周期,延长了产品的成熟期。早年的Columbia(哥伦比亚)是以生产雨衣、雨帽起家,时至今日经过不断创新,各类户外运动服装及研究高科技布料已经发展成为全球最大的户外服装品牌,其卓越的产品品质超越考验,得到世界人们的认同。二是刺激现有消费者增加使用率。比如果珍厂家通过"冬天喝果珍别有一番滋味"的广告宣传,改变消费者原先以为果真只有夏季才饮用的旧观念,从而增加购买量。三是重新为产品定位,寻求新的顾客。

(2)产品改良。改进品质和增加产品功能;增加产品特点,扩大产品的安全性、方便性等;改进产品的式样、外观、包装等。

(3)市场营销组合改良。指通过改进营销组合的一个或几个因素来刺激销售,延长产品的市场成长期和成熟期。常用的办法包括降价、提高促销水平、改进销售渠道、提高服务质量等。例如,在提高产品质量、改变产品性能、增加产品花色品种的同时,通过特价、早期购买折扣、补贴运费、延期付款等方法降价让利;扩展分销渠道，广设分销点，调整广告媒体组合，变化广告时间和频率，大搞公共关系等“多管”齐下，进行市场渗透，扩大企业及产品的影响，争取更多的客户。

(四)衰退期的营销策略

1. 衰退期的市场特征

此阶段的市场特征主要是：①产品销售量由缓慢下降变为迅速下降；②价格降到最低水平；③企业无利可图退出市场；④留在市场上的企业减少产品附带服务，削减促销预算。

2. 衰退期的营销策略

(1)收缩策略。即缩短战线，把资源集中使用在最有利的细分市场上，尽可能多地获取利润。这样可能导致产品在市场上的衰退加速，但仍能从忠实于这种产品的顾客中得到利润。

(2)持续策略。在衰退期，那些生产成本较低的企业可继续保持原有的细分市场，沿用过去的营销策略，将销售量维持在一定水平，待到时机合适，再退出市场。

(3)开发新产品，淘汰老产品，实现产品的更新换代。

案例分析

凯图巅峰的产品生命周期分析

考虑到目前中国户外用品市场增长较快，以 2004 年的 37.3%的增长率为参考，结合到凯图巅峰公司产品系列的销售增长率，大致可以判断如下。见下图。

(1)产品系列 A、B、C、D、E、F、H、I、O、P 的增长速度均高于 20%，因此，这些产品系列具有某些成长期的特征。

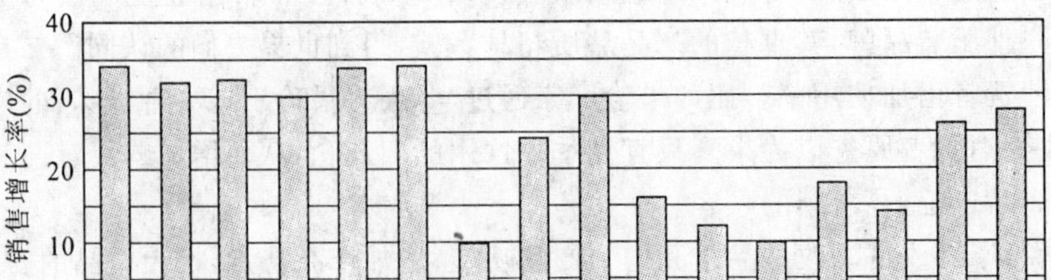

凯图巅峰公司 2005 年各产品系列销售增长率图

A 到 P 对应于各产品系列

(2)产品系列G、J、K、L、M、N的增速低于或接近于15%，与整个市场37.3%的增长幅度相比明显偏低，要么是处于投入期或成长早期，要么处于成熟后期或衰退期。

对于一个企业，产品组合需要兼顾不同的生命周期。也就是说，既要有一部分产品处于开发期，也要有一部分产品处于投入期，同时，应当有相当规模的产品处于成长期和成熟期，并尽量减少衰退期的产品。

对于凯图巅峰公司的产品而言，62.5%的产品系列的增长速度都高于20%，另外37.5%的产品系列增速也接近或高于10%，没有负增长的产品系列。从整个市场37.3%的整体增长而言，其实部分产品是在萎缩，形同于衰落。

第二节　户外运动新产品开发

一、户外运动新产品的种类

户外运动市场营销学中新产品的概念有着极为深刻的含义，企业所生产或经营的产品在用途、性能、结构、材料等任何部分发生了创新、改进或提高，都属于新产品。开发新产品是一项危险性极大的工作，在不少国有大中型企业流传着这样一句话："不搞开发等死，搞了开发找死"。因此，企业在开发新产品时，必须率先进行严格的预测和周密的计划。具体来说，户外运动新产品可以分为以下四类。

(1)全新产品。主要指采用新的科学原理、新技术和新材料制成的户外运动产品。由于户外运动新产品包含的科技含量越来越高，投资多、耗时长、风险大，一般的企业难以开发。

(2)换代产品。指采用新材料、新元件或新技术，革新了原有产品的工作原理或性能，使产品性能有显著的提高，又成为部分新产品。比如健身跑步机已发展成为电脑跑步机。

(3)改进新产品。指对户外运动老产品的结构、材料、品种、颜色等方面作出改进的产品。它主要包括质量的提高、用途的增加、式样的更新、材料的易取和更便宜等。

(4)仿制新产品。指企业仿制市场上已有的新产品。由于受专利权等知识产权的限制，在仿制时需要作出一定修改。比如第四届中国户外运动用品博览会上，李宁和康威户外运动用品公司为避免其他企业仿制自己的新产品，两者均采取了封闭式布展、有限制进行参观的方法推出新产品，表现了对知识产权自我保护的成熟思想。

产品生命周期理论告诉我们，开发新产品就是开发顾客，它对于开拓新市场，扩大销售量，提高企业声誉，增强竞争力具有重要作用。为此加强户外运动新产品的开发工作，是户外运动企业产品销售长盛不衰的基本保证。

二、户外运动新产品开发的要求和途径

(1)有市场。有无市场是企业新产品开发决策的关键。企业开发新产品的目的就是为了开拓新的市场。我国一些体育运动项目走俱乐部职业化的道路，很重要的一点就是看该项目的市场基础和市场前景。比如男子足球、篮球、乒乓球等群众基础好、市场前景大的项目能率先进入市场并发展良好。因此，开发户外运动新产品，也必须密切结合市场要求。

(2)有特色。在同类户外运动产品中，创出自己的产品特色，激发消费者的购买欲望。如户外服装防风防雨、防水透气、轻便易携带等功能和特点，吸引了大批户外运动爱好者以外的消费者。另外，消费者看中的是户外运动在大自然环境中开展这一特点，而这正是户外运动与传统体育项目的不同之处。

(3)有实力。确认某种新产品具有市场潜力后，就要认真分析企业开发实力，包括技术力量、生产条件、资金和原材料供应等。如果是运动项目，则要考虑运动员的培养和购买途径、运动员的市场发展潜力等。总之，要避免因能力不足勉强上马，到中途被迫下马从而造成损失。

(4)有效益。户外运动组织(户外运动产品企业、户外运动俱乐部)要开发一个新产品时，必须要同时考虑社会效益和经济效益。以职业户外运动俱乐部为例。以户外运动竞赛、表演为职业的运动员称为职业运动员；以为消费者提供户外运动比赛、表演服务和户外运动装备、器材等产品为手段，以获得利润的组织，称之为职业户外运动俱乐部。获得利润是经济效益的体现，而为消费者提供各种服务和产品，满足消费者需求，丰富人民群众物质文化生活，则体现了职业户外运动俱乐部的社会效益。

企业常见开发新产品的途径主要有两种：

一是独立研究开发。依靠企业自身的科研技术力量研究开发新的具有特色的产品，取得技术的领先地位，从而在市场上占绝对优势。如有实力的户外运动企业独立设有研发部。如上海某户外运动服装研发生产基地在宣传广告中这样描述：我公司是一家集研发生产和销售于一体的大型服装公司……。浙江省温州市户外运动服装服饰有限公司这样介绍自己：本公司的服饰从开发、设计、生产及销售，实行一条龙服务运作，产品种类繁多……。

二是协作研究开发。通过企业与企业、企业与科研机构、企业与高等院校(户外运动专业)之间的协作来发展户外运动新产品。如户外运动院校与户外运动俱乐部合作培养户外运动专业人才，开发户外运动饮料、户外运动康复保健药品。

案例分析

1. 莫耐(molife)是集研发、生产、销售为一体的户外旅行专家。2006 年 1 月，FDI 户外集团在中国厦门创建莫耐品牌，并成立独立的销售公司——厦门莫耐旅游用品有限公司，截至 2010 年 6 月莫耐在全国已拥有销售渠道超过1 600家，其中包括专卖渠道以及商超渠道，在中国所有省份均能随地看到莫耐的销售网点。

2. Vibram 与 SELLE ITALIA 合作开发自行车运动相关产品。目前，Vibram 正与 SELLE ITALIA 合作开发自行车用鞋底，以及山地车/freeride 自行车的车座，并联手 Gaerne、LAKE、Northwave 和 Timberland 开发自行车用鞋。已经上市的有两款：Yutaak Genuine Gel 和 Yutaak Gel Flow，特点就是在车座前端下面装有 Vibram 橡胶，方便肩扛自行车时手握。SELLE ITALIA 车座通过北美的 14 个分销商卖给 5 000 多家独立自行车零售商。

三、开发户外运动新产品的程序

1. 构思

构思是对任何新产品开发的起点，是对未来新产品的基本轮廓架构的设想。企业寻求新产品构思必须有一套系统的规定，明确新产品发展的行业范围、目标市场、产品定位、资源分配、投资收益率等。构思的来源主要有企业内部和外部两种。在企业内部，科技人员和市场营销主管人员是主要来源；在企业外部，消费者、竞争对手、科研机构、高等院校和国外企业的经验都是企业获得构思的主要来源。

2. 筛选

构思完成后，企业必须根据自身的资源、技术和管理水平进行筛选，选出好的构思进一步开发，剔除不好的构思。没有一套完全适用于所有企业的构思，各户外运动企业都要根据自身的具体情况去确定筛选构思。

3. 形成产品概念

经过筛选后的新产品构思，要进一步形成较完整的产品概念，包括产品概念发展和产品概念测试两步。将构思转换成户外运动产品概念，并从功能和目的意义上界定未来户外运动产品，然后进行测试。通过测试，了解消费者对该产品的看法和反应，并与竞争对手的产品进行对比，了解该产品在消费者心目中的位置。

4. 商业分析

详细分析该户外运动产品开发方案在商业领域的可行性，具体包括推广该产品的人手和额外的物质资源、市场销售状况预测、成本和利润率、消费者的看法和竞争对手的可能反应等。

5. 产品开发

经商业分析，如有商业价值，就可进入具体的户外运动产品的实际开发阶段。这表明企业要对此项目进行投资，招聘和培训新的人员，购买各种设施，建立沟通系统。

6. 市场试销

新产品研制出来后，投放市场进行试销。如果消费者对实际产品和预期产品的认识存在偏差，则要纠正产品定位，否则会遭到淘汰。这主要是针对户外运动有形产品而言的。

7. 正式上市

试销成功的户外运动新产品即可批量投产上市。正式上市前，企业应制定四项基本决策。

(1)推出的时机。如果新产品是代替老产品的，就应尽快将老产品卖掉，然后再将新的户外运动产品推出，以免影响户外运动老产品的销售，给企业造成损失；如果新产品的市场需求有一定的季节性，选择旺季推出。

(2)推出的地点。应当在市场购买力高、有潜力，企业在该地区声誉好、投放成本较低、容易进入市场的地区投放，以便尽快进入市场，站稳脚跟，然后逐渐扩展到其他地区。

(3)新产品的目标消费者。即向谁推出新产品。对于新上市的消费品来讲，最优秀的顾客群一般具有以下特征：①他们是早期的采用者；②他们是大量使用者；③他们在社会上的影响力较大，并能为该产品做正面宣传。当然，完全具备这几种特征的顾客为数很少，因此企业应根据这些标准对不同的顾客群进行打分，从而找出最优的顾客群。

(4)新产品的营销策略。企业管理部门要制定开始将新产品投放市场的营销策略，首先要对各种市场营销活动分配预算，然后规定各种活动的先后顺序，从而有计划地开展市场营销。

案例分析

开启"轻户外"时代

——哥仑步户外服饰品牌战略案例

项目背景

从2008年到2010年，户外服饰行业以50%以上的年增长率迅猛增长。户外服饰由仅少数专业户外运动员、驴友穿着，迅速向都市白领普及。2003年由福建起家的哥仑步户外品牌，也获得了连续翻番的成长。2009年把营销总部迁至上海。2010年携手梅高，开始从产品供应商角色向品牌零售商角色转型。

项目内容

◇企业战略构想与商业模式设计

◇品牌定位、品牌核心价值提炼和品牌规划

◇品牌视觉识别(VI)系统的优化提升

◇终端形象系统规划及生动化设计

◇年度品牌传播推广策略规划及创意表现

◇产品结构梳理及产品创新开发策略规划

◇明星产品上市传播推广策略规划及创意表现

战略洞察

户外服饰品牌过去集中于专业市场，如始祖鸟、The North Face等，其主要购买人群为户外运动发烧友，专业品质要求高，市场容量小，且研发的投入大。近年来，特别是80后进入30岁年纪之后，原来穿耐克、阿迪达斯的人群不满足于传统运动的形式及相适应的服装，户外运动逐渐形成热潮，户外服饰应势增长。这一过程，使户外服饰加速进入了普及期，即由原来的专业市场扩展到了大众市场(这一轨迹在体育服饰中也可以看到)。原属专业市场的哥伦比亚率先提出了“大户外”(或称“泛户外”)的概念，意图捕捉日益增长的大众市场需求。

从户外运动到户外休闲，从小众市场到大众市场，这一市场转变是户外服饰行业的大趋势。在转变过程中，原先户外运动的西方概念和价值观必然会顺应中国市场的运动和休闲方式、价值观进行调整和融合，才可能真正为中国消费者所接受。

市场洞察

无论是专业户外，还是休闲户外，“大户外”、“小户外”，其市场的划分方式都是基于经营者的立场，关注的是“数量”，缺乏从消费者体验角度的定位。中国户外文化洞察：中国文化是“顺应自然”而非西方的“征服自然”；中国人亲近自然的方式是“寻乐”而非“探险”。户外产品的需求：由于中国消费者参与户外运动更多是“寻乐”而非“探险”，同时户外服装普遍在各种休闲活动中穿着，对服装的功能安全性要求降低，时尚性要求偏高，如“轻量化”趋势；哥仑步品牌价值体系的构建，一方面

二、户外品牌及其功能

(一)户外品牌的概念

户外运动品牌是户外运动组织用来帮助人们从竞争中区分出其产品的一种名称、设计、符号或其任意组合体。

品牌是企业为自己产品和服务规定的商业名称和标志,可用来与竞争者的产品相区别,并方便消费者辨认。

品牌由品牌名称和品牌标记两部分构成(图 7－5)。

图 7－5　几种户外运动品牌

目前国内户外装备品牌主要由以下三部分组成:

(1)进入中国市场的国外知名品牌:如德国的 Big Pack(派格)、美国的 The North Face(TNF 北面)、法国的 LaFuma(乐飞叶)等。

(2)国内正规品牌:如 Acme(阿珂姆)、奥索卡、探路者、生活无限、路客、阿尼玛卿(三夫所有品牌)等。

(3)国内仿造产品。

(二)户外品牌的要素

1. 户外品牌名称

户外运动品牌名称是指户外品牌中可以用语言称呼的部分(表 7－8)。如“卡鲁雄”、“凯乐石”、“奥索卡”、“探路者”、“红火柴”等都是品牌名称。户外运动经营者使用下列原则来确定品牌名称。

(1)名称应当是积极的、与众不同的；

(2)名称应该解释成一个能产生不凡效果的，以态度为导向的标识；

(3)名称应暗示户外运动产品带来的好处；

(4)名称应与产品线组织和城市等其他形象一致；

(5)名称应是法律和种族所允许的。

表 7-8　部分户外运动产品与服务品牌的寓意

产品类型	品牌名称	品　牌　寓　意
有形产品	OZARK	美国山峰名称，这座山脉至今仍拥有大自然的原始和完全未被污染的环境
	探路者	与户外运动爱好者“探险”身份保持一致；勇于持续创新，追求卓越品质
	The North Face	在北半球，山峰的北坡是最冷、冰雪覆盖最深、最难以攀爬的一侧，暗指真正的登山爱好者，永远无所畏惧，迎难而上
	KAILAS	中国山峰名，海拔 6 655.92m，是延绵千里的 Kang-ti-ssu 山脉的主峰，是一座精神和信仰之山，是多种宗教教义里的世界中心，也是亚洲四条大河的发源地。它的未知与神秘对徒步者充满着吸引力
无形服务	中国龙	团结凝聚的精神；造福人类的精神；奋发开拓的精神
	凌　鹰	壮志凌云，鹰击长空，一种挑战、拼搏精神

2. 户外品牌标志

品牌标志是指品牌中可以被认出、易于记忆但不能用言语称谓的部分，包括符号、图案或明显的色彩或字体，又称“品标”。

品牌标志与品牌名称都是构成完整的品牌概念的要素。品牌标志自身能够创造品牌认知、品牌联想和消费者的品牌偏好，进而影响品牌体现的质量与顾客的品牌忠诚度。

3. 商标

(1)商标的含义及其由来。商标是产品名称、图案记号,或二者相结合的一种设计,经向有关部门登记注册后,即为企业产品专有的标志。现代商标是欧洲工业革命以后出现的。

(2)商标的功能。

◇识别产品出处,区分同类产品。

◇有利于宣传,促进销售。一看到商标,就联想到该产品的生产者、信誉、质量和特色等。

◇保证和监督产品质量。注册品牌时需要保送质量标准,作为监督执法的依据。

◇维护企业和产品的合法权益。品牌注册后,企业既有保证产品质量的义务,也享有法律保护的权利(独占权)。

(三)品牌建立过程

品牌建立过程包括品牌知名度、品牌形象、品牌权益和品牌忠诚度。

1. 品牌知名度(brand awareness)

品牌知名度是指潜在购买者认识到或记起某一品牌是某类产品的能力,使在期望的目标市场中的消费者认识和记住品牌的名称。它涉及产品类别与品牌的联系。

品牌知名度可分为三个明显不同的层次。

(1)最低层次是品牌识别。

(2)第二层次是品牌回想。

(3)第三层次是提高知名度,这是一个特殊的状态,是品牌知名度的最高层次。

2. 品牌形象(brand image)

品牌形象被描述为消费者对品牌的信赖,反过来也塑造着消费者的态度。

户外运动经营者试图通过许多“形象驱动程序”或影响品牌形象的因素,来管理人们对一个特别品牌的信任。形象驱动程序包括产品属性、产品性能或质量、价格、品牌名称、消费者服务、包装、广告、促销和分销渠道。比如雪狼公司通过调整策略赢得了更大的品牌声誉。汶川地震发生后,帐篷和冲锋衣的需求量大增,但是雪狼公司没有采取任何涨价措施,受到了业内人士的广泛赞誉。公司还为灾区捐赠近300万元的救灾物资,使得品牌声誉大幅度提升。

3. 品牌权益(brand equity)

品牌权益是在市场环境下品牌贡献给产品的价值。简单地说,是指只有品牌才能产生的市场效益——产品在有品牌时与无品牌时的市场效益之差。

品牌资产具有四个特点。①品牌资产是无形的;②品牌资产以品牌名字为核心;③品牌资产会影响消费者的行为,包括购买行为以及对营销活动的反应;④最后,品牌资产依附于消费者,而非依附于产品。

4. 品牌忠诚度(brand loyalty)

品牌忠诚度是在一个产品类型中一个品牌超过所有其他品牌的连续优先选择或反复购买。心理学家 Robert Passikoff 研究证实四种因素的互动创造球迷忠诚度:一是运动的娱乐价值;二是真实性;三是球迷结合;四是运动队的历史和传统。

案例分析

案例分析 1　奥地利户外品牌 NORTHLAND 成功的原因(忠诚度)

奥地利户外品牌 NORTHLAND 品牌于 1973 年在奥地利施泰尔省诞生,2003 年与南京边城体育用品股份有限公司合作,进入中国。到 2011 年秋冬,NORTHLAND 品牌在中国的零售终端已超过 300 家,成为跻身于行业前五的知名户外品牌。这一优秀的市场成绩,既源于 NORTHLAND 对于中国消费者喜好与需求的准确把握,也立足于 NORTHLAND 严格的产品质量管控上。重视产品品质,是 NORTHLAND 在包括中国在内的 38 个国家取得成功的最重要原因。

品,意味着品味,意味着 NORTHLAND 能够洞察市场,生产出最符合当地消费者品味的产品。进入中国市场后,NORTHLAND 中奥双方运营团队便相继在北京、南京、深圳、香港等地建立了研发中心,针对中国人的特点研发适合本土消费者的产品款式,"蝉翼"超轻户外休闲外套、超轻羽绒服等产品概念推出后都十分畅销,引领行业风潮。

而对质量的追求,是 NORTHLAND 始终如一的坚持。为保障消费者能够在户外运动这一专业性极强的活动中得到充分保护,享受到舒适自在的户外体验。NORTHLAND 建立了严格的"三步走"品质检验体系:①面料在公司内部实验室进行物理性能测试;②所有面料送国际权威测试机构 SGS 做相关检验;③成衣上市之前,送往南京市产品质量监督检验院进行检测,以保证产品符合消费者的健康安全利益。

以品质创口碑是 NORTHLAND 不断发展的力量源泉,2010 年 NORTHLAND 在全国 10 个主要城市进行的消费者调研显示,NORTHALND 的消费者品牌忠诚度远高于行业水平,领先于其他品牌。接受访谈的消费者均表示,精良的品质是他们选择 NORTHLAND 的最重要因素。正是在对产品品质始终如一的严格把控中,NORTHLAND 实现了在中国市场的腾飞。

案例分析 2　探路者"哑铃"式的品牌经营模式，奠定户外领域龙头地位

在短短 12 年的时间内，探路者通过"哑铃"式的轻资产模式及错位竞争策略，击败哥伦比亚(Columbia)、乐斯菲斯(The North Face)，迅速成长为国内户外用品第一品牌。通过研究探路者的成长模式，我们意在指出，在行业(运动领域)已然形成对峙格局的背景下，通过挖掘细分市场(户外领域)，充分调动自身的优势，实施蓝海战略，竞争成本或许会大幅降低，发展前景将更为乐观。

绕开主战场

"十年之前，大家只知道耐克、阿迪达斯、李宁等运动品牌，而现在，哥伦比亚、探路者等户外品牌也渐入公众视野。"一位业内人士这样描述道。

探路者成立于 1999 年，当时国内运动品牌林立，耐克、阿迪达斯等外资品牌几乎垄断了国内一线市场，李宁、安踏等内资品牌也初具规模，在二三线市场所占比例不断提高。在这样的背景下，探路者选择的方向是户外用品领域，该领域实际上是运动产业的分支，是更为细分的领域。

资料显示，探路者成立初期，美国户外用品市场已达到数百亿美元，并形成了完整的产业链，该产业链的上下游联动产生了数千亿美元的产值；而欧洲也有近 50 亿欧元的市场。受限于消费认知及收入水平，当时国内的户外领域几乎是空白，虽然 1995 年北京已经成立户外店，但是品牌力度较弱，远未达到规模化、产业化的程度。面对这样一块机遇和风险并存的潜在市场，探路者选择了进入。以探路者为代表的拓荒者在该领域稳扎稳打，将存量市场从 2000 年的几亿元扩充至去年的 71.3 亿元，年均增速近 50%；并且中国纺织品商业协会户外用品分会(COCA)预计，未来有望继续保持高增长态势。

与之相匹配的则是稳健的业绩。数据显示，探路者 2008—2010 年的销售毛利率分别为 45.17%、47.89%、49.04%；净利润分别为 2 547 万元、4 403 万元、5 390 万元。而对于未来的计划，有着阿迪达斯、安踏等公司从业经历的新任总裁彭昕表示：力争使探路者未来业绩年复合增长率不低于 50%，而这个比例略高于行业平均增速。

目前，与探路者形成直接碰撞的主要是 Columbia、The North Face 等，这些对手的经营时间长达半个世纪，在全球范围内铺设了强大的渠道资源。不过，国内的户外行业毕竟是新兴产业，市场空间广阔，在战略上具备前瞻性的企业往往能够赢得先机，探路者正是抓住了这样一个机遇。

从另一个角度而言，如果探路者成立初期便大举涉足运动行业，那么所面对的则是寡头林立、竞争残酷的市场。据悉，2002—2007 年是国内运动品牌的黄金发展期，经过这段时间的洗牌和整合，当前已然形成"诸侯割据"的局面。内资品牌有

李宁、安踏、匹克、特步、361 度等巨头，外资品牌有阿迪达斯、耐克、匡威、锐步、乔丹等，这些品牌基本占领了国内市场。探路者避开运动领域，实际上是避开了大规模的兼并战，绕开运动领域的主战场，选择户外行业是一次成功的尝试。

哑铃式的轻资产模式

户外领域比较年轻，探路者业务拓展受到的阻力相对较小，但是不能忽视Columbia等国际性龙头的冲击。当年李宁、安踏等在扩张的时候深受耐克、阿迪达斯等品牌的冲击，后起之秀的 361 度更是如此，探路者同样面临类似的问题。该问题只是表象，深层次的问题则是，在与外资品牌抢占市场的时候，内资企业应该采取何种策略？国金证券的张斌指出，国内外品牌的差异主要在于国内品牌前期过于注重渠道建设，对产品重视不够，最终导致经营模式雷同、产品同质化严重，李宁就是典型的案例。瑞士信贷认为中资运动品牌陷入了品牌危机。

户外行业能否绕开这样的经营模式呢？业内人士表示，与外资品牌抢市场并不容易，时间拖得越久，进入该领域的企业将越多，目前活跃品牌不下于500 家，虽然竞争的激烈程度弱于运动领域，但未来迟早会呈现白热化。为此，探路者采取的是“哑铃”式的经营模式，该模式的突出之处在于对品牌的强调。

所谓“哑铃”，是指探路者在附加值较高的业务链上游及下游投入较大，而在中游（生产）进行外包。具体而言，探路者较为重视产品的设计、研发及渠道的铺设，产品的设计、研发即是铸就品牌的最原始体现。资料显示，探路者 2008—2010 年的研发投入分别为 634 万元、892 万元、1 448 万元，在各年的营业收入中所占比例为 3%左右，研发成果所获专利近 10 项。

另外，探路者力倡“泛户外”概念，成立了企划中心，力求在整体上对品牌形象进行掌控。招商证券的王薇指出，在户外领域，“企业抢夺市场最主要利器之一是拥有突出的品牌形象及精准的品牌定位”，探路者初步实现了从设计、宣传到销售整个流程的通路，塑造了“探路者”专业、品味和时尚的高层次品牌形象。截至目前，探路者的品牌影响力位居国内市场首位。

基于“哑铃”式的经营模式，探路者致力于塑造品牌形象，而在配套策略方面，探路者的“轻资产”模式值得一提。此处的“轻资产”有别于天虹商场以物业租赁为主的“轻资产”，是指探路者在产品生产领域完全外包，在原材料采购及产成品物流环节部分外包，由此节省了大量的厂房、设备投入及人工成本，整体运营较为轻巧。另外，探路者在网点建设方面综合运用“直营”和“加盟”的经营方式，结合自身的实际特点，以加盟店为主，目前探路者的加盟店比重超过八成。业内人士认为，在行业尚不成熟的时候，加盟店“性价比”（营业收入/综合成本）更高，也更易快速地占领市场。

错位竞争避免"硬碰硬"

竞争始终是企业绕不开的坎，探路者"哑铃"式的经营模式可以优化资源配置，重点投入品牌建设方面，但是，Columbia、The North Face 等资深品牌毕竟积淀深厚，其市场地位难以轻易撼动。

Columbia、The North Face 等在中国各拥有约 300 家店铺，且多数植根于京、沪等一线城市和发达地区的主要商区，凭借多年积累的技术及资本优势，Columbia等品牌的影响力不容小觑。据悉，Columbia 等品牌用户体验较好，品质较为高端，细分产品的价格也高出一大截。这样的行业格局在运动领域同样出现过，李宁、安踏在一线市场遭到了耐克、阿迪达斯的强烈"抵制"，为求生路，李宁等采取"农村包围城市"的策略，以二线城市为主战场，并迅速向三四线城市迁进，最终形成一线市场包围圈，并逐步推进。事实证明，这种策略基本符合当时的竞争现状。

探路者能否沿袭这一策略呢？与李宁不同的是，探路者的用户消费能力略强，即探路者在产品定价方面相对较高，与地区收入水平密切相关。为了避免与Columbia的直接抗衡，而贸然将业务重心放在二三线城市，并不符合户外行业的现状，一线市场和国内核心商区依然是探路者的主战场。

这样的尴尬是难以避免的，探路者遂采取错位竞争的方式应对。在一线市场，探路者充分利用 Columbia 店铺较少且开店速度较慢的特点，积极整合资源，大力拓展各种渠道业态。目前直营店、加盟店大部分设在商场之类地区，专卖店比例较低，但该比例正在提高；此外，引入商超系统亦在考虑之列，而电子商务业务也是发展方向。通过一系列措施，探路者在一线市场可与 Columbia 直接对抗。

在占领一线市场的同时，探路者适度借鉴"农村包围城市"的模式，业务区域在二三线城市逐步展开，在该区域，探路者面临的竞争较小，而通过二级分销商的培育及市场的推广，探路者已经取得了部分成效。对于二三线城市，探路者的基本构想是"在继续提升二级市场覆盖率的基础上，合理规划新开店增长和单店店效提升的贡献度"。

扩展阅读

扩展阅读 1　探路者户外用品公司的技术与研发

公司长期重视产品的研发与创新，研发基础实力雄厚。2008 年两季，公司研发设计团队共设计推出 482 款新款产品，包括服装、鞋、装备等，实际上市的产品达 259 款，其中三项产品更是荣获国内最具权威性的工业设计大奖"红星奖"。2009

年，探路者以城市系列、旷野系列、探索系列的概念推出不同设计风格的产品，细分了消费者目标群体市场，以吸引不同需求的户外用品购买者。在关注款式设计的同时，公司亦在产品功能的设计、特殊材料的联合开发和使用上投入资源。目前公司拥有的双桥支撑保护保健鞋垫、鞋头保护结构、一种防水透气装置及装有此装置的防水透气鞋底等三项实用新型专利技术。此外，公司还拥有七层复合底台减震系统、QUICK TREK 快速调节背负系统、AIR VENTILATION SYSTEM 空气接触背负系统等核心技术。

同时公司拥有良好的对外研发技术合作基础，在长期的发展过程中，探路者公司研发中心已与多家知名公司(高校)建立了良好的研发合作关系，并与北京服装学院签订了《产学研合作协议》，拥有良好的研发技术合作、人才交流产学研结合的基础，以及知识产权专利和工艺技术基础条件。

公司一直重视对自主知识产权的保护，在公司成立之初就注册了"探路者"、"TOREAD"、及"视野"图像商标，现已在户外服装、鞋品、装备等类别全部项目注册了公司自主知识产权商标，公司拥有该商标及其相关 LOGO 等使用的一切权利。同时，公司拥有 10 项知识产权专利和大量拟报专利的科技成果。部分研发科技成果已转化形成防水透气鞋、冲锋衣等高科技产品，取得了良好的经济收益。公司自主研发设计的"帝力可加热冲锋衣"、"马里可加热冲锋裤"、"尼尔徒步鞋"、"明斯克 40 升背包"等四项参赛产品荣获 2009 年中国创新设计红星奖，2008 年度公司自主研发设计的三项产品也曾获得此项殊荣。

研发技术中心研发与创新方向。

(1)创新材料的研发：防水、防风、透气、抗菌、延展性、环保是户外面料的重要因素，重点包括 PU Foam 材料(透气、抗菌)、绿色环保材料、纳米新材料(自清洁)、夜光材料(防护)、Toread 防水透气新材料、传统面料创新开发，部分成果已取得初步成效。

(2)产品特性结构的研究，重点包括户外版型研究、运动性能增强(减振结构)、会呼吸的防水系统、按摩系统、人体工程学背负(系统技术、鞋带系统、慢回弹背负系统、仿生科技特性的研究，部分成果已取得初步成效。

(3)先进的加工及生产技术研发：重点包括电子系统(控温、GPS、手表)、电子调温技术、隐形衣(电子镜像、波吸收屏蔽)、充气保温技术、全透气科技、能量功能转换科技、智能发光科技、激光切割无缝压胶技术和表面分割线贴车耐磨拼条技术的研发。

(4)创意设计及评估技术：重点包括飞翔服、助力鞋、飘浮包的创意设计及其评估。探路者公司研发技术中心把创意设计及评估技术逐步引入研发设计过程中，不断增强其自身研发实力，创造经典，引领时尚，满足各类户外用品消费者的需求。

创意设计是在基础设计的基础上,为指导目标融入了“与众不同的设计理念——创意”,而企业理念又高于创意和先于创意。因此先明确探路者企业的理念和户外用品的特点,设计师再制定设计创意,它要求创意设计作品必须脱离具象化或在具象化的基础上做创意。

扩展阅读 2 “探路者”的产品策略

探路者作为中国人自己的品牌,是我们民族的户外运动品牌的标志。当我最开始听到探路者,经过探路者门店外橱窗时,就感受到了探路者的户外气息。它的专业,它的业求于精,从此在我心中留下了深刻印象。

品牌是什么,品牌是一种名称、术语、标记、符号或设计,是它们的组合运用,其目的是借以辨认某个销售者或某群销售者的产品或服务,并使之同竞争对手的产品和服务区别开来。探路者这个品牌很好辨识,其名字首先就很具有吸引力,我们从事户外运动的,不就是去挑战自我吗?去发现新大陆吗?这个名字很符合户外的定位。

产品品牌为“TOREAD 探路者”。公司产品分为四大系列:PERFORMANCE(专业系列),DAILY(旅行系列),VINTAGE - TOREAD(功能休闲系列)和 LIFE - STYLE(时尚生活系列),其收入主要来源于 DAILY(占公司收入的70%以上)。

探路者作为户外品牌,代表了户外运动与旅游休闲的交集,品牌风格是户外功能与时尚品味的结合,产品既能满足高山探险的极限要求,更面向大众,倡导积极健康的户外休闲生活方式,感受“让单调的生活艺术化,使重复的运动情趣化”的滋味。

扩展阅读 3 2011 年十大最受关注户外品牌

1. 始祖鸟(ARC'TERYX)

始祖鸟是全球领导型的户外品牌,也是公认的顶级奢侈品。

始祖鸟是北美乃至全球的顶级户外品牌,与 Mountain Hardware 并称为北美市场上最出色的户外服装厂家。1989 年创立于加拿大 Vancouver,2002 年 ARC'TERYX 公司被 Addidas - Salomon 集团收购,随后,在 2005 年 Salomon 从 A-S 集团分拆售予芬兰 Amer Sports 集团,如今 ARC'TERYX 是 Amer Sports 旗下 Salomon 集团的子公司。但是 ARC'TERYX 仍然保持了其在温哥华的独立运营,仅有部分附属产品的生产移至新西兰、越南和中国等地。

2. 布莱亚克(BLACK YAK)

BLACK YAK 意译为黑牦牛,做工用料扎实,只是价格偏高。

布莱亚克(BLACK YAK),系专门研究、生产野营、登山、攀岩等户外休闲服装及装备的韩国东进公司旗下的高档品牌。黑牦牛系我国青藏高原特有物种,生活于海拔 3 000～6 000m 自然环境恶劣的高原地带,极耐寒,终年以游荡的方式栖息于人迹罕至的高山峻岭、山间盆地、高原草原等环境中,具有极强的适应性。在高原地带骑乘和驮运的役畜,享有"高原之舟"美称。1998 年 BLACK YAK 进入中国市场。

3. 哥伦比亚(Columbia)

全球最大的户外休闲用品品牌之一,独创面料,全新的户外体验,户外服装品牌的先驱。

哥伦比亚(Columbia)创立于 1938 年,她的名字起源于美国波特兰 Columbia(哥伦比亚) River,当时的俄勒冈州经常下雨,所以早年的 Columbia(哥伦比亚)是以生产雨衣、雨帽起家的,时至今日经过不断发展各类户外运动服装及研究高科技布料,已经发展成为全球最大的户外服装品牌,其卓越的产品品质超越考验,得到世界人们的认同。

4. 野营伴侣(Camppal)

户外装备新锐品牌,产品注重品质,做工用料考究,是中国帐篷品牌的标杆。

Camppal(野营伴侣)所属的工厂有着将近 10 年的国际知名户外品牌的 OEM 和 ODM 的经验。该品牌最早起源于欧洲阿尔卑斯山脉下的一个专业户外俱乐部。起初仅仅只是为这个户外俱乐部的成员进行定制化设计相关户外装备产品。随着产品的性能和品质屡次经受住各种艰险户外条件的考验,同时产品的款式也越来越受户外爱好者的青睐,Camppal 的口碑和影响力在欧美等国际户外领域传遍开来。2010 年,Camppal 凭借着在国际户外领域的口碑和影响力回到了中国。Camppal 包括帐篷、睡袋、野餐垫、折叠家具、烤炉及烧烤用具等产品,并且涵盖了儿童系列、基础系列、户外休闲系列、高级专业系列等多层次用户。

第八章

户外运动促销策略

【内容提要】 现代企业市场营销不仅要求企业提供满足消费者需要的产品和服务，制定具有吸引力的销售价格，使产品和服务更容易被目标消费者所接受。此外，企业还需要塑造良好的产品与服务形象，设计并传播产品与服务的功能和价值，能够提供给目标顾客的利益、材质和工艺等信息，这一系列活动就是促销活动。户外运动促销组合包括广告、人员促销、公共关系、营业推广四个要素。针对不同的服务与产品，可采取不同的促销策略。即使在户外运动领域，不同类型的户外运动商品与服务均可根据其特点，采用上述四种促销策略当中的一种或多种的组合。

【学习要求】 了解户外运动促销策略的概念和促销组合以及各组合因素的特点；了解各种主要广告媒体的优缺点。掌握开展广告促销的步骤和方法，学会作出各种促进销售的策略。

第一节　促销概述

一、促销概念

户外运动促销的含义，是指户外运动营销者将有关企业及其产品信息通过各种方式传递给户外运动消费者，以激发户外运动消费者的购买欲望，影响他们的消费行为，达到扩大销售的目的。

户外运动产品促销的实质是生产者与消费者之间进行的一种有关户外运动产品信息的传递与沟通的活动，其前提是要了解消费者的户外运动购买行为。

二、促销方式的种类和特点

户外运动促销的主要方式包括广告、人员促销、营业推广和公共关系等内容，它们各自之间有着鲜明的特点（见表 8－1）。

表 8-1 促销方式的基本类型及其特点

促销方式	主要特点
广告	(1)公众性:高度大众化的信息传递方式; (2)渗透力强:能重复同一信息,有利于人们的记忆; (3)表现力强:对各种信息载体进行艺术化运用; (4)非直接性:不使户外运动消费者感到购买压力
人员促销	(1)直接沟通:直接向户外运动消费者或用户传达信息; (2)培养感情:可通过交易建立良好关系; (3)反应迅速:能立即收到反馈信息
营业推广	(1)沟通性好:提供信息,引诱户外运动消费者接近商品; (2)激励效益:提供奖励,对户外运动消费者的激励作用; (3)招徕效应:提供优惠,对户外运动消费者产生招徕作用
公共关系	(1)创建美好形象:户外运动企业、户外运动产品形象; (2)建立和谐关系:户外运动企业与消费者、相关单位的良好关系; (3)争取长期市场:不断吸引潜在消费者进入市场,巩固现有市场

第二节 广 告

广告(Advertising)一词源于拉丁语“Adventure”,有“诱导”、“注意”、“大喊大叫”及“广而告之”的意思。广告作为企业在促销中普遍重视且应用最广的促销方式,是一门带有浓郁商业色彩的综合艺术。虽说广告并不一定能使产品成为世界名牌,但若没有广告,产品肯定不会成为世界名牌。成功的广告可使默默无闻的企业和产品名声大振,家喻户晓,广为传播。

从营销角度看,广告是企业用付费的形式,通过传播媒体上的语言、文字、图画或影像等向消费者促销产品或服务的一种方法。它包括广告主、媒体、信息和广告费用四个要素。户外运动产品广告包括户外运动实体产品广告和非户外运动实体产品广告。

在广告宣传方面,当前国内户外运动品牌基本尚未涉足。考虑到品牌推广与长远发展,以及推动户外运动行业发展,国内品牌可以在销售重点区域投放卫视或省、市级电视广告,国际品牌可以在央视、大型电视联播平台购买广告时段。推广品牌不只是生产商的责任,中间商(批发商、代理商、零售商)同样负有推广品牌的义务。俗话说，一个没有品牌推广意识的零售商不是好的经销商。

一、户外运动产品广告的功效

户外运动产品广告作为户外运动促销或公益宣传的一种主要手段，有以下功效：

(1)传递信息，沟通供需。广告可以把企业产品或劳务信息借助一定的媒介传递给消费者，沟通商家和顾客的信息，强化顾客对商品的印象，使顾客明白哪些商品能够满足自己的需求，进而重新选择自己需求的商品。所以说，广告可以传递商品信息，刺激消费需求，扩大企业业务量。

(2)激发需求，促进销售。一则好的广告，能诱导消费者的兴趣和感情，刺激消费者购买该商品的欲望，直至促进消费者的购买行动，打开销售渠道。

(3)介绍产品，指导消费。在当今的信息社会，人们时刻都在与商品打交道，时刻都在接收商品信息，也离不开广告的指导。广告渗透到人们生活的各个角落，无论人们留守在家，还是出门在外，到处都能看到广告的信息。广告与人形影不离，凡是有人聚集的地方，都会有广告存在。广告有利于消费者获取更多的消费知识，引导消费者进行理性消费，提高生活质量。

二、户外运动广告的媒体

户外运动广告必须通过一定的媒体向社会传播出去，媒体的现代科技含量及其表现形式在很大程度上影响着户外运动广告在消费者心目中的形象和亲近感，决定着广告的成败。利用最佳手段输出信息，尽可能扩大宣传覆盖面和宣传效果，是选择户外运动广告的根本目的。

(一)选择媒体的因素

随着科学技术的迅猛发展，广告的种类与形式变得繁杂多样。由于宣传针对性不强将造成资金浪费以及受到经济条件的限制等原因，户外运动相关企业不可能同时采用大量的媒体发布广告，而要使户外运动广告能够达到一定的宣传和促销效果，就应对广告媒体的覆盖面、接触率和作用强度三个基本指标进行衡量。因此，在选择户外运动广告媒体时须考虑以下因素。

(1)目标市场的特点(目标受众的媒体习惯、消费习惯等)。不同的观众通常会接触特定的媒体。有针对性地选择为广告对象所易于接收的媒体，是增强广告促销效果的有效方法。例如，对于户外运动参与者，户外杂志和驴友论坛是最有效的广告媒体；若在电视上做广告，则会存在成本高，无针对性的弊端。

(2)产品本身的种类与特点。选择广告媒体，应当根据企业所推销的产品或服务的性质与特征而定。因为各类媒体在展示、解释、可信度、注意力与吸引力等各方面具有不同的特点(表 8 - 2)。针对工业品与消费品,技术性能较高的复杂产品与较普通的产品,应采用不同的媒体进行广告宣传。

表 8 - 2　广告媒体的类型及其特点

媒体种类	覆盖面	反应程度	可信性	吸引力
因特网	广	较快	较好	一般
电　视	广	好、快	好	好
报　纸	广	好、快	好	一般
杂　志	较窄	差、慢	好	好
广　播	广	好、快	较好	较差
户外(灯箱、路牌、建筑外墙等)	较窄	较快	较差	较好

(3)广告媒体的覆盖面和影响力。选择广告媒体,必须将媒体所能触及的影响范围与企业所要求的信息传播范围相适应。如果企业产品是行销全国的,宜在全国性报纸、电视台、电台、杂志等媒体上作广告。而在某一地区或城市销售的产品,则可以选择地方性报纸、电台等传播媒体。

(4)广告的目的和内容。广告媒体选择要受到广告信息内容的制约。如果广告内容是宣布近日的销售活动,报纸、电视、广播媒体最及时。而如果广告信息中有大量的技术资料,则宜登载在专业杂志上(表 8 - 3)。

表 8 - 3　不同目的的广告类型

内容		目的
商品广告	开拓性广告	主要介绍刚进入投入期的产品的特性,激发顾客对产品的初始需求,促使新产品进入目标市场
	劝告性广告	激发顾客对产品产生兴趣,增进"选择性需求",多用于产品的成长期及成熟前期
	提醒性广告	提醒顾客,使其产生"惯性"需求。用于进入成熟后期或衰退期的产品
企业广告		又称商誉广告。着重宣传介绍企业名称、企业精神文化以及企业概况等有关企业信息,其目的是提高企业的声誉和形象
公益广告		用来宣传公益事业或公共道德的广告,能够实现企业目标与社会目标的统一,有利于树立并强化企业形象

(5)成本(广告的效果与成本的关系)。不同媒体所需成本也是选择广告媒体的依据因素。依据各类媒体成本选择广告媒体,最重要的不是绝对成本数字的差异,而是媒体成本与广告接收者之间的相对关系,即千人成本。比较千人成本,再考虑媒体的传播速度、传播范围、记忆率等因素之后择优确定广告媒体,可以收到较好的效果。

(二)各种主要媒体优点与局限性

各种主要媒体的优点和缺点,如表 8-4 所示。

表 8-4 各主要媒体优缺点对比表

媒体	优 点	缺 点
报纸	灵活及时,本地市场覆盖面大,接受面广,可信度高	保存性差,复制量低,相互传阅者少
电视	生动而富有感染力,能引起高度注意,触及面广	成本高,干扰多,观众选择少
邮寄	接受者有选择性,灵活,没有广告竞争、人情味较重	成本相对较高
广播	大众化宣传、地理和人口方面的选择性较强、成本低	只有声音,直观性差
杂志	地理、人口可选择性较强,可信,并有一定的权威性,复制率高,保存期长	购买前置时间长,版面无保障
户外	灵活,广告展露时间长、费用低、竞争少	观众没有选择,缺乏创新
黄页	本地市场覆盖面大,可信度强,接触率广泛,成本低	高竞争,创意有限
广告册	灵活性强	过量制作,成本不易控制
电话	使用者多,有接触每个人的机会	成本不易控制
互联网	选择性非常高,交互机会多,相对成本低	作为新媒体,有些地域用户少

此外,一般企业还可以通过赞助户外运动赛事的方式设置产品广告,其目的是提高企业及其产品的知名度,树立企业形象,加强消费者与商家的伙伴关系。主要形式有:

(1)户外运动场地、场馆广告。比如在山地户外运动赛事开闭幕式主场馆(地)、比赛沿途线路,或者是攀岩场馆、岩壁,设置广告牌、广告横幅或广告视频等。

(2)户外运动印刷品广告。比如在秩序册、成绩册等竞赛文件上印刷广告。

(3)户外运动实物广告。比如在攀岩馆现场陈设攀岩鞋、攀岩服装、绳索、安全带、头盔、扁带等专业装备。

(4)冠名杯广告。比如安吉"大红鹰"杯全国山地户外运动挑战赛、"探路者"杯户外运动挑战赛均是采取冠名、冠杯的广告形式。

(5)冠名运动队广告。如参加2006年首届全国户外运动俱乐部挑战赛(中国洪江·雪峰山)的武汉穿山豹户外探险队,就是采取了冠名运动队的广告形式。

三、户外运动广告的原则

在设计户外运动广告时,除了要把握广告设计的一般规律外,还必须与户外运动经营者的营销目标相适应,正确合理的广告原则必须建立在消费者的兴趣与需要的基础之上,这是决定户外运动广告成败的关键。户外运动广告应该遵循的原则有以下几种:

1.明确清晰原则

户外运动广告,尤其是户外运动服务的广告,其难点在于运用简单的文字、图片或视频,向消费者传达所提供户外运动服务的领域、深度、质量或水平。有些户外运动广告可以运用图片、视频或符号协助传达信息。为避免广告内容冗长、赘述而干扰广告效果,广告代理商一定要尽可能使用简明、简练确切的语言,贴切地把握户外运动产品或服务的内涵,充分展示其内容的丰富多样性。

2.真实性原则

户外运动广告必须符合真实性的要求,不能脱离实际,夸夸其谈,言过其实,必须实事求是地表述产品的信息,让消费者从内心信服。

3.针对性原则

针对不同的户外运动产品与服务、不同的目标市场、不同的消费者群体,要采取不同的表现方法,要根据不同的户外运动广告对象的特点,决定广告的具体内容,并采取与之相适应的广告形式。同时,还要考虑户外运动广告的时效性与及时性,时刻关注户外运动产品与服务的市场生命周期的变化情况、不同的销售淡季或旺季、同类户外运动产品的市场竞争状况,以掌握销售的主动权。

4.综合性原则

广告媒体、信息传播渠道的选择,是广告促销策略的一项关键工作。在广告预算能够承受的范围内,要尽可能综合利用各种媒体和渠道,以增强户外运动广告的覆盖面和感染力,加强产品促销的力度和效果。

5.社会性原则

户外运动广告在传递产品与服务的信息的同时,也是传递一种"身心和谐、人际和谐、人与自然和谐"的健康思想意识与生活方式的过程,它必然会对生活风气、社会文化起到一定的积极影响作用。从另一种意义上说，户外运动广告不仅是一种促销方式，更是一种具有鲜明思想性的社会意识形态。因此，户外运动广告的社会性体现在：必须符合社会文化、思想道德的客观要求；要遵循有关政策、方针，不能违背法规制度；有利于消费者的身心健康，有利于高尚生活情操的提升。

四、户外运动广告预算

(一)户外运动广告预算的内容

户外运动广告预算是户外运动经营者或广告代理商对广告全过程所需费用的计划，它规定了进行户外运动广告活动的全部费用、各种开支项目等。具体而言，有如下五个方面的开支。

(1)户外运动广告的前期准备费用，包括进行广告前期的调查、咨询、研究、分析等工作所需要的全部费用。

(2)户外运动广告的制作费用，包括照相、制版、印刷、录音、摄影、录像、文案创作、美术设计、广告人员工资等直接制作费用。

(3)户外运动广告的媒体费用，主要包括媒体选择的费用，如报纸、杂志的版面购买费；电视台、广播台的频道(段)租用费；户外运动场馆、基地的占用费等。

(4)户外运动广告的行政费用，主要包括进行广告活动的公关、办公管理费用以及工作人员的工资等项支出。

(5)户外运动广告的评估费用，主要是指户外运动广告之后，为进行广告效果评估所需要的调查、评估及统计费用。

(二)确定户外运动广告预算的方法

(1)能力负担法。这种方法为不少户外运动企业所采用，也称为能力支付法。即企业根据其财力情况来决定某一时期广告开支的多少。这种方法在一定程度上存在片面性，因为广告是一种促销手段，其目的是为了促进销售，若广告投入不到位则有可能影响促销目标的实现。

(2)销售比例法。这是按一定期限内销售额的一定比例来计算广告总额费用。由于执行标准不一，又可细分为计划销售额百分比法、上年销售额百分比法和两者的综合折中——平均折中销售额百分比法，以及计划销售增加额百分比法四种。

其优点是：①暗示广告费用将随着企业所能提供的资金量的大小而变化；②促使管理人员根据单位广告成本、产品销售价和销售利润之间的关系去考虑企业的经营管理问题；③计算方法简单。

其缺点是：①广告预算随着每年的销售波动而增减，从而与广告长期方案相抵触；②因果倒置，将销售收入看成了广告支出的“因”，而非“果”；③这一办法过于呆板，不能适应市场变化，有可能会导致有利市场机会的丢失，同时也可能造成不合理的平均主义。

(3)竞争对抗法。这一方法是根据竞争对手的广告费用来确定本企业的广告预算。其目的是通过广告,与户外运动行业其他经营者保持竞争持平或优势状态,在市场上保持市场竞争的有利地位。在这里,企业明确把广告当做进行市场竞争的工具。在广告竞争激烈,各户外运动企业势均力敌的情况下,这是一种常用的方法。其缺点是预算不能准确反映各企业的实际情况,且通常费用较大,特别容易引起盲目攀比。

其具体的计算方法有两种:一是市场占有率法;二是增减百分比法。

市场占有率法的计算公式如下:

广告预算=(对手广告费用/对手市场占有率)×本企业预期市场占有率

增减百分比法的计算公式如下:

广告预算=(1±竞争者广告费增减率)×上年广告费

(4)目标达成法。这是根据企业的市场战略和销售目标,具体确定广告目标,决定为达到这种目标而执行的工作任务,然后估算完成这些任务所需要的广告预算。这一方法比较科学,尤其对新上市产品发动强力推销是很有益处的,可以灵活地适应市场营销的变化。广告阶段不同,广告攻势强弱不同,费用可自由调整。目标达成法是以广告计划来决定广告预算;广告目标明确也有利于检查广告效果。其公式为:

广告费=目标人数×平均每人每次广告到达费用×广告次数

(三)广告预算的分配

在匡定广告预算之后,要针对广告计划的各项细目的要求,将广告预算总额摊分到各个广告活动的项目中。这是通过广告预算对广告活动进行组织、协调和控制广告计划实施的手段。广告预算的分配范围如下:

(1)媒介间分配:广告计划所选定的各种媒介间的广告费用分配,是根据广告的媒介策略来划块分配的,如报纸广告占多少,电视广告占多少。

(2)媒介内分配:在媒介间分配中,同种媒介的划块分配结果在不同媒介单位间的再分配,如报纸项中各种报纸分配多少。

(3)地域间分配:广告计划规定广告对象在不同区域依据需要在各区域间分摊广告费,实行切块分配,如城乡间、国内外、南北方等。

(4)时间段分配:长期的广告计划有年度广告费的分配,年度广告计划则有季度、月度广告费分配。此外,还应留有一部分作为机动费用。

(5)商品间分配:指广告计划中,不同广告产品间的广告费用分配。此外,公共关系、企业形象广告和观念广告,也要分摊一部分费用。

(6)广告对象分配:按照广告计划中的不同广告对象,如团体用户、企业用户、最终消费者等，分配广告费。团体和企业用户一般可少分配，最终消费者应多分配。

(7)部门间分配：这是指企业内外的广告费分配，如自营广告费与他营广告费的分配。在自营广告费中，还需依据各广告业务部门的费用进行细分，如创作部、管理部、制作部、媒介部等，把费用分配到位。该多则多，该少则少，保证执行广告计划的需要。

(四)影响广告费分配的因素

广告费的分配要受到许多因素的制约，如产品情况、利润率、销售情况、市场覆盖大小、市场竞争状况、经济发展状况和各部门的任务等。

(1)产品生命周期：产品间的广告费用分配，取决于产品所处的生命周期的哪一个阶段。一般而言，处在引入期和成熟期的产品，其广告费应多于成长期、饱和期和衰退期的广告费。

(2)利润率：利润率高的产品，广告费投入一般较多；反之，低利产品的广告费投入则较少。

(3)销售量：销售量大的产品，一般广告费投入多；反之则少。

(4)市场覆盖大小：全国性广告费＞区域性广告费＞地方性广告费。

(5)市场竞争状况：竞争激烈，广告费投入多，反之则少。

(6)经济发展状况：经济形势好，市场兴旺，商品畅销，供不应求，则广告费投入少；反之，则广告费投入多。

(7)各部门任务：各部门所负担的工作性质和工作量不一样，广告费的分配份额有所不同。具体比例视情况而调整，但购买媒体费占70％～90％左右的比例是无可非议的。

(五)户外运动广告的评价

广告从设计、制作到发布，仅是完成了广告促销的一种外在形式。户外运动企业最关心的是广告发布后，它所能给企业带来的效益有多少。这就涉及到广告的效益评价问题。在实际工作中，对广告效益作出明确的评估有一定困难，其原因有：①销售额的多少是产品、价格、促销等多种因素综合作用的结果，很难将广告发挥的效益从中分离出来；②广告的功效往往周期较长，想要将广告的全部效益在短期估算出来是有一定难度的；③广告通常是通过消费者的动机、知觉、情绪等间接作用于消费者的购买行为，但广告的最终效果又只能通过销售额的增减体现出来。以上三方面因素，综合决定了户外运动广告的评价应包括以下几方面内容。

1. 对消费者购买行为影响程度的评价

它是通过衡量消费者的心理状态和行为过程在广告作用下的变化来测定广告效果。衡量对消费者购买行为影响程度的具体指标：

印刷广告注目率＝接触(注意到)广告人数/媒介发行量× 100％

电波广告视听率＝收视广告人数/拥有电波媒介人数× 100％

广告记忆率＝对广告有印象的人数/接触广告人数× 100％

2.广告预算的时间分摊

(1)销售的周期性波动。户外运动赛事、服务以及器材装备、服装的销售，经常会受到季节、气候、节假日等方面因素的影响，因此其销售额会呈明显的波动状态。户外运动企业应主动抓住市场机会，确定销售曲线与广告费用分摊水平的关系。

(2)消费者的反应间隔期。从消费者的购买行为可以分析得出，广告主要是在购买行为发生之前作用于户外运动消费者，并对整个购买过程的各个阶段产生不同程度的影响。因此，户外运动广告的发布应该提前至产品推出之前，并保持一定时间的持续性。

(3)消费者变动情况。消费者的变动情况主要包括新老顾客的比例、潜在销售量的增减、消费者心理状态的变动等。通常实际销售量占市场容量的比例越低，越需要持续发布广告。

(4)重复购买率和购买频率的高低。通常，重复购买率和购买率越高，则越需要持续发布广告以加深消费者的印象。

(5)遗忘率。遗忘率表示消费者在没有任何外因干扰的情况下，对户外运动产品与服务的遗忘程度。遗忘率的提高也需要持续发布广告来提醒、刺激消费者。

第三节 人员推销

人员推销虽是一种古老的销售方式，在现代企业营销中却常被当做一种十分重要的促销方式使用，在现代企业市场营销和社会经济中占有相当重要的地位。所谓人员推销，它是指通过与消费者的人际接触，以说服的方式直接向消费者推销户外运动产品和户外运动劳务的一种促销手段。

一、人员推销的作用

(1)推销产品，引导户外运动消费。顾客一般是在接受了推销员的价值观念、商品知识以后才接受产品的，推销员要在推销活动中起到传递这些信息、引导购买和消费的作用。

(2)了解市场，反馈信息。人员推销通过销售人员在把户外运动产品的信息传达给消费者的同时，还能收集广大顾客对企业和产品改进的意见和建议，起到反馈信息的作用。

(3)提供服务。通过人员促销，企业向顾客提供各种售前和售后服务，包括技术指导、资金通融、按时交货、人员培训等。

(4)分配货源。首先要了解不同顾客的潜力、需要、信用等情况，确定重点，指导销售；其次在供不应求的情况下将有限的货源在顾客间进行合理的分配，做到既能最大限度地协调供需双方的利益，又能够与顾客保持良好的关系，保证将来的市场份额。

(5)兼任市场调研、预测工作。在不同的环境下，人员推销可以了解并收集到不同潜在的需求与购买动机，推销人员可及时调整自己的推销策略，并将信息传达给企业，有助于企业促销策略的调整。

推销户外运动劳务须注意：①采取专业化导向；②建立并维持良好的形象。这里所指的形象不仅包括推销人员的个人形象，更包括企业的形象，然而，推销人员形象的好坏不仅会直接影响到推销的成功与否，也会间接影响企业在顾客心目中的形象。因此推销户外运动劳务须注意建立并维持自身良好的形象，从而使顾客对商品以及公司产生良好的印象。

二、推销队伍的建设

(一)推销人员应具备的条件

(1)机敏、干练、善于应付；

(2)有进取心，勇于克服困难；

(3)语言、态度、仪表、修养好；

(4)对企业忠诚度高；

(5)善于收集和分析情报；

(6)有较广的社交能力；

(7)具备一定的专业知识和推销技巧。

(二)推销方式的确定

(1)对单个消费者。一个推销员当面或通过电话与某个消费者进行交谈，向其推销户外运动产品。

(2)对采购小组。一个推销员向一个采购小组介绍并推销户外运动产品，这在团购时较常见。

(3)会议推销。由企业的主管人员和推销人员同买方举行洽谈会，共同探讨双方有关户外运动产品交易问题。我国定期举办的户外运动用品博览会属此类。

(4)研讨会推销。召开由企业技术人员向买方技术人员介绍某项最新的研究成果，促使其购买本企业的产品。2010 年 7 月 19 日，“探索精彩奥地利，体验 NORTHLAND 舒适之旅”品牌招待会在上海世博园的奥地利馆举行。奥地利顶尖户外品牌公司 NORTHLAND 的市场部经理卜俊先生生动的讲解，让品牌专业形象深入人心。作为奥地利顶尖户外品牌公司，NORTHLAND在奥利地国家馆建造之初便开始积极地参与了各项活动。2010年1月奥地利总统穿着NORTHLAND来视察奥地利馆建设的时候，就特意强调要将最好的奥地利产品介绍给更多的中国消费者。在此次的品牌招待会上不仅有产品的展示和销售，更有互动环节可以使嘉宾们亲身感受NORTHLAND产品带来的舒适感。

(三)推销队伍组织结构的确定

(1)区域型结构。一个或几个推销员专门负责一个地区的销售工作，这种结构比较适宜户外运动产品单一、市场类似程度高的企业。

(2)产品型结构。按户外运动产品品种分配推销员工作，比较适合户外运动产品线多、品种多、市场差异性大的企业。

(3)用户型结构。以用户来分配推销人员工作。如按不同职业、性别、新老、大小等标准来分别安排不同的推销员。

(四)推销人员的培训

1.企业基本情况

它包括企业的发展历史、经营方针和各项策略、组织机构和人事制度、经营现状和利润目标及长远发展规划等，使销售人员了解企业面貌，以激励他们更好地为企业发展服务。

2.进行专业知识训练

讲解产品的制造过程、质量、技术性能和主要特点，产品的用途和使用方法等。只有全面掌握这些知识，才能向顾客准确地宣传本企业的产品，回答顾客疑问，有说服力地劝说客户购买。

3.推销技巧训练

对新的销售人员要进行推销理论和推销技巧的培训。其主要内容包括：如何制定销售计划；如何分析顾客心理；如何访问潜在的顾客；如何运用语言艺术和人际交流技巧；如何处理顾客争议；如何听取顾客意见和收集市场信息等。

4.学习企业规定和手续履行

进行企业规定、职业道德的培训，提高觉悟，树立远大的理想和坚定的信念，增强使命感和责任感。

上述培训内容，企业可根据实际，采取短期集中培训、专项实习、岗位传授和委托培训等多种方式进行。

(五)人员推销的主要程序

推销理论有很多种，最为常用的是“程序化推销理论”，其步骤如下：

第四节 销售促进

一、销售促进的概念

销售促进包括各种短期的刺激性工具，用以刺激消费者和经销商迅速或较多购买某一特定产品或服务。因此，销售促进更多地应用于户外运动物化产品的营销。

二、销售促进的实施过程

1. 确定销售目标

其内容包括消费者、零售商和销售队伍。

2. 选择销售工具

应针对不同的对象选择不同的销售工具。

(1)针对消费者的销售促进。可以采用赠送、廉价包装、奖励、现场示范等形式。比如，为推广和提高高端户外产品沃德登山包及户外服装在连云港的知名度，沃德户外进行了为期一个月的促销活动。推广期间凡购买沃德任意款登山包或任意款快干衣、快干裤、快干牛仔裤者，赠送价值 28 元雪狼登山袜(排汗透气)一双，大大促进了消费者的购买欲望。

(2)针对中间商的销售促进。可以采取批发回扣、推广津贴、销售竞赛、交易会或博览会、业务会议、工商联营等形式。三夫户外诚邀加盟商，承诺给予联盟者相应分成比例，如每月带来实际净销售额 2 万元及以下者，将享受 6%的销售提成；每月带来实际净销售额 2 万～4 万元者，将享受 8%的销售提成；每月带来实际净销售额 4 万～6 万元者，将享受 9%的销售提成；每月带来实际净销售额 6 万元以上者，将享受 10%的销售提成，以吸引加盟者加入。

(3)针对销售人员的销售促进。可以采取销售竞赛(有奖销售、销售提成)、免费提供培训、技术指导等形式。

3. 制定销售促进方案

一个完整的销售促进方案应该包括：费用、参加者的条件、销售促进措施的分配途径、销售促进时间、销售促进的总预算。

制定一个完整的销售促进方案，有以下几个步骤：

(1)确定提供刺激的大小。

(2)制定参与的条件。

(3)营销者必须决定促销的持续时间。

(4)营销者选择分配的途径和决定促销的时机。

(5)确定总预算。

4.方案试验

虽然销售促进方案是在经验的基础上制定的,但仍然要经过试验,才能明确所选用的工具是否适当、刺激的规模是否最佳、实施的方法效率如何。

一些大公司在进行全国性促销时,常常在选定的市场区域中,对不同的策略进行预试。企业可以邀请消费者对几种不同优惠办法作出评价,也可以在有限的地区范围内进行试用性测试。

5.实施和控制销售促进方案

营销部门必须对每一项促销工作进行实施和控制。实施计划必须明确实施的期限,包括前置时间和销售延续时间。

前置时间是从开始实施这种方案前所必需的准备时间,包括最初的计划工作、设计工作,以及包装修改的批准或者材料的邮寄或者分送到家;配合广告的准备工作和销售点材料;通知现场推销人员,为个别的分店建立地区的配额,购买或印刷特别赠品或包装材料,预期存货的生产,存放到分配中心准备在特定的日期发放。

销售延续时间是指从开始实施到大约95%的采取此促销方法的商品已经在消费者手里所经历的时间,这段时间可能是几个星期,也可能是几个月,这主要取决于实施这一办法持续的时间长短。

6.评价销售促进结果

制造商可以用三种方法对销售促进的效果进行评价,即销售数据、消费者调查和经验。此外,在促销时还要注意成本问题,避免因促销而导致得不偿失的后果。

促销可能会降低消费者对品牌的忠诚度:①更多的消费者会形成重视优待而不重视广告;②促销费用实际上要比估计的更为昂贵,一部分促销费用不可避免地落入非目标消费者手中;③某些促销方式可以刺激零售商,但他们要求给予更多的折扣,否则就不愿进行合作。

第五节 公共关系

公共关系简称公关,是指某一企业为改善与社会公众的关系,获得公众信赖、加深客户印象、建立和谐的人际关系和树立企业美好形象而进行的一系列促销活动。公共关系的内涵,是指一种管理职能,即评估社会公众的态度,确认与公众利益相符合的个人或组织的政策与程序,拟定并执行各种行动方案,提高主体的知名度和美誉度,改善形象,争取相关公众的理解与接受。

户外运动营销的公关工作的方法和技巧与其他企业的公关工作基本类似,只是产品不同而已。

一、公共关系的特征

公共关系是一种创造美好形象的艺术，它强调的是成功的人和环境、和谐的人事气氛、最佳的社会舆论，以赢得社会各界的了解、信任、好感与合作。我国古人办事讲究“天时、地利、人和”，把“人和”作为事业成功的重要条件。公共关系就是要追求“人和”的境界，为组织的生存、发展或个人的活动创造最佳的软环境。

1. 双向性

公共关系是以真实为基础的双向沟通，而不是单向的公众传达或对公众舆论进行调查、监控，它是主体与公众之间的双向信息系统。组织一方面要吸取人情民意以调整决策，改善自身；另一方面又要对外传播，使公众认识和了解自己，达成有效的双向意见沟通。

2. 广泛性

公共关系的广泛性包含两层意思：是指公共关系存在于主体的任何行为和过程中，即公共关系无处不在，无时不在，贯穿于主体的整个生存和发展过程中；二是指其公众的广泛性。因为公共关系的对象可以是任何个人、群体和组织，既可以是已经与主体发生关系的任何公众，也可以是将要或有可能发生关系的任何暂时无关的人们。

3. 整体性

公共关系的宗旨是使公众全面地了解自己，从而建立起自己的声誉和知名度。它侧重于一个组织机构或个人在社会中的竞争地位和整体形象，以使人们对自己产生整体性的认识。它并不是要单纯地传递信息，宣传自己的地位和社会威望，而是要使人们对自己各方面都要有所了解。

4. 长期性

公共关系的实践告诉我们，不能把公共关系人员当作“救火队”，而应把他们当作“常备军”。公共关系的管理职能应该是经常性与计划性的，这就是说公共关系不是水龙头，想开就开，想关就关，它是一种长期性的工作。

二、确定公共关系目标

公共关系的目标是提高企业知名度、加深产品印象、建立和谐的人际关系，激励企业全体职工。确定公共关系目标首先要自我评估企业形象、评估企业当前的公共关系状况、调查公众对企业的要求和调查企业对公众要求的满足程度，这是企业确立公共关系工作目标的基石。

公共关系目标的确定方法主要有公众综合评估法、语义差别分析法、民意测验法、公关关系市场调查法、文献研究法、会议座谈法等。其中民意测验法在公共关系调查中运用最为广泛，它的一般步骤为：确定调查目标、明确调查对象、拟定问卷、确定访问方式、进行抽样、进行访问、整理资料数据、撰写调查报告。

1. 确定调查目标

市场调研的目的在于帮助企业准确地做出经营战略和营销决策，在市场调研之前，须先针对企业所面临的市场现状和亟待解决的问题，如产品销售、产品寿命、广告效果等，确定市场调研的目标和范围。

2. 明确调查对象

市场调查的对象一般为消费者、零售商、批发商等，消费者一般为使用产品的消费群体。在以消费者为调查对象时，要注意到有时某一产品的购买者和使用者不一致，此外，还应注意选择产品的主要消费群体等。

3. 拟定问卷

根据调查需求设计问卷，问卷可以是表格式、卡片式等，问题的设计要有针对性，即能将问题传达给被问的人，并且要使被问者乐于回答。

4. 确定访问方式

即要满足真实、有效的原则，选择适当的访问方式，通常可采取电话访问、现场问卷调查、邮件访问等形式。

5. 进行抽样

抽样人群要有针对性，要能够掌握真实的情况，通常对调查群体可采取分层抽样、系统抽样等。

6. 进行访问

访问是最直接的调查方法，能够研究较复杂的问题，并且对问题能够进行深入的探索。

7. 整理资料数据

数据整理需要注意数据的完整真实性，采用直观简易的图表反映调查结果。

8. 撰写调查报告

撰写调查报告是调查后期很重要的工作程序，它更便于理解，能够透过现象看本质，使感性认识上升到理性认识，更好地指导实践活动。

三、制定公共关系计划的基本环节

1. 明确目标

确立目标是公共关系计划中重要的一步。公共关系目标是指公共关系计划所追求和渴望达到的结果。公共关系目标决定了公关活动要做什么，做到什么程度，要取得什么样的效果，是公共关系全部活动的核心。它具有具体性、可测量性、可实现性以及时间限制性等特点。

2.选择传播媒体和公关对象

随着科学技术的发展,可供选择的传播媒介越来越多,比如电话、报刊杂志、广播电视、书信往来、个人之间的会见等,然而不同的媒介各有所长,各有所短,只有选择恰当的传播媒体,才能取得事半功倍的良好传播效果。选择何种媒体要根据公关目标,综合考虑对象、环境、条件等因素而定。同样,面对广泛的公关对象,不同组织每次举行公共关系活动确定公关对象时,很难有一个统一的标准,其基本原则一般是从组织活动的目标、需要和实力三个方面去考虑。公共关系的对象主要是消费者、舆论界、有关单位、竞争者与企业员工等。通过与消费者的公共关系,企业能不断吸引体育消费者,争取长期的户外运动市场;通过与体育媒介、户外期刊杂志的公共关系,能够争取良好的社会舆论;通过公共关系,还能够得到地方政府有关部门和群团组织的积极支持;户外运动企业之间,既是竞争对手,也是合作伙伴,因此发展与竞争对手的公共关系,也是十分必要的。只有正确选出其目标公关对象,才能将有限的资金和资源科学合理地进行分配,减少不必要的浪费,取得最大效益。

3.制定策略

公共关系策略多种多样,不同的问题、公众对象和组织都应有不同的策略,没有那一种公关策略是可以解决所有问题的。公关策略的选择主要是根据公关的目标、任务、对象分布、权利要求等具体而定。最常见的公关策略有以下几种:

(1)交际性公关策略。即不借助于其他媒体,而只在人与人的交往中展开的交往活动。

(2)征询型公关策略。这是以采集信息、调查舆论、收集民意为主的策略,目的是通过掌握信息和舆论,为组织的管理和决策提供参谋。

(3)宣传型公关策略。指企业通过各种媒体和交流方式多种传播,扩大企业影响,争取更多的潜在顾客。

(4)社会型公关策略。通过举办各种有组织的社会性、公益性、赞助性的活动,来扩大企业的社会影响,提高企业的社会知名度和美誉度。

(5)服务型公关策略。以提供各种实惠的服务性工作为主,目的是以实际行动获得社会公众的好评,树立良好的企业形象。

4.编制预算

为了在有限的投入内取得最大的经济效益和社会效益,就要进行科学的公共关系预算。编制公关预算时,首先要清楚地知道组织的承受能力,做到量体裁衣,还可以监督经费的开支情况,评价公关活动的成效。公共关系预算主要包括大型公关项目费用、实施计划的一般费用和一般日常费用。大型公关项目费用主要指制作广告、举办大型庆典、召开专题会议、提高社会赞助等费用;实施计划的一般费用,主要用于印刷宣传册、编辑内部刊物、民意测验、召开一般性会议等开支。一般日常费用主要有交际费、场地费、租用器材费、交通费、差旅费、临时服务费以及聘请公关顾问开支等。

5.起草书面报告

户外运动企业对一些重大公关项目应撰写书面报告。书面报告力求简明扼要，通常包括概况介绍、正文及结语三部分。概况介绍简明交代报告的动机及原因；正文主要就公共关系活动计划的安排、目标设定、预算、问题分析等作简明陈述；结语要与开篇呼应，具体写出建议、说明、具体要求等内容。

四、公共关系的活动方式

一个户外运动企业的公共关系与企业的规模、活动范围、产品或服务的类别、市场性质等方面均有密切关系。综合概括，公共关系活动的开展方式大致有以下几种。

1.新闻宣传

从心理状态来看，通常公众总是更相信有权威和独立来源的客观报道，因此户外运动企业应当争取机会与新闻界建立联系，并保持良好的关系，以便及时将具有新闻价值的信息传递给报纸、网络、电视等新闻媒体，使有利于户外运动企业的信息能够在公众中迅速扩散、传播，达到宣传公关的目的。

2.赞助和支持公益活动

户外运动企业有义务对公益性事业进行赞助，为青少年户外活动、户外运动赛事捐赠。由于这些社会活动受关注程度较高，各种新闻媒体会进行广泛报道，这对户外运动企业塑造为大众服务、极具社会责任感的良好形象极为有利。在赞助和支持公益活动中，户外运动企业也应考虑自身实力以及赞助回报等互利互惠因素。

3.听取和处理公众的建议和意见

户外运动企业应当注意收集公众对户外运动产品或服务的生产、经营、技术、产品质量、销售服务等方面的建议和意见，及时将改进后的情况向社会公众公布，并致以诚挚的感谢。唯有如此，才能满足公众要求，表明企业的诚实作风，密切企业与社会之间的关系。

4.建立广泛的社会联系

户外运动企业应当建立与消费者、社会团体、政府机构、银行、保险等的密切联系，主动向有关方面介绍企业的经营状况，征求他们的意见，争取他们的支持。除此，还要发展与科研机构、高校以及其他企业的横向联系，积极利用外部资金、技术、管理知识为企业发展服务。积极通过新闻发布会、展销会、看样订货会、博览会等社会活动，向社会公众推介户外运动产品与服务。

五、公共关系传播的技巧和方法

1.典型示范法

典型示范法是公关人员常用的一种方法，它是指选择某个有权威、受尊重的人士的现身说法或创设典型场面，让社会公众通过现场参观来印证传播信息的可信度。户外运动企业召开新产品介绍会、展览会、鉴定会均属于此方法。例如，户外运动企业邀请著名登山家为登山运动新产品做广告，通过其知名度和可信度吸引消费者。

2.新颖别致法

公关人员向社会公众发布新产品、新服务的信息时，一定要组织好信息材料，尽可能采用别致新颖的方法向外发布，以便更好地引起公众的注意力。只有被注意并被理解的信息，才有可能被消费者记忆和应用。

3.客观超脱法

客观超脱法是指公关人员在传播信息的过程中，不带劝说色彩，而是客观超脱地陈述事实，或提供某种暗示，让客户知道事实或暗示后，自己做出符合双方意愿的选择。通常，消费者对于促销人员常抱有某种戒备心理，会自然产生一种排斥外界劝说的心理，而客观超脱，不带劝说色彩的表述则较容易被消费者认同。

4.周而复始法

周而复始法是指社会公众因大量接受公关人员传递的信息，而没有选择其他信息的时间，从而改变选择态度，实施了公关人员所期待的行为。广告宣传中经常使用到此方法，要提高广告宣传效果，基本的原则就是不厌其烦地重复广告。反复、多次强调户外运动企业的产品内容和形象，可以强化社会公众的记忆，同时也提高了消费者购买该产品的几率。

5.适度美化法

适度美化法是为了给企业或产品加上一个“美好的词语”，使社会公众产生一个美好的愿景而未经印证就予以接受和赞许。此法也多用于户外运动广告。运用适度美化法的前提有两点：第一，户外运动企业、产品或者服务可信度高。具体来说，产品质量要过硬，服务态度要好。第二，美化要适度，过分美化会造成消费者期望过高，导致失信于公众；美化不足也会削弱户外运动企业的形象与产品(服务)的市场竞争力。

案例分析

案例分析1　户外运动鞋——圣弗莱“试水”新营销

（资料来源：www. sjfzxm. com世界服装鞋帽网）

随着户外运动的不断发展，户外用品的销售额越来越大，消费者越来越多，户外用品正在日益成为受人关注的行业。与此相对应，户外用品市场的营销也得到了越来越多人的关注。

但按照目前情况来看，国内大多数户外品牌正面临着在争夺有限赛事资源的同时，又被雷同的赞助活动所困扰。面对国内户外运动赛事小、多、杂，缺乏精品赛事的格局，国内户外用品在营销上深深陷入了纠结，迫切需要寻求更有效的推广手段。基于此，越来越多的户外用品开始效仿国内外户外大腕尝试利用新兴网络渠道，结合体验式互动营销的方法。

在这个年递增30%以上的新行业中，泛户外活动从运动走向了人文、地理、文化、环保、公益等多方面，徒步、露营、垂钓、交友、采摘、环保活动都实现了“户外化”。在户外的推广阶段，既缺乏精品赛事赞助，又没有较强实力进行轰炸式广告投入，或许尝试从专业入手的体验式营销方式也是一种不错的探索。

圣弗莱“都市徒步探秘挑战赛”的出炉便是基于这样的背景应运而生。据悉，圣弗莱“都市徒步探秘挑战赛”基于“都市定向”。这是一项新兴的休闲运动，发源于欧洲，探索城市的人文地理，发掘城市的时尚潮流，已经成为一项风靡全球的户外运动，融挑战、刺激、智慧于一身。它既考验参赛者的思维判断能力，又深层次挖掘参赛人员的团结协作能力，将体育项目的激烈竞争和探索的乐趣完美结合。

“圣弗莱此次推出‘都市徒步探秘’这样的活动概念与品牌‘泛户外’定位紧密相关，意在引导广大消费者的传统户外观念，鼓励人们参与到更广泛的、健康有趣的户外活动中来。”圣弗莱品牌营销推广人员陈桂源谈道，本次活动最重要的意义在于，配合本季徒步鞋上市，让大家领略到圣弗莱新品的功能性和定位都市的动感潮流。

在陈桂源看来，这样的体验活动目的在于让消费者先知道户外产品，了解户外产品的用途与功能。比如，在风雨屋中，让体验者穿上冲锋衣，在人造风雨中体验一下产品的性能和舒适性，同样在城市徒步、登山过程的体验中，将潜在消费者对户外的观望引导到切入、尝试的阶段，从而创造需求，满足需求。

尽管一些户外品牌已经开始了体验营销，但系统化不够，零散化、缺乏创新的问题影响了体验营销，也需要品牌化运作，如果能够更加精准聚焦在消费者的户外圈子，如户外俱乐部等，将其作为深度体验的主要目标，会成倍放大传播效果。

案例分析2　户外小品牌联合订货会

品牌：艾维卡

营销事件：户外小品牌联合订货会

策划理由：术业有专攻，户外小品牌由于资金和规模原因往往在某一产品上有优势，但是无法为客人提供全方位的户外产品，客人还要去苦苦寻找其他类户外产品。若可以将不同类别的户外小品牌集合在一起提供给客人选择，既节省了客人找货时间，同时为品牌拓展市场节约了资金。

执行时间：每年北京ISPO和南京亚洲户外用品展

面向群体：全国户外店及运动用品商

地点：北京，南京

具体活动阐述：联合6～10家在不同领域的户外小品牌，共同出资，租场地开联合订货会，打杂志广告。

效果：可以将各自客人共享，客人可以在一个100～200m^2的场地中搞定所有货品，不必再东奔西跑找品牌。

收益：通过联合订货会，参与活动的品牌都增加了20%～30%的顾客。

经验总结：以多个品牌厂家联合，在某中心城市用一两天的时间，以新款产品和特惠政策为亮点，做集中的产品发布和现场订货。

联合订货会可以建立厂商与渠道商、零售商的互动沟通，会诊渠道盲点，挖掘潜力，拓宽通路，加强经销商的控制力度，培养分销商的忠诚度，提高区域市场的影响力。这种优势互补、共享资源、分摊成本的市场推广新模式获得了与会的买卖双方的一致好评。

扩展阅读

扩展阅读1　雪花啤酒　勇闯天涯

——迪思探险公关助雪花啤酒打造成长品牌

项目背景

2005年初，雪花啤酒在国内具有一定的知名度，但较青岛啤酒等全国性品牌来说，还有其相对弱势的一面。此外，啤酒市场的竞争十分惨烈，雪花啤酒不但要面对地方品牌的强劲竞争，还要应对啤酒市场的瞬息万变。在未来几年内，如何与竞争产品实现差异化处理，实现“一枝独秀”，让消费者更加关注雪花啤酒，是其需要面对的一大挑战。

项目目的

(1)塑造雪花啤酒的品牌形象,强化雪花啤酒“畅享成长”的品牌内涵,充分表达雪花啤酒与“成长一代”共同成长的理念和品牌观念。

(2)建立起与雪花啤酒目标消费群紧密沟通互动的独一无二的平台。

(3)建立起雪花啤酒的全国媒体网,为雪花啤酒全国性的品牌建设助力。

(4)通过全国性的主题营销活动有机推动市场促销,并吸引和影响到更多的目标受众。

核心创意

在雪花啤酒的定位描述中,雪花啤酒 2005 年的目标是:对于中国的“成长一代”,雪花在“成长的一天”结束时,为他们带来身心的爽快和轻松愉悦,成为他们心中“一天的回报”和“成长的象征”。这个目标的核心是“成长中身心的爽快和轻松愉悦”,对于“成长一代”而言,要获得轻松愉悦,喝啤酒是一种常用的方式,而旅游与探索则是日渐为他们所喜好的另一种方式。因此,在多个策划方案中,“雪花啤酒 勇闯天涯”2005 年探索成长之旅——探索雅鲁藏布大峡谷,凭借“探索”的主题设计脱颖而出。“探索”的概念是能够连接雪花啤酒“畅享成长”品牌理念与消费者需求的最佳契合点,既能体现雪花啤酒“畅享成长”的积极涵义,也能让目标受众迅速产生共鸣,从而进行良好的互动和沟通。而在 2006 年,延续 2005 年的创意勇闯长江源头,将雪花品牌形象的塑造推向第二个高峰。

效果影响

1.“雪花啤酒 勇闯天涯”成为雪花啤酒品牌口号

雪花啤酒 2004 年的品牌口号是“畅享成长”,但消费者并没有直观的感受和品牌联想,通过“雪花啤酒 勇闯天涯”活动,全国消费者对雪花啤酒产生了直观的认知,2005 年底的调研报告显示,雪花啤酒在广大消费者心目中已经形成了年轻、有闯劲、有激情的品牌形象共识。连续两年的活动之后,“雪花啤酒 勇闯天涯”已经替代了以前的“畅享成长”品牌口号,成为雪花啤酒品牌策略的主要表现方式,并因此而设立了单独的“雪花啤酒 勇闯天涯”产品线。

2.形成雪花啤酒的全国凝聚力

2005 年以前,雪花啤酒拥有 13 个区域分公司,在全国各地都有一定的知名度,但无法形成统一的凝聚力。通过“雪花啤酒 勇闯天涯”活动,不但形成了雪花啤酒在全国范围内的统一形象,而且由于活动得到各地消费者的一致认可,最终带动雪花啤酒的区域分公司也打破区域差异,在宣传推广上拧成一股绳,形成品牌凝聚力,让消费者无论身处何地,看到、喝到、感觉到的,都是同样文化和感受的雪花啤酒。

扩展阅读 2　探路者的广告促销策略

营销传播其实就是消费者与商家之间的沟通，商家如果在与消费者的沟通中能取得更好的效果，是相当重要的。其中广告是任何商家都离不开的，广告的好与坏，常常决定了一个产品营销的成败。

广告的设计最重要的是要符合产品的市场定位，要符合产品所在行业的精神，要符合企业的文化。比如，探路者的广告就具有户外运动的气息，王石作为广告中的主人公，本来就酷爱户外运动的王石给我们留下了很深的印象，广告中的广告词也很明确地表现出探路者的风格，因此这则广告也为很多户外休闲、探险人士所熟知。同时取得了很好的市场营销效果，让人看到了其品牌的良好形象，也给人以信任的感觉。

因此在以后的广告中要继续发扬这些特点，让广告表现出企业的文化，品牌的精神，从而更具有影响力。

扩展阅读 3　携手并进　勇攀高峰

——奥索卡再度携手王勇峰

（资料来源：www.8264.com 户外资料网）

2009 年 1 月 21 日，OZARK（奥索卡）品牌正式宣布，中国国家登山队队长、奥运珠峰火炬手王勇峰将继续担任 OZARK 品牌形象代言人。签约仪式在 OZARK 品牌宽敞、明亮的新办公室隆重举行。

值得庆贺的是，由王勇峰队长带领的中国登山队荣获“中国十佳劳伦斯冠军奖”最佳非奥运动奖；王勇峰还获得由品牌中国产业联盟和海南省三亚市人民政府颁发的“2008 品牌中国十大年度人物”殊荣。

自 2004 年王勇峰成为 OZARK 品牌形象代言人以来，OZARK 的专业装备也伴随王队长经受住了珠穆朗玛峰、南北两极等恶劣条件下的极端考验，为他一次次的探险壮举提供了优质的装备保障。也正是得到了 OZARK 专业装备的强有力支持，王勇峰队长以及与他一起挑战冰峰之巅的攀登勇士们才会更有信心与勇气去攀登每一个新高度。2008 年 5 月 8 日，在 OZARK 珠峰装备的保护下，王勇峰作为圣火珠峰传递队队长，手持祥云火炬，又一次站在世界之巅，顺利地完成了具有历史意义的辉煌壮举。

王勇峰作为中国登山探险界的旗帜性人物，不仅从一次次攀登中到达了自己人生的新高度，并且作为推广中国民间登山的先行者，大力倡导中国人的户外极限探险运动，引领了一大批向往雪山的“痴迷山友”们，如张朝阳、王石、王秋杨、刘建等，同时，他更是广大户外运动爱好者追随的偶像级人物。

2003年，王勇峰成功组织并亲自指挥的"纪念人类登顶珠峰50周年民间登山活动"，更掀起了一个中国民间登山爱好者挑战珠峰的高潮。他成功登顶世界七大洲最高峰并成功徒步到达南、北两个极点，是首个完成"72"全极限挑战的中国人。

OZARK一直坚持"Ozark Your Life"的理念，提倡自然体验和挑战户外的精神，以保证产品的高品质为基础，不断开发更先进、更舒适、更加专业化的登山及户外装备，以满足中国户外爱好者的需求。每一个生产工艺环节的完美可靠成就了OZARK产品的顶级品质；最严格的实地环境测试更使OZARK的产品有信心面对任何极端环境的挑战，并力求产品在安全及舒适两方面都达到最佳的效果。

OZARK将衷心地继续与王勇峰队长携手并进，勇攀高峰！

本章讨论题

1. 广告一般可分为哪些类型？
2. 人员销售有哪些独特的优点？
3. 分析比较不同促销策略的优缺点。

第九章

户外运动产品分销策略

【内容提要】 户外运动产品或商品生产出来以后，要通过一定的渠道销售给最终消费者。随着现代社会分工的高度精细化，几乎绝大多数的生产者都不将自己生产的产品直接销售给终端客户（最终使用商品的个人或组织），而是通过具有不同功能的营销中介机构，将商品或服务传递或销售给最终消费者。本章主要从分销渠道、户外运动零售销售、场馆的服务分销和媒体的分销等方面阐述户外运动产品的相关分销知识。

【学习要求】 熟练掌握分销渠道的概念、特征和类型；掌握户外运动分销渠道的设计与管理；学习户外运动场馆的服务分销和媒体分销；了解中间商、户外运动零售销售和户外运动经纪人的相关知识。

第一节　分销渠道的概述

一、分销渠道的概念

分销渠道是指把户外运动商品或劳务从生产者转移到消费者的过程中，取得这种商品或劳务的所有权或帮助所有权转移的组织或个人。

组成分销渠道的组织或个人就是分销渠道成员。

分销渠道包括取得商品或劳务所有权的商品中间商，帮助所有权转移的代理中间商。此外还有一些机构——运输公司、仓库、金融机构、保险机构、广告代理商等，他们属于支持分销渠道系统运转的辅助机构。

户外运动商品中间商也被称为经销商，主要有批发商和零售商。

二、分销渠道的特征

在多数情况下，分销渠道中户外运动产品或服务的转移是通过中间商来实现或完成的。因此，分销渠道也可以理解为户外运动产品或服务从生产领域经由中间商转移至消费领域的市场营销活动，并具有如下特征：

(1)分销渠道是一组路线，它是由参与户外运动产品或服务交易过程中的各类人员、组织或中间商组成的。

(2)通过有关人员、组织或中间商的活动，户外运动产品或服务才能由生产领域进入消费领域。

(3)每一个分销渠道的起点是生产者，终点是消费者或用户。任何一种产品都是加工生产得来的，其最终都是消费者在享用。

(4)户外运动产品或服务从生产领域向消费领域转移时，至少要转移户外运动产品或服务的所有权一次。如奥索卡、迪卡侬等各种户外品牌的专卖店，在向消费者出售前该品牌专卖店已从生产厂家或批发商处获得产品所有权，已经过一次所有权转让。

三、分销渠道的类型

分销渠道的分类有很多种。按有无中间商的标准，可将分销渠道分为直接渠道和间接渠道；按渠道多少的标准，可分为宽渠道和窄渠道；按经过环节的多少标准，可分为长渠道和短渠道。

1. 直接渠道和间接渠道

直接渠道是企业采用产销合一的经营方式，即产品从生产者直接流向消费者或用户过程中不经过任何中间环节。比如户外运动赛事向现场观众销售就是直接渠道。而间接渠道则是在产品从生产者流向最终消费者或用户过程中要经过一层或一层以上的中间环节。比如对电视转播、电台、报纸、网络等媒体观众就是通过间接渠道销售的。

直接渠道和间接渠道的区别就在于有无中间商，即中间环节。

2. 宽渠道和窄渠道

宽渠道和窄渠道都是在间接销售前提下。在间接销售中，生产者只利用一个中间商销售产品，形成独家分销的局面，就是窄渠道。它适用于技术性强、生产批量不太大的企业。宽渠道指生产者利用两个以上的中间商销售产品的渠道，即生产者要想把产品的所有权转移到消费者手中，可以同时选用多个零售商、批发商或代理商销售产品，它比较适合大批量产品销售。比如小型轻便的日常户外运动用品(毽子、羽毛球、乒乓球、跳绳等)。

在窄渠道中，只有独家分销一种策略。独家分销是指在某一地区有限制地选择经营产品的中介机构和数量。最极端的方式就是实行独家分销。比如，NBC 独家拥有第 27、28、29 届夏季奥运会的独家代理权。

在宽渠道中，主要有两种策略可以选择，即选择性分销和密集型分销。所谓选择性分销，是指介于密集型分销和独家分销两者之间的，选择一些中间商来经营公司的业务。一些有良好信誉和口碑的大公司，一般都利用选择性分销来吸引经销商,这样可以使生产商获得一定的市场覆盖面,可以把成本控制在较低的水平。密集型分销是指在同一层次的分销渠道中,大量地使用分销商,以迅速地将产品或服务销售出去。大多数新公司和户外运动用品(尤其是户外运动服装),都是采用这一分销方式。

3. 长渠道和短渠道

渠道的长短要根据分销渠道环节的多少进行划分。在产品分销渠道中,经过一个环节的为短渠道,经过两个以上环节的为长渠道。

短渠道的销售过程为:生产企业—销售机构(中间商)—消费者或用户。

长渠道的销售过程为:生产企业—代理商或批发商—零售商—消费者或用户。或者,生产企业—代理商—批发商—零售商—消费者或用户。

比如观看户外运动赛事,可以是短渠道,也可以是长渠道。

扩展阅读

中国户外运动服装的销售渠道构成

(资料来源:www.8264.com 户外资料网)

户外运动的服装,作为运动和休闲之间的分类,逐步形成了特有的销售渠道,其经营和营销方式也在逐步转变。与运动服装产品一样,大中小型零售商场、专卖店、特许经营店、批发市场、集贸市场、服装邮购公司、网上商场都是户外运动服装销售的重要场所。

1. 大型商场/百货公司

大型商场是消费者选择和购买商品的主要场所,其中,户外运动服装销售也是重要品类。据调查,有30%的消费者在大型商场购买运动服装。大型商场是以经营中高档、知名品牌运动服装为主,当然也是户外运动服装销售的重点渠道。

大型百货商店优雅的购物环境、良好的信誉、错落有致的布局往往是追求品质的知名品牌户外运动服装理想的销售场所。

目前在国内的很多品牌,比如 TNF(The North Face)、BLACK YAK 等都是采取这个渠道。

2. 普通商场/服装店

普通商场/服装店经营中低档户外运动服装为主,主要吸引工薪阶层的消费者。普通商场多采用柜台销售或自选销售的方式。很多以前经营休闲服装的店主感受到户外运动发展的能量,纷纷引入到自己的店中。好多打着外贸库存的牌子,上海的热风等就是走了这条发展之路。全国各地也纷纷效仿,你若到了上海的徐家汇等店铺就会感受到这个渠道的力量。

3. 户外运动服装专卖店

户外运动服装专卖店大多是经营有品牌的服装，有40%的消费者喜欢到专卖店购买自己喜欢的品牌。目前，我国户外运动服装专卖店在国内商品专卖店中起步较晚，暂时没有形成规模。看到了TTISS的品牌系列，我感觉很快就会有TTISS专卖店的出现。

名牌户外服装专卖店能满足部分消费者的需要。连锁店服装经营的品类有其特殊性。特许加盟经营近年来逐渐升温，是集理念、文化、管理、培训、服务"一条龙"的新型营销方式。这种业态在保证服装品牌形象及回款方面有较大优势，举体育品牌的例子，目前专卖店主要由海外品牌如耐克、阿迪达斯、锐步等支撑，多集中在城市，是对大型百货商店的一种补充，专卖店的年销售额一般在80万～300万元之间。

4. 商场、超市及连锁店

仓储商场、超市、连锁店，由于经营成本低，具有价格优势，是近年来发展最为迅速的业态，该类业态的户外运动服装采取开架式销售，价格低廉，所售户外运动服装以中低档为主，由于销量大、价格低而极受消费者欢迎，是百货公司业态的一个良好补充。上海的DETHLON就是其中的楷模。

5. 批发市场

户外运动服装批发市场是由户外运动服装厂家和经销商专门经营户外运动服装的场地。由大型批发市场所支持的各种个体户外运动服装零售店，目前占据中国户外运动服装销售的较小份额。这一户外运动服装市场同时支持了中国广阔的农村市场及部分城市的低档市场。

目前，我国的运动服装批发市场主要集中在浙江、江苏、山东、辽宁和广东等地，相信很快就有户外运动服装的加入。经过几年的发展，服装批发市场品种齐全，批零兼营，在社会经济活动中发挥着越来越重要的作用。因其中间环节少，价位低，对市场变化反应快，发展前景十分看好。

6. 邮购

户外运动服装邮购正在走近消费者。户外运动服装邮购方式将逐步为更多的消费者接受和选择。网上销售户外运动服装也已出现。通过互联网销售户外运动服装，为消费者及时传递新品信息，提供个性化服务。据悉中国户外资料网(http://shop.8264.com)的网上销售量就比很多户外店强。

7. 网上销售

北京、深圳、宁波、天津、广州、上海等网站，纷纷为企业建立了自己的网页，让户外运动服装企业在网上尽情地展示自己设计的新款运动服装作品，拓展产品的市场空间。在网上可以看到各地户外运动服装设计、研发的不同实力及风格。

网上户外运动服装展示平台的纷纷问世，可以说是网上户外运动服装的大比拼，是信息资源的竞争，更是争夺有限市场份额的竞争。

扩展阅读

国内户外用品销售渠道分析

1. 区域性户外零售网络正在构建中

户外零售商从2003年逐步开始选择品牌正规经营，少数有能力的零售商经过几年的扩张发展，开始构建区域性户外零售网络。目前这些有发展趋势的零售商集中在北京、华东、华南和西北。但如果按照区域性零售网络的标准衡量，仍存在很多问题。

在商场户外产品的销售十分不平衡，第一，目前在商场的销售仅仅限于国外高档户外品牌和国内少数品牌；第二，仅在省会城市的部分商场有户外产品销售；第三，同一档次不同地区的商场，销售数量相差悬殊。

2. 大型户外连锁店因定位问题而发展迟缓

根据对目前的大型户外连锁店的实际观察，普遍存在定位问题。

(1)品牌产品基本以中高档次定位，偏向国外品牌，与国内实际消费能力脱节。

(2)在零售网络未形成强势的情况下，开展包括自创品牌生产在内的多种经营，这违反了商业分工运作的基本原则，难以得到品牌商的信任和支持。

(3)定位偏向在产品面上做大，没有考虑在具体品牌方向上做深，长期下去，很难得到品牌商大力支持，造成被动或主动频繁更换品牌。

(4)区位优势未形成，与品牌商的战略合作关系未建立，就急于跨区域扩张经营或授权经营，效果不佳。

3. 中小型户外店资金管理信用和开店模式成为发展瓶颈，生存问题令人关注

街铺户外店从资金实力、经营理念、经营规模、管理水平、人才素质、陈列形象、服务水平、经营效果等方面的差异很大。在主要户外产品销售发达地区，街铺零售商竞争激烈而且不规范。经过三四年发展，中小型户外店的前景不容乐观，不少户外店还没有解决基本生存问题。

(1)资金困扰：原始投入不足，没有后续补充，经营品牌众多，资金效率低下，库存占用资金严重，资金周转不灵，限制产品销售。

(2)管理困扰：多股东管理常闹分裂；缺乏长远经营规划，整体管理不到位，水平低；对库存管理不敏感，对产品的时间价值观认识不足；大多守株待兔型销售模

式，在促销上办法主意不多；同质化经营普遍，未有效利用差异化经营，避开直接竞争；夫妻型店经营，管理相对保守，多数店缺乏基本的管理规章制度。

(3)信用困扰：经过多年的磨合，部分经营商得到品牌商一定的信用支持，但由于经营商经营方式不正确，经营总体状况不佳，又未很好总结经验和及时调整，就品牌提供的这一解决资金短缺问题的机会也不能很好把握，时常出现挪用资金和不按时回款的情况，与品牌商关系紧张，得不到品牌商在资金方面的继续支持，造成经营资金周转进一步持续紧张，形成恶性循环。

(4)模式困扰：超越实际贪多求洋的多品牌销售模式，表面是经营品牌，实际却是在经营产品。贪图控制过多品牌，一厢情愿地选择经营每个品牌的优势产品，与品牌商的关系仅仅建立在表面的战术合作。这就造成三高三差的局面：经营成本高，总体库存高，销售难度高；品牌商支持差，品牌稳定性差，经营利润差。

第二节 中间商

中间商是指在生产者与消费者之间参与产品交易业务、促使买卖行为发生的具有法人资格的经济组织和个人，它是企业生产者向消费者或用户出售产品的中介环节。中间商也被称为经销商，主要包括批发商、零售商、代理商等。

一、中间商得以生存的原因分析

(1)分销渠道的建立需要大量资金，产品生产企业无力在生产和销售两方面做到面面俱到。

(2)在商品和劳务消费市场，中间商具备产品生产企业所不具有的经验、专业知识、规模等优势。

中间商能将商品和服务从生产者转移到消费者手中，弥补了产品、服务和使用者之间的缺口，起到了桥梁和纽带的作用，发挥了特定的功能。

二、中间商的作用

1.具有传递信息的功能

中间商通过与生产者、使用者接触，为他们传递和反馈商品信息。在现实社会中，中间商的存在是不可或缺的，通过中间商采购能让消费者自身感受到更多的方便与实惠。因为中间商为生产者和消费者提供各种信息和服务，降低了生产者和消费者的信息搜索成本和风险，在产品营销、售后服务、产品运输等方面对商业运作起着十分重要的作用，对于交易的完成、交易量的扩大和消费者利益的保护意义十分重大。而且现在许多中间商越来越注重增值服务，与消费者之间建立了较为长期稳定的关系，促进消费群体的形成和固定其购物模式。同时这种关系使得中间商在市场中的力量较强，有时他们的优惠功能甚至会使生产者放弃直接与消费者交易的计划。

2.具有促销的作用

中间商同时也是与广告、人员推销和公共关系活动相联系的。中间商可以利用自己的营销途径传播有关产品和服务的信息，刺激消费者的需求，起到促销的作用。例如，沃尔玛百货有限公司就一贯坚持“服务胜人一筹、员工与众不同”的原则，遵照“帮顾客节省每一分钱”的宗旨，实现了价格最便宜的承诺。沃尔玛所推行的“一站式”购物新概念，使顾客可以在最短的时间内，以最快的速度购齐所有需要的商品，正是这种快捷便利的购物方式、合理的价格和优质的服务，吸引了不少现代消费者。因此，企业在看到中间商赚取利润的同时，更要看到中间商的存在价值。

3.实现实体分配

实体分配使户外运动产品和服务能迅速、及时地从生产者传递到消费者手中。有需求就有存在，而中间商的存在正是市场需求的体现。面对新的时代，中间商可能在形式上、功能上有所调整和衍生，但是无论如何发展变化，中间商担负着连接生产者与消费者之间桥梁的重要使命。

4.有效地完成库存管理

库存管理的任务包括商品分类和存放商品。生产商通过中间商的销售，很好地解决了库存问题，提高了商品的流通速度。过去认为仓库里的商品多，表明企业发达、兴隆，现在则认为，零库存是最好的库存管理。库存多，占用资金多，利息负担重。中间商不仅解决了库存成本的问题，而且也疏散了产品，加快了产品流通。

三、中间商的种类

中间商也称为经销商，主要包括批发商、零售商、代理商等。

(一)批发商

批发商是指在商品流动过程中，不直接服务于最终消费者，只是实现商品在时空上的转移，达到再销售目的的中间商。批发商通过自己的大量购买，组织分发，为零售商提供帮助。

户外运动产品批发商的分类方式很多。按经营范围可分为户外运动消费品批发商和户外运动产品的生产资料批发商；按经营种类可分为运动服装、运动鞋帽批发商和户外运动健身器材批发商；按服务地区可分为全国性批发商和区域性批发商；按所发挥的作用不同可分为综合服务批发商和专业服务批发商，其中有承包批发商、现货代运批发商、现货自运批发商等。

（二）零售商

零售商是销售渠道的最后的中间环节，他们与消费者的关系最为紧密。零售商从企业或批发商购买任何户外运动商品，都必须直接为消费者着想，考虑消费者的现实需求和市场行情。户外商品直接销售给最终消费者的中间商，是相对于生产者和批发商而言的，处于户外商品流通的最终阶段。零售商的基本任务是直接为最终消费者服务，它的职能包括购、销、调、存、加工、拆零、分包、传递信息、提供销售服务等。在地点、时间与服务方面，方便户外消费者购买，它又是联系户外生产企业、批发商与消费者的桥梁，在分销途径中具有重要作用。

户外运动产品的零售类型相对比较稳定。一般来说，户外运动消费用品在各大型商场都有专柜，而户外运动服装、运动鞋帽、运动包、健身器材等则多以专卖店零售形式多见。

（三）代理商

代理商是一种独立的中间商，他们主要是接受别人的委托，有偿帮助别人从事销售或买卖。代理商不拥有产品的所有权，也不直接承担经营风险，但要对生产企业承担较多的义务，他们根据合同或协议，在商品销售后由委托人或单位付给劳务费。户外运动产品营销中，通常有企业代理商、商店代理商、寄售代理商、独家代理商和经纪人等种类。

1. 企业代理商

企业代理商是企业的代理人，是代企业打理生意，而不是买断企业产品的，是厂家给予商家佣金额度的一种经营行为。所代理货物的所有权属于厂家，而不是商家。因为商家不是售卖自己的产品，而是代企业转手卖出去。他们按照双方签订代销合同负责代销企业的户外运动用品，并与消费者或用户达成买卖协议或办完销售手续后，可由企业直接发货，或由消费者或用户直接到企业提货。

2. 商店代理商

它是主要从事购买或销售或二者兼备的洽商工作，但不拥有商品所有权的代理商。他们代理户外运动用品零售商店进货、验货、存货、发货等，以使户外运动用品零售店减轻负担，扩大业务，提高效益。

3. 寄售代理商

他们受委托进行现货的代销业务，根据双边签订的协议，企业向寄售商交付户外运动用品，销售后所得货款扣除佣金及有关费用后再交付给企业。寄售代理商一般都有自己的店面。代理双方属于一种委托和被委托的代销关系，而不是买卖关系。

4. 独家代理商

他们与生产企业签订代销合同，负责销售生产企业的各类户外运动产品。按照规定，这类代理商不能同时再代理其他厂家的同类产品，生产企业在区域范围内也只能委托一个代理商，不能另找其他代理商。代理双方通过签订代理协议建立起代理关系后，代理商有积极推销商品的义务，并享有收取佣金的权利，同时代理协议一般规定有非竞争条款，即在协议有效期内，代理商不能购买、提供与委托人的商品相竞争的商品或为该商品组织广告；代理人也无权代表协议地区内的其他相竞争的公司。

5. 经纪人

他们既无产品所有权，又无现款，只为买卖双方提供产品、价格及一般市场信息，为买卖双方洽谈业务穿针引线，沟通信息，发挥媒介作用。买卖成交后收取一定手续费。在发达国家，户外运动经纪人在户外运动非物化产品或运动员的经营活动中起着重要的作用，随着我国职业运动员的出现，户外运动市场也在呼唤户外运动经纪人。经纪人在代理业务中，只是代表委托人招揽客户，招揽订单，签订合同，处理委托人的货物，收受货款等并从中赚取佣金，经纪人代理商不必动用自有资金购买商品，不负盈亏。

案例分析

Columbia 大力发展代理商

施文钦(Columbia 中国区北方区总经理)非常在意渠道的整合和控制，并且大力发展代理商来运作 Columbia 在当地的市场。“我们只有 10%的自有店面，不是不想作，而是感觉没有必要。因为你想做当地市场就必须选择当地最合适的合作伙伴，没有比当地人更加了解区域市场的状况。”另外，与其他户外品牌拼命发展代理商进而收取高昂的代理费不同，Columbia 在一个区域只会选择一个代理商，因为“高端户外用品市场容量还是非常有限，一个人可以吃饱，两个人就难说了。”代理商的质量是施文钦最为关注的，让他感到欣慰的是，通过近十年来的运作，Columbia渠道的数量和质量都已经达到了理想的状态。

“代理商就是你的顾客，你要让他们赚钱，帮助他们增强零售和服务能力，保护他们的正当利益。双赢是一个前提。”施文钦对一些品牌疯狂布点的行为表示不解，在他看来，对于尚不成熟的户外用品行业，单纯的店面数量并不能带来质的提升；相反，由于竞争，代理商会出现降价和非理性的市场手段，最后的结果是品牌伤痕累累，而商家两败俱伤。“Columbia 非常保持价格的持续稳定性，我们不会主动选择降价，因为我们的产品代表着顶级品质，一切都是真材实料。我们不会对自己付出的劳动打折。同时让消费者在一天之内货品贬值 30%甚至更多，对消费者的购买信心都是极大的伤害。"施文钦确信价格混乱是品牌优质不成熟的表现。Columbia的过季品只会通过澳特莱斯这样顶级的折扣卖场以及VIP特殊渠道优惠的方式去消化和处理，既不伤害品牌又能够以优惠而不是低价处理的方式缓解库存压力。"我们的库存控制得比较好，而且资金雄厚，不存在这方面的压力。"施文钦笑着说。

Columbia 曾经试图将产品线和价格向下延伸来吸引更多的顾客。但是在进行市场前期测试的时候，施文钦发现低端的产品投放并没有让消费者喜出望外；相反，科技含量和附加值更高、价格更贵的产品，顾客满意度反而更好。"从那以后，Columbia 决定耐住寂寞和诱惑，把属于自己的市场做深做透，更加看重顾客满意度和品牌体验深度的提升。我们意识到在有限的时间和精力只作最有价值的一件事情是对的。对于其他品牌来说，这种行为也许有些傻，但是我们认为是对的，就会坚持。"

第三节　户外运动分销渠道设计与管理

不同的零售商销售同样的产品可以有不同的价格，这主要原因是分销销售渠道的效率存在差别。

一、分销渠道系统的形式

1. 垂直营销系统

垂直营销系统是由生产者、批发商和零售商所组成的一个统一的联合体。某个渠道成员拥有其他成员的产权，或者是一种契约关系，或者某个渠道成员拥有一定的实力，其他成员愿意进行合作。

垂直营销系统和传统营销渠道系统是相对的。传统营销渠道系统是由相对独力的生产者、经销商和零售商组成，每个成员都作为独立的企业实体，追求自己的利润最大化，没有一个渠道成员能够对其他成员拥有全部或足够的控制权。生产者、批发商和零售商对销售条件各执己见、各行其是，大大影响了整个营销系统和营销活动的效率，成本太高。

垂直营销系统有利于控制渠道系统的活动，消除渠道成员为追求各自的利益而造成的冲突，能通过自身规模、谈判实力和减少重复的服务而获得效益。

垂直营销系统主要包括三种形式。

(1)公司式垂直营销系统，即指一家户外公司拥有和统一管理若干工厂、批发机构和零售机构，控制分销渠道的若干层次，甚至整个分销渠道，综合经营生产、批发、零售业务。这种渠道系统又分为两类：工商一体化经营和商工一体化经营。如美国的品牌 The North Face、欧洲品牌 Quechua、国内品牌 Panerai 等知名品牌公司都拥有户外产品制造厂，还拥有户外系列的批发机构和零售机构，其销售门市部（网点）遍布全国。商工一体化是指由大零售公司拥有和管理若干生产单位。

(2)管理式垂直营销系统，指制造商和零售商共同协商销售管理业务，其业务涉及销售促进、库存管理、定价、商品陈列、购销活动等。如户外公司与其零售商共定商品陈列、货架位置、促销、定价等。

(3)契约式垂直营销系统，即指不同层次的独立制造商和经销商为了获得单独经营达不到的经济利益，而以契约为基础实行的联合体。

公司式垂直营销系统是由同一所有者的相关部门所组成，即生产者、批发商和零售商都是同一家公司或其控股。管理式垂直营销系统是由某一家规模大、势力强的企业出面组织，将生产者、批发商和零售商整合在一起。契约式垂直营销系统由各自独立的公司在不同的生产和分配水平上组成，他们以契约为基础来统一他们的行动，以求获得比其独立行动时更大的经济和销售效果。

2. 水平式营销系统

水平式营销系统是指两个或两个以上的公司联合开发一个市场机会。它们可实行暂时或永久的合作。这种系统可发挥群体作用，共担风险，获取最佳效益。这些公司可能是因为缺乏资本、技能、生产或资源等，不能独立进行商业冒险（或分担风险），或发现了与其他公司联合可能产生巨大的协同作用。

实力有限的公司可以通过与其他相关企业进行合作，共同开发一个市场机会，可以达到优势互补，降低进入新行业、挖掘商机的风险。

公司间的联合行动可以是暂时性的，也可以是永久性的，也可以成立一个专门公司。

3. 多渠道营销系统

多渠道营销系统是指公司可以通过代理商或经销商，也可以选择自己开设专卖店进行销售的营销系统形式。多渠道系统是对同一或不同的细分市场，采用多条渠道的分销体系。其大致有两种形式：一种是制造商通过两条以上的竞争性分销渠道销售同一商标的产品；另一种是制造商通过多条分销渠道销售不同商标的差异性产品。

户外产品多渠道系统是指户外品牌公司设计构建的组合多种营销途径和组织的渠道系统。由于任何产品都不存在一个同质的市场环境，所有市场都可以进一步细分，仅依靠单一分销渠道不可能覆盖整个市场需求，所以为有效占领多个细分目标市场，多渠道系统便成为许多企业的选择。

二、分销渠道的设计与管理

(一)影响分销渠道设计的主要因素

渠道目标包括预期要达到的顾客服务水平,中介机构应该发挥的功能等。每个生产者在制定渠道目标时必须考虑来自顾客、产品、中介机构、竞争者、公司政策和环境等各种限制因素。

1.顾客特征

渠道设计在很大程度上受到顾客特征的影响。顾客特征包括人口分布密度、地理范围、顾客购买产品的数量和次数等。当顾客人数多时,生产者倾向于利用每一层次都有许多中间商的长渠道。但购买者人数的重要性又受到地理分布的修正。例如,生产者直接销售给集中于同一地区的500个顾客所花的费用,远比销售给分散在500个地区的500个顾客少。而购买者的购买方式又修正购买者人数及其地理分布的因素。如果顾客经常小批量购买,则需采用较长的分销渠道为其供货。因此,少量而频繁的订货,常使得毽子、羽毛球、乒乓球、跳绳等户外产品的制造商依赖批发商为其销货。同时,这些相同的制造商也可能越过批发商而直接向那些订货量大且订货次数少的大顾客供货。此外,购买者对不同促销方式的敏感性也会影响渠道选择。例如,越来越多的户外零售商喜欢在户外产品展销会上选购,从而使得这种渠道迅速发展。

2.产品特征

根据产品的价值、是否需要售后服务等标准来衡量是否需要通过中间商销售。例如,易腐烂的产品为了避免拖延时间及重复处理增加腐烂的风险,通常需要直接营销。那些与其价值相比体积较大的产品(如体育器械等),需要通过生产者到最终用户搬运距离最短、搬运次数最少的渠道来分销。非标准化产品(如顾客订制的机器和专业化商业表格),通常由户外推销员直接销售,这主要是由于不易找到具有该类知识的中间商。需要安装、维修的产品经常由企业自己或授权独家专售特许商来负责销售和保养。单位价值高的产品则应由企业推销人员而不通过中间商销售。

3.竞争特征

户外生产者的渠道设计,还受到竞争者所使用的渠道的影响,因为户外行业的生产者希望在与竞争者相同或相近的经销处与竞争者的产品抗衡。例如,品牌实力较强的户外生产者就希望其品牌和竞争品牌摆在一起销售。有时,竞争者所使用的分销渠道反倒成为生产者所避免使用的渠道。

4.公司特征

公司规模决定了它的市场规模及其所需要的中间商的多少,公司的财务状况决定了哪些市场营销职能可由自己执行,哪些应交给中间商执行。企业的产品组合也会影响其渠道设计及其渠道类型。企业产品组合的宽度越大,则与顾客直接交易的能力越大;产品组合的深度越大,则使用独家专售或选择性代理商就越有利;产品组合的关联性越强,则越应使用性质相同或相似的市场营销渠道;企业过去的渠道经验也会影响渠道的设计。曾通过某种特定类型的中间商销售产品的企业,会逐渐形成渠道偏好;现行的市场营销政策也会影响渠道的设计。例如,对最后购买者提供快速交货服务的政策,会影响到生产者对中间商所执行的职能、最终经销商的数目与存货水平以及对所采用的运输系统的要求。

5.环境特征

当经济萧条时,生产者都希望采用能使最后顾客以廉价购买的方式将其产品送到市场。这也意味着使用较短的渠道,并免除那些会提高产品最终售价但并不必要的服务。

(二)渠道选择方案

生产者必须从众多可行的方案中选择最能满足企业长期目标的一种,这需要从经济性、控制性和适应性三个方面综合评判。

(1)经济性。是指该种经济成分内部的生产关系,即每种渠道设计方案的成本与效益之比。

(2)控制性。使用销售代理商就必须对其进行有效控制,以实现公司的利润最大化。

(3)适应性。即户外产品作为消费者的所需品能否被消费者选择。

(三)渠道管理决策

公司在确定渠道方案后,必须对每个中间商进行选择、激励和评价。

(1)选择渠道成员。生产者在寻找中间商的过程中,要对中间商从事经商的年限、经营的产品种类、发展历史和赢利记录、偿付能力、合作的态度及声誉等进行有效的评价。对中间商和代理商的评价标准还要有所区别。

(2)激励渠道成员。要使中间商出色、努力地工作,制造商必须设法获得中间商的配合与合作,采取“胡萝卜加大棒”的方法,就是适当采用各种正面激励和反面制裁等方式,达到刺激渠道成员的目的。

(3)评价渠道成员。制造商必须定期按一定标准衡量中间商的表现,比如销售额完成情况、平均存货水平、向顾客交货时间、对损坏商品的处理、与公司促销和培训计划的合作情况等。在定期检查中,对那些没有完成配额的中间商进行分析诊断,并采取相应的措施。

案例分析

探路者的营销策划

在目标市场选择方面，探路者选取差异化的市场营销战略，在户外运动方面又划分出不同的子市场，如户外服装、户外功能鞋和户外装备等子市场，在不同的子市场分别设计和实施不同的营销方案。设计和生产不同的产品；根据不同的产品制定不同的价格；采用不同的分销渠道；使用不同的促销组合，去满足不同目标市场上消费者的需要。

探路者有针对性地开拓市场，2001 年、2002 年广泛尝试了诸如休闲桌椅这类的产品，这些定位在非专业级客户、泛户外的产品把市场拓宽到休闲旅游业，探路者要告诉消费者的是户外的方式是很宽泛的。“对于经销商来说消费人群当然是越广越好。市场像金字塔，底端的市场是最广的。”

探路者的每个门店都有自己的特色，例如去香山的专卖店，就会看到登山装备占据的比例偏高，登山鞋的品种最全；在 4S 店附近的专卖店，就能买到许多与自驾游相关的装备，如烤炉类、野外桌椅、帐篷等；在渔具市场附近的专卖店，就偏向于与钓鱼相关的装备，如钓鱼背心。

探路者创始人将这种方式称为深度营销。“未来这个市场一定是面对个性需求的，无论是门店还是产品都要个性化，我们会更大范围地贴近目标消费群体，包括像户外山友、摄影爱好者、垂钓爱好者、自驾车爱好者等，为他们提供贴身的服务。我们做过调研，发现在市场成熟的韩国和欧洲，山脚下都开了很多户外用品店。香山店和八达岭店就是面对登山爱好者的，八达岭店开店当天，就有 4 个老外买了一些防水的服装。”

探路者建立七大销售区域，精细化渠道管理，开展深度营销。公司设立北京、华北、东北、西北、西南、华东、华南七大销售区域，负责公司在全国各地区的销售管理工作，扁平化销售渠道，使渠道管理和服务进一步贴近加盟商，并能快速捕捉客户需求，以便公司快速反应。公司继续巩固现有的直营和加盟共存的渠道模式，规范加盟体系管理，在巩固一线城市市场占有率的同时，进一步加大在二线城市和户外资源丰富地区的开店力度，大力支持优质加盟商发展壮大。2010 年上半年，公司净新开店 71 家，其中直营店 27 家，加盟店 44 家。同时，公司与好乐买、卓越亚马逊等电子商务网站开展战略合作，积极探索电子商务等新型销售渠道。

探路者选用的营销渠道是门店的模式，在户外运动品牌中，各家户外用品均选择的是门店的模式，门店能让顾客更直观地感受到户外运动的专业性，同时像这种门店的模式，很重要的一点就是要选择好的位置，位置对于门店的销量具有直观的影响。

而现在，各地区黄金地段的争夺越来越激烈，谁能取得好的地段，其在竞争上就有很好的优势。同时好的地段也直接是在为商品作广告，直接把商品展示给更多的顾客，扩大产品的知名度。另外，取得好的位置也是商家实力的一种表现。对于户外用品这个正处于高速发展的新兴行业来说，开设更多的门店，抢占更多更好的门店资源，无疑是品牌运营的重中之重。

第四节　户外运动零售销售

户外运动零售商是户外运动产品分销最重要的渠道成员之一。户外运动零售商主要是直接面对最终消费者，并且将50%以上的产品和服务都以最终消费者作为目标客户。零售商除了销售产品和服务，还要给消费者提供必要的服务。

一、确定户外运动零售产品组合

户外运动零售商要想拥有庞大的市场、丰厚的利润，必须为自己的零售业务设计一个有效的市场组合。也就是说，户外运动零售商要找准自己营销的领域，选准一个合适的目标市场。

1. 户外运动零售产品

对户外运动零售商来说，最大的挑战来自于选择正确、合适的产品组合来满足目标市场的需求。产品组合要根据产品的范围、深度和广度来确定。在户外运动零售业中，就表示如何确定户外运动商品类别和每类户外运动产品的深度。

2. 户外运动零售价格

户外运动零售商对零售户外运动用品的定价取决于多种因素。首先，商品的成本是定价的基础。其次，价格的决定还要考虑市场销路。最后，定价还要根据同一目标市场的竞争者的价格。制订零售价格要掌握以下原则：①零售价格水平要与消费者的购买力水平相适应，既有利于国家积累，又有利于个人消费。对于高级消费品，价格适当从高，但要以消费者能接受为限；②兼顾批发企业与零售企业双方的经济利益，批零利润的分配要与各自的社会必要劳动耗费成比例；③要有利于调动零售企业的经营积极性，促进零售企业改善经营管理，加强经济核算，降低流通费用，增加零售利润；④要有利于稳定市场，稳定物价，安定人民生活。不同地方都有着不一样的价格，就是同一地方的户外商品价格也不可能是一样的，要根据供需关系具体分析。

3. 户外运动零售的分销

户外运动产品零售最重要的是商店的选址。户外运动零售商店的选址应考虑以下原则：

(1)考虑自己周围的零售商店。周围商店所售商品应该和自己经营产品具有一致性。随着经济的快速发展，人们的生活节奏越来越快，大型综合性商场也越来越多，人们越来越喜爱快速便利的购买方式，能够在最短的时间里货比三家，价比三家，而最终选择自己想要购买的产品，零售商店的选址要具有创新性和排他性，同时要具有产品一致性。

(2)考虑市场饱和程度或现有零售商可提供货物或服务的满意度。户外产品市场需求决定了供应数量，市场需求过量，供不应求，自然需要加大供应力度；市场供应数量饱和，各种商品质量及服务已经达到顶端，若再加大供应则会造成资金的浪费。

(3)考虑该地区消费者的特性。消费者都想让自己在支出最少的情况下得到最满意的结果。户外运动属于高消费，无论是对服装还是器械质量上都有严格的要求，是人们在有闲置的资金时才会从事的运动。但无论消费者的户外消费能力强弱，都对服务质量、产品质量等均有严格的要求，在达不到目的或感觉服务不到位时会第一时间做出反应。

(4)考虑潜在地址的可接近程度。

(5)考虑潜在地址的成本。零售的分销供应商则直接考虑实现利润最大化，在推广自己产品的同时尽量打压竞争对手，扩大市场占有率，创造品牌，创造利润。支出和收益比例失调则零售的分销店必然面临倒闭。

4. 户外运动零售的促销

零售促销是指户外运动零售商采取的个人推销、广告、销售促进和公共关系的组合。

二、零售形象

零售商店形象是由一系列不相关的因素组合在一起产生总体的商场形象，这些因素包括氛围、位置、销售人员、顾客、商品、商品促销方式等。例如，旅客在机场中要寻找路标、值机柜台、安检口、登机口，而且要确保能准时搭机，这样的环境充满压力。机场零售如何突破“精神重围”，在几秒钟的时间内以什么样的形象就给顾客留下深刻印象吸引他们前来购物呢？户外产品也一样，在快速的生活节奏下你以什么样的形象来吸引消费者驻足购买呢？

零售商要通过选择合理的市场组合和创造吸引人的商场形象来精心地确定战略地位。零售商和顾客之间交换的是商品，但是真正被销售的却并非货架上的东西。一旦确定了想要突出的销售形象，那么你就可以在视觉展示中对其加强和进行分层表现。这个信息传递的策略首先是通过招牌开始的（它们好似被动销售人员），其次是正确的商品密度及摆放位置。通过各种展示元素的共同作用，你就能依据自己设定的方式来引导消费者的购买决定了。

1. 氛围

氛围是零售商店的听觉、视觉、嗅觉环境，用它们来吸引消费者。

氛围包括视觉、听觉和嗅觉三个维度，每一个维度对消费者特定的感官起作用，并且对整体感觉有影响。

2. 选址

事关零售商店形象的有以下三个主要因素：一是商店所在街区；二是选址地段的繁华程度；三是选址地段周围商店的形象。

3. 销售人员

销售就是介绍商品所提供的利益，以满足客户特定需求的过程。销售是一项很具有挑战性的工作，成为销售人员比较容易，成为优秀的销售人员却没有那么简单。身处竞争激烈、颇具挑战性的销售行业，销售人员应该具备什么样的素质才能摆脱平庸呢？进一步说，销售人员究竟应该具备什么样的素质才能使自己从同行中脱颖而出呢？优秀的销售人员一般在以下四个方面应具备良好的素质：内在动力、干练的作风、推销能力、与客户建立良好关系的能力。这四者相辅相成，缺一不可。

4. 促销活动

促销是营销组合四大要素之一，是企业营销策略的重要组成部分，也是企业参与竞争、贯彻各项战略意图的利器之一。促销活动的性质和次数会影响到商店的形象。

第五节　户外运动经纪人

一、户外运动经纪人的概念

户外运动经纪人是指以获取佣金为目的，与户外运动相关人员及组织签订委托合同，充当委托人与第三人之间有关职业运动、户外运动竞赛的订约媒介，或为委托人提供通过户外运动获益机会的自然人、法人或其他经济组织。

二、户外运动经纪人的业务范围

1. 为运动员作代理

在国际体育界，伴随着一个大牌明星的出现，一个体育经纪人的名字也必将为人们所熟知。泰森一场比赛动辄几千万美元的收入决离不开其“赛事经纪人”唐金；飞人乔丹一年比赛薪金达到了 3 000 万美元，从某种意义上来讲，是经纪人大卫·法尔克重铸了 NBA 的辉煌。湖南攀岩小将瞿海斌代言阿迪达斯也离不开经纪人的成功运作。

2. 推广户外运动比赛

全国部分知名的登山协会；登山户外运动管理中心；著名户外运动俱乐部负责人都在积极为推广户外运动而积极组织策划赛事。

3. 包装运动队

2012 年是中国地质大学(武汉)建校 60 周年，早在 2009 年，该校就开始筹建珠峰登山队，挑战世界最高峰，向校庆献礼。经过体能测试、训练筛选等多个环节，从 500 多名报名师生中精心挑选出登山队员 10 多名。此外，还有部分队员负责后勤保障、科考等任务。2008 年珠峰火炬传递活动中，中国地质大学培养出来的杰出登山人才李致新、王勇峰、张志坚、马欣祥、次落在他们各自的岗位上，做出了巨大的贡献。同时，王勇峰、次落、中国地质大学在校大学生袁复栋和其他 16 名队员，护送火炬成功登顶珠峰，实现了奥运火炬第一次在珠峰顶上的传递，实现了中国对世界的承诺。

扩展阅读

扩展阅读 1　中国户外第一品牌——莫耐(MOLIFE)

莫耐隶属于 FDI 户外集团，成立于 1997 年，是集研发、生产、销售为一体的专业户外运动用品供应商。2009 年底莫耐在全国开设了 24 家分公司和 1 家办事处，在全国已拥有销售网点超过 1 500 家，覆盖沃尔玛、家乐福、麦德龙在内的所有中国大型商超，遍及中国大陆的所有省份和重要城市，成为行业内渠道占有率第一品牌。

莫耐创造“时尚户外 莫耐生活”的全新户外概念，鼓励人们迈出家门，走进户外生活。从诞生以来，莫耐就承载着“推动中国户外生活理念，提高大众生活品质，共享地球自然资源”的使命。为了给消费者带来极致的户外生活享受，莫耐开发了 2 000 多个 SKU，引入国际化先进设计理念和行业领先的质量管理。产品线包括鞋包服饰类、露营家居类、运动器械类、户外用具类四大系列，几乎涉猎全线户外产品。无论是自驾旅行，还是朋友结伴郊游，无论是海滩日光浴，还是居家休闲，无论是周末登山，还是湖边露营，无论是闲暇垂钓，还是郊区徒步，甚至办公室午休，莫耐为每一位户外爱好者提供全面的专业户外装备。

莫耐 LOGO 的转变

2010 年以前使用的 LOGO　　2011 年之后开始使用的 LOGO

莫耐宣传语的转变

以前：时尚户外 莫耐生活

现在：莫耐——户外旅行专家

扩展阅读 2　户外用品各销售渠道分析

渠　道	优　点	不　足	代表企业
大型（连锁）店	1. 有初步明确的发展方向和定位，有将零售渠道发展成为区域乃至全国的大型户外（连锁）品牌的事业心； 2. 经营管理者的能力相对较强，有相对完善的管理； 3. 敢于创新和冒险； 4. 资金来源和状况较好； 5. 有品牌意识，注重管理、形象、服务和宣传； 6. 信用意识强，善于利用信用支持，信用较好	1. 定位仍不清晰，时有反复；在本区域内网络构建工作尚未完成； 2. 跨区域的扩张发展，一受资金困扰，二受产品供应渠道困扰； 3. 经营成本高，经营风险大； 4. 不太了解供应商的需求和想法，与品牌商的战略合作意识差异较大，与供应商关系脆弱	嘉禾、三夫、火狐狸、5445

渠　道	优　点	不　足	代表企业
中小型 自由店	1. 对户外生活热爱； 2. 并不是以赚钱为主要经营目的； 3. 对产品太了解，知道的精品太多，什么都做了	1. 经营者的素质参差不齐； 2. 不能全身心投入经营； 3. 经营上固执己见，经营管理上沟通协调困难； 4. 资金短缺，经营品牌太多，加之常以自己眼光取代消费者需要，虽然经营成本低，店铺容易存活，经营两三年后除了存货，没见赚钱； 5. 缺乏发展的危机感	
品牌专卖店			极星
外贸产品店	小本生意，靠销售各地市场淘来的“品牌畅销货”赚钱	只要能赚钱，什么都不在乎	
互联网 购物店	未来发展的趋势	普遍存在信用危机和市场不成熟的情况下较难做大，此外因网购大多低价销售，受到店铺零售商的广泛抵制	
折扣店 (OUTLET)	国外十分成熟和普遍，很规范	由于市场不成熟，开店时机不好，加上开店动机不端正，又没有得到供应商的支持，大多用杂货和窜货充数销售	
扣点型 商场代销 专柜	1. 由经营商全部承担经营风险； 2. 管理要求较严：从人员、各种证照到装修形象全面要求； 3. 高档商场对价格承受力强； 4. 必须是一般纳税人，需要开增值税发票； 5. 如果商场选择正确，销售额大	1. 资金需求和周转压力大； 2. 各种促销活动多，不可预见费用多，但大多要由经营商承担	

渠 道	优 点	不 足	代表企业
自营型商场户外店	1.介于传统商场经营和自营街铺经营之间的一种方式； 2.实行租柜结算，经营商自行管理	1.街铺走向商场经营的过渡阶段； 2.新开商场或销售情况不好的商场采用	

本章讨论题

1.简述分销渠道的概念、特征和类型。

2.谈谈户外运动分销渠道的管理。

第十章

户外运动产品价格策略

【内容提要】 价格策略既是市场营销活动的重要组成部分,也是市场营销策略规划的重要内容,它关系到企业的利润、成本补偿及是否有利于产品销售、促销等问题。本章围绕户外运动产品的价格策略这一中心问题,着重论述影响户外运动产品定价的内外部因素、制定户外运动产品定价的方法以及户外运动产品定价的策略等。

【学习要求】 了解影响户外运动产品定价的内外部因素;掌握户外运动产品定价的方法;学会做户外运动产品定价策略;具有分析、比较各种定价的能力,能够根据具体情况对户外运动产品价格做出调整。

第一节 户外运动产品定价的目标

一、户外运动价格(户外运动产品和服务的价格)

无论价格依据什么标准进行制定,价格总是围绕着产品或者服务的价值进行上下波动。价格围绕价值上下波动,具有以下内涵:

(1)价格与供求间存在着相互制约的关系,这一关系引起商品价格的波动。

(2)价值决定价格,使价格总是围绕价值这一轴心上下波动。

(3)价值规律具有调节资源配置、调节社会生产的作用。商品的价值规律结局会决定社会所可支配的总劳动时间有多少能用在每一种特殊商品的生产上。即:

户外运动产品价值=户外运动产品的预期利益/户外运动产品价格

二、户外运动产品定价的目标

定价的目标是户外运动组织通过一定水平的价格所要达到的预期目的。企业对竞争者的行为都十分敏感,尤其是价格的变动状况更甚。在市场竞争日趋激烈的形势下,企业在实际定价前,都要广泛收集资料,仔细研究竞争对手产品价格情况,通过自己的定价目标去对付竞争对手。

户外运动产品定价的目标包括利润目标、销售额目标和市场占有率目标。

1. 利润目标

(1)以追求最大利益为目标。最大利益是长期的、全部产品的综合最大利润。最大利润定价目标是指企业追求在一定时期内获得最高利润额的一种定价目标。利润额最大化取决于合理价格所推动的销售规模,因而追求最大利润的定价目标并不意味着企业要制定最高单价。最大利润既有长期和短期之分,又有企业全部产品和单个产品之别。有远见的企业经营者,都着眼于追求长期利润的最大化。当然并不排除在某种特定时期及情况下,对其产品制定高价以获取短期最大利润。还有一些多品种经营的企业,经常使用组合定价策略,即有些产品的价格定得比较低,有时甚至低于成本以招徕顾客,借以带动其他产品的销售,从而使企业利润最大化。

(2)以获取适当利润为目标。是指企业在补偿社会平均成本的基础上,适当地增加一定的利润作为商品的价格,以获取正常情况下合理利润的一种定价目标。合理利润定价目标是指企业为避免不必要的价格竞争,以适中、稳定的价格获得长期利润的一种定价目标。采用这种定价目标的企业,往往是为了减少风险,保护自己,或限于力量不足,只能在补偿正常情况下的平均成本的基础上,加上适度利润作为产品价格。条件是企业必须拥有充分的后备资源,并打算长期经营。临时性的企业一般不宜采用这种定价目标。

2. 销售额目标

在保证一定利润水平的前提下,确保产品销售额的最大化。抓住消费者心理,在"五一"、国庆、元旦等假期通过降低价格特价销售、打折等形式赢取消费者。采用高调形式,以形成轰动效应,最大限度地吸引社会公众的关注和参与。

3. 市场占有率目标

市场占有率是指企业的销售额占整个行业销售额的百分比,或者是指某企业的产品在某市场上的销售量占同类产品在该市场销售量的比重。提高市场占有率为目标也称市场份额目标。市场份额是指一个企业的销售量(或销售额)在市场同类产品中所占的比重。市场份额是企业的产品在市场上所占份额,也就是企业对市场的控制能力。企业市场份额的不断扩大,可以使企业获得某种形式的垄断,这种垄断既能带来垄断利润,又能保持一定的竞争优势。

采用销售额目标时,确保企业的利润水平最为重要。销售额的增加,并不必然带来利润的增加。

运用市场占有率时,存在两个互相递进的层次——保持市场占有率和扩大市场占有率。保持市场占有率的定价目标的特征是:根据竞争对手的价格水平不断调整价格,以保证足够的竞争优势,防止竞争对手占有自己的市场份额。

扩大市场占有率的定价目标的特征是:从竞争对手那里夺取市场份额。

由于各企业资源、规模和管理方法的差异，企业可以从不同的角度选择自己的定价目标，可以采取一种，也可以采取多种。不同企业即使选择和使用了某一定价目标，其价格策略、定价方法和技巧也可能不同。

在许多情形下市场占有率的高低，比投资收益率更能说明企业的营销状况。有时，由于市场的不断扩大，一个企业可能获得可观的利润，但相对于整个市场来看，所占比例可能很小，或本企业占有率正在下降。无论大、中、小型企业，都希望用较长时间的低价策略来扩充目标市场，尽量提高企业的市场占有率。以提高市场占有率为目标定价，企业通常有两种方法：

(1)定价由低到高。就是在保证产品质量和降低成本的前提下，企业入市产品的定价低于市场上主要竞争者的价格，以低价争取消费者，打开产品销路，挤占市场，从而提高企业产品的市场占有率。待占领市场后，企业再通过增加产品的某些功能，或提高产品的质量等措施来逐步提高产品的价格，旨在维持一定市场占有率的同时获取更多的利润。

(2)定价由高到低。就是企业对一些竞争尚未激烈的产品，入市时定价可高于竞争者的价格，利用消费者的求新心理，在短期内获取较高利润。待竞争激烈时，企业可适当调低价格，赢得主动，扩大销量，提高市场占有率。

第二节　影响户外运动产品定价的内外因素

影响户外运动产品定价的因素主要体现在内外两个方面。内部因素包括：营销组合的其他变量、产品成本、组织目标。外部因素包括：产品的市场需求、市场竞争、法律、经济、技术等。

一、内部因素

1.其他营销组合变量

为了达到户外运动组织的营销目标，所有的营销组合因素都必须与户外运动产品的价格保持一致。营销组合是企业市场营销战略的一个重要组成部分，是指将企业可控的基本营销措施组成一个整体性活动。市场营销的主要目的是满足消费者的需要，而消费者的需要很多，要满足消费者需要所应采取的措施也很多。因此，企业在开展市场营销活动时，就必须把握住那些基本性措施，合理组合，并充分发挥整体优势和效果。

营销组合所包含的因素如广告、公共关系、促销和分销等，都与户外运动产品的价格有着密切的联系。

(1)促销的主要功能之一就是将户外运动产品的价格信息传达给消费者。如

"春之声"服饰广场通过一系列的营销推广手段，展示"春之声"服饰广场的特色和独特的定位，以唤起社会公众的关注和目标消费者的青睐，激发出大家的购物热情，提高"春之声"服饰广场在本地区的影响力。并在此基础上，增强经营户的信心，推动"春之声"服饰广场的市场建设，以此影响目标消费群体，形成市场经营的良性循环，从而推动"春之声"服饰广场的健康发展。

(2)促销的许多形式与户外运动产品的价格有关。比如打包销售、折扣和部分退款等。

(3)户外运动产品的价格通常也会受到所选择的分销渠道的影响。近年来，越来越多的制造企业开始改变传统间接分销渠道模式转向网上直销渠道模式，而分销渠道模式的转变并不是一蹴而就的，往往会出现两种甚至多种分销渠道并存的现象。

2. 产品的成本

以一场户外运动比赛为例，户外运动产品的成本大致包括：运动员出场费、奖金、场地租金、服装及设备费、教练员和设备管理员费用、公用事业费、清洁费、维修费和保安费等。此外，还可能包括广告、比赛促销、筹备办公用的薪金、交通费等。

成本包括固定成本和可变成本，用公式表示为：

$$TC=FC+VC$$

式中：TC 表示总成本；FC 表示固定成本；VC 表示可变成本。

3. 组织目标

户外运动组织的目标是影响户外运动产品定价的一个重要因素。组织目标是完成使命和组织宗旨的载体，是随着环境、时间以及条件变化不断调整的一张"时间表"，是组织争取达到的一种未来状态，它是开展各项组织活动的依据和动力。每一个社会组织都有自己预期的目的或结果，它代表着一个组织的方向和未来。因此户外运动价格产品受到户外运动组织的影响。

户外运动组织的目标可分为四个方面，即收益、销售量、竞争和社会影响。

为了实现不同的目标，户外运动组织可能制定不同的价格策略。

二、外部因素

(一)户外运动产品的需求

需求是指消费者在一定价格下愿意购买某项户外运动产品的数量。消费者对户外运动产品的需求是确定户外运动产品价格最为关键的因素。

要真正理解需求定律以及市场需求对价格的影响，就必须先掌握需求弹性的概念。

1. 需求弹性

需求价格弹性是指需求量相对价格变化作出的反应程度，即某商品价格下降或上升1%时所引起的对该商品需求量增加或减少的百分比。(P表示价格，Q表示需求量，$\Delta P=P_0-P$，$\Delta Q=Q_0-Q$)

$$E_d=-\frac{\Delta Q/Q}{\Delta P/P}=-\frac{\Delta Q}{\Delta P}\times\frac{P}{Q}$$

上式中，由于商品的需求量和价格在通常情况下是成反方向变动，为负值，所以为了使需求的价格弹性系数为正值，便于比较，公式中加了一个负号。例如，某商品价格由5元降为4元，需求量由100件增加为130件，则E_d数值如下：

$$E_d=-\frac{\frac{(130-100)}{100}}{\frac{(4-5)}{5}}=-\frac{0.3}{-0.2}=1.5$$

根据需求的价格弧弹性的定义和计算公式，需求的价格弹性可分为以下五种基本类型(图10-1)。

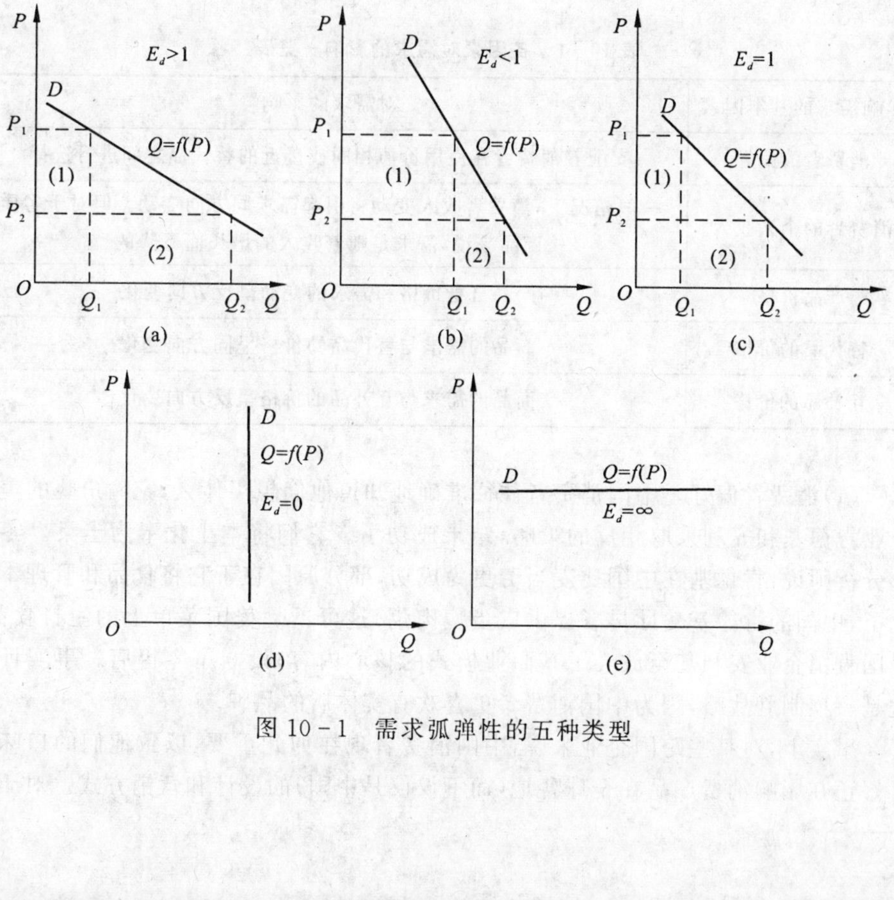

图10-1　需求弧弹性的五种类型

(1)富有弹性：$E_d>1$，表示需求量的变化率大于价格的变化率，说明需求量对于价格变动的反应是比较敏感的。通常高档奢侈品富于弹性，如化妆品、首饰等。

(2)缺乏弹性：$E_d<1$，表示需求量的变化率小于价格的变化率，说明需求量对于价格变动的反应不敏感。通常生活必需品缺乏弹性，如柴、米、油盐等。户外运动产品和服务中，精彩比赛的门票则属于此类。

(3)单位弹性或单一弹性：$E_d=1$，表示需求量的变化率与价格的变化率相等。现实中少见。

(4)完全缺乏弹性：$E_d=0$，表示无论价格发生多大的变化，需求量都不会发生任何数量变化，垂直的需求曲线上的弧弹性为零。

(5)完全弹性：$E_d=\infty$，表示只要价格发生微小的变化，则会使需求量发生无穷大的变化，即水平需求曲线上的弧弹性为无穷大。如完全竞争市场上某个卖者一提价，则买者不会购买他的产品。

2. 需求的估计(决定需求的基本因素)

需求的估计是指对户外运动产品的潜在需求量的估算。一般规律见表10-1。

表10-1 各因素对需求的影响一览表

影响需求的基本因素	对需求的影响
消费者的偏好	支配着消费者在使用价值相同或接近的替代品之间进行选择
消费者的个人收入	一般情况下，消费者收入变动将引起需求同方向变动。但对于劣质商品来说，需求是随着收入的增长而下降的
产品价格	产品自身价格和需求的变动呈反方向变化
替代品的价格	商品的需求与替代品的价格呈同方向变化
互补品的价格	商品的需求与互补品的价格呈反方向变化

(1)消费者偏好。中国消费者往往准确地知道他们想买什么，家喻户晓的美国企业肯德基和安利采取相反的策略，结果成功了。它们将本土化奉为圭臬。零售业分析师说，肯德基在中国比麦当劳更为成功，部分原因在于它将食品和管理本土化了，中国的肯德基餐厅早餐提供皮蛋瘦肉粥，这可不是美国菜单上的主打食品。美国直销企业安利甚至放弃了其商业模式的核心内容，设立了零售店。事实证明这是一项制胜战略，因为中国消费者更喜欢有实体店的品牌。

事实上，对某些跨国企业来说，中国消费者现在如此重要，以致他们的口味和喜好正在影响消费产品在全球各地(而不仅仅是中国)的设计和营销方式。对于户外产品也是同样的，要想更快地健康发展就必须了解消费者的偏好。

(2)相关替代产品的有效性。任何一项户外运动产品的同类替代产品数量增加时，该户外运动产品的需求量就会相应降低。

(3)消费者的收入情况。一般情况下，消费者收入变动将引起需求同方向变动，但对于劣质商品来说，需求是随着收入的增长而下降的。一般而言，消费者的收入越高，对户外运动产品和服务的需求也越大。

(二)经济因素

1.经济衰退时期

经济衰退时期，消费者日益高涨的焦虑情绪为经济循环火上浇油，削减经济开支导致的经济深度衰退成为一个自我满足的预言，今天消费者依然处于全球经济的中心。通货膨胀加剧消费者恐惧心理，导致购买力下降。深入分析势在必行，因为按产品品类、地区和消费群划分的消费模式各不相同，可以采取以下措施：

(1)注重价值，对于他们在意的东西加大投资；

(2)利用品牌实力更新标致性品牌，重新定位；

(3)以创新投资应对经济下滑和预期反弹；

(4)像猎物者一样行动，获取因市场波动而释放的人才；

(5)重新思考业务模式，制定在未知的将来赢得胜利所需能力的方案。

2.通货膨胀时期

通货膨胀时期，宏观政策就比较紧，货币、贷款都压缩，都是一种紧缩的趋势。消费者用于非必需品的消费支出会增长，不要轻易地进行产业转移。中国现在70%的劳动力是没有受过高等教育的劳动力，70%的人是低收入阶层，他们的消费在增长，所以他们的市场也需要去做，低端市场将是主要市场。

(三)竞争因素

在商海大潮中，每个商家、每个户外运动组织都要密切关注竞争对手的价格，为的是更好地、更恰当地制定和实施自己合理的价格策略。

1.完全垄断竞争

完全垄断是指整个行业中只有一个生产者的市场结构。也就是说，在一定地理范围内某一行业只有一家公司供应产品或服务。这种市场结构形成的主要条件：一是厂商即行业，整个行业中只有一个厂商提供全行业所需要的全部产品；二是厂商所生产的产品没有任何替代品，不受任何竞争者的威胁；三是其他厂商几乎不可能进入该行业。在这些条件下，市场中完全没有竞争的因素存在，厂商可以控制和操纵价格，这与"完全竞争"的含义和形成条件是不同的。在这种市场结构条件下，实际上是不存在竞争。

2. 寡头竞争

指一个市场只有少数几个卖方，通常受到进入壁垒的保护，产品或是标准化的或是有差异的。向其他企业出售资本品的厂商通常生产的是标准化商品，一般只有少数几个生产厂商生产这种产品。

3. 垄断竞争

垄断竞争市场存在许多卖方，垄断竞争者在市场上竞争，生产有差异的产品，这个市场容易进入。存在许多厂商以及容易进入使得这个市场看起来是竞争性的。这种市场中的厂商可以使它的产品具有独特属性的能力，这是垄断竞争市场区别于完全竞争市场的地方。每个企业通过使自己的商品有差异来产生它自己的个人垄断。如果它能使自己的商品足够与众不同，它就能成为唯一的卖方，并具有垄断者市场的能力。垄断竞争市场缺乏进入壁垒，限制了单个企业的市场力量。

4. 完全竞争

完全竞争市场(Perfectly Competitive Market)，又叫作纯粹竞争市场，被假定为厂商数目众多，每个厂商所提供的产量相对于市场规模而言只占很小的分额，并且厂商进入和退出自由。这是在完全竞争市场条件下，竞争充分而不受任何阻碍和干扰的一种市场结构。在这种市场类型中，买卖人数众多，买者和卖者是价格的接受者，资源可自由流动，市场完全由"看不见的手"进行调节，政府对市场不作任何干预。完全竞争市场被认为是在生产数量和技术使用方面具有效率。

各种市场结构类型对比见表 10 - 2。

表 10 - 2　市场结构类型对比一览表

市场结构类型	厂商数目	产品差别程度	个别厂商控制价格程度	厂商进入产业难易程度	现实中接近的行业
完全竞争	很多	无差别	没　有	完全自由	农　业
垄断竞争	很多	有些差别	有一些	比较自由	零售业
寡头竞争	几个	有或没有差别	相当有	有　限	汽车制造业
完全垄断	一个	唯一产品 无替代品	很大，但常受 政府管制	不　能	公用事业

(四)法律因素

许多法律对户外运动产品的定价进行了规定。比如《价格法》、《反不正当竞争法》等。

(五)技术因素

产品的价格与产品制成品所消耗的资源相关，当生产技术水平提高时减少所消耗的资源，从而降低产品成本。

扩展阅读

市场需求定价

据调查，目前在国内比较知名的户外运动品牌包括：美国 The North Face，该公司的产品定位已从高档探险器材转移至大众户外用品上，户外服装做工精细，许多细节的设计也可谓体贴入微而且结实耐用。德国 Salewa(沙乐华)，历史悠久，1978 年全面扩大了户外功能性服装的生产，包括与戈尔公司合作，设计 GORE-TEX 功能服装。法国的 ALGLE，1997 年进入中国市场，这一国际品牌的形象是实用而高贵、自然而新潮。瑞士 OZARK(奥索卡)，进入中国市场以来，在设计上充分考虑到中国消费者的特点，在本土化方面有很多出色的产品。

“泛户外”、“大户外”逐渐成为户外运动发展的趋势，同时各户外运动产品制造商和服务提供商在设计制造产品、提供服务时，要充分考虑大众参与度，既要面向“小户外”专业人士，更要面向“大户外”广大的业余爱好者，因此在制定产品或服务价格时，要考虑消费者的特点，采取差异化定价策略。中国拥有巨大的户外市场，世界著名户外品牌都采取了“中国本土化战略”，抢占中国市场，赢得中国户外的消费者，就能在未来的户外市场竞争中取得胜利。

第三节　户外运动产品定价的方法

一、成本导向定价法

所谓成本导向定价法，是指以产品单位成本为基本依据，再加上预期利润来确定价格的定价方法。它包括成本加成定价法、目标收益定价法、盈亏平衡定价法等定价方法。

1. 成本加成定价法

单位产品价格＝单位产品总成本＋(1＋目标利润率)

这是一种最简单的定价方法，即在产品单位成本的基础上，加上预期利润作为产品的销售价格。售价与成本之间的差额就是利润。由于利润的多少是有一定比例的，这种比例就是人们俗称的“几成”，因此这种方法就称为成本加成定价法。

2. 目标收益定价法

户外运动组织要在既定的目标利润前提下确定合适的产品价格。结合损益平衡定价进行分析，损益平衡策略的基本思想是：户外运动组织确定以某一价格，在此基础上销售多少单位产品才能达到组织的损益平衡。

损益点＝固定成本/(价格－单位可变成本)

二、竞争导向定价法

竞争导向定价法是指企业通过研究竞争对手的生产条件、服务状况、价格水平等因素，依据自身的竞争实力，参考产品的成本和市场供求的状况来确定产品价格的方法。其主要特点是价格的制定与竞争对手有密切关系。它主要包括随行就市定价法和产品差别定价法。

1. 随行就市定价法

(1)在完全竞争的环境中，各企业通过市场价值规律，确定同一价格水平。

(2)在垄断竞争的环境中，某一个或几个企业先定价，其他企业参考定价。

2. 产品差别定价法

企业通过不同的营销手段，使同类或同样产品在消费者心目中树立不同的形象，选择低于或高于竞争对手的价格。在专卖店或商场，我们可以看到不同的商品标不同的价格，甚至同样的商品不同专卖店的标价也不相同。

随行就市是一种防御性定价方法，而产品差别定价法则相反。

三、市场导向定价法

市场导向定价法是指根据市场需求的状况和消费者对产品感觉的差异而确定产品价格的方法。其主要特点是价格随市场需求变化而变化，不与成本发生直接的关系。其主要包括理解价值定价法、需求差异定价法和逆向定价法。

1. 理解价值定价法

理解价值定价法就是根据消费者对产品价值的理解度作为定价基础来对产品定价，其关键在于如何获得消费者对有关产品价值的理解。

企业过高或过低估计消费者的理解价值，都会对企业造成损失。

企业必须通过市场调查与市场预测，真正把握消费者的需求偏好，根据产品自身的特性，综合判断产品的理解价值。

2. 需求差异定价法

需求差异定价法就是指产品价格的确定以消费者的需求为依据，将相同的产品或服务以不同的价格卖给不同的消费者。

需求差异定价主要表现在根据消费者消费时间和地点的不同而采取不同的销售价格。

实行需求差异定价必须具备四个条件：①市场能够细分，每个细分市场具有不同的需求程度；②低价消费者不能将商品转销给高价消费者；③细分市场和控制细分市场的消耗不应超过需求差异定价所得的额外收入；④保证实行需求差异定价不引起消费者的反感和敌意。

3. 逆向定价法

逆向定价法是根据消费者能够最终接受的销售价格，逆向推算出中间商的批发价和生产企业的出厂价。

案例分析

探路者的市场导向定价策略

目前探路者的产品价格定位于中端和中高端，价格体系基本合理。其对于价格策略的定位是很符合中国现在的情况的。

户外运动本来是很专业的运动，但是部分户外发烧友，或者国家的一些探险队，这部分人群只占了很小的比例，如果企业只是发展专业的户外，那么收入来源是相当有限的。因此探路者把市场也瞄准了休闲旅游的那部分人群，这部分人群相对收入水平处于中高端，人数相当多，对于公司规模的扩大和发展，都是有很大的作用的。探路者产品既能满足高山探险的极限要求，更面向大众倡导积极健康的户外休闲生活方式，让人们感受“让单调的生活艺术化，使重复的运动情趣化”的滋味。

第四节 户外运动产品定价策略

一、户外运动新产品定价策略

为户外运动新产品定价存在一个难点，即无法确定消费者对新产品的理解程度。户外运动新产品定价的方式有两种：渗透定价和撇脂定价。

1. 渗透定价

渗透定价是指将新产品以相比竞争者较低的价格引进市场。对敏感型消费者而言，低价会鼓励消费者尝试新产品。当需求价格弹性较大时，降低价格则会引起消费者对产品需求的大幅增长。

采取渗透定价法的前提：①新产品的需求价格弹性较大；②产品的需求量较大；③新产品存在规模效益。

2. 撇脂定价

撇脂定价是一种与渗透定价完全相反的定价策略。它是指户外运动组织将产品确定为高价格或比竞争者高的价格。“撇脂定价”又称“取脂定价”，是指企业以高价将新产品投入市场，以便在产品市场生命周期的开始阶段取得较大利润，尽快收回成本，然后再逐渐降低价格的策略。

二、心理定价策略

根据消费者对产品的心理感受来确定产品的价格就是心理定价策略。心理定价策略是针对顾客心理而采用的一类定价策略，主要应用于零售商业。其主要有声望定价、整数定价、尾数定价、比较定价和习惯定价等。

1. 声望定价

声望定价即针对消费者“便宜无好货、价高质必优”的心理，对在消费者心目中享有一定声望的具有较高信誉的产品制定高价。不少高级名牌产品和稀缺产品，如豪华轿车、高档手表、名牌时装、名人字画、珠宝古董等，在消费者心目中享有极高的声望价值。购买这些产品的人，往往不在乎产品价格，而最关心的是产品能否显示其身份和地位，价格越高，心理满足的程度也就越大。

声望定价是根据产品在消费者心目中的声望、信任度和社会地位确定产品价格的一种定价策略。

声望定价可以满足某些消费者的特殊要求，如社会地位、财富和形象等。

2. 整数定价

整数定价与尾数定价正好相反，企业有意将产品价格定为整数，以显示产品具有一定质量。整数定价多用于价格较贵的耐用品或礼品，以及消费者不太了解的产品，对于价格较贵的高档产品，顾客对质量较为重视，往往把价格高低作为衡量产品质量的标准之一，容易产生“一分价钱一分货”的感觉，从而有利于销售。

3. 尾数定价

尾数定价也称零头定价或缺额定价，即给产品定一个零头数结尾的非整数价格。大多数消费者在购买产品时，尤其是购买一般的日用消费品时，乐于接受尾数价格，如0.99元、9.98元等。消费者会认为这种价格经过精确计算，购买不会吃亏，从而产生信任感。同时，价格虽离整数仅相差几分或几角钱，但给人一种低一位数的感觉，符合消费者求廉的心理愿望。这种策略通常适用于基本生活用品。

4. 习惯定价

习惯定价就是根据人们传统习惯心理来确定产品价格的方法。

有些产品在长期的市场交换过程中已经形成了为消费者所适应的价格，成为习惯价格。企业对这类产品定价时要充分考虑消费者的习惯倾向，采用“习惯成自然"的定价策略。对消费者已经习惯了的价格,不宜轻易变动。降低价格会使消费者怀疑产品质量是否有问题。提高价格会使消费者产生不满情绪,导致购买的转移。在不得不需要提价时,应采取改换包装或品牌等措施,减少抵触心理,并引导消费者逐步形成新的习惯价格。

5.比较定价

比较定价法是对市场有一个完整的认识后,相互对比所确定的价格,是一种具体的定价法,户外产品价格在市场的反复验证中,不断总结规律,最终的价格才能更好地被消费者接受。

第五节　户外运动产品价格调整

对企业而言,无论是企业自身内部环境,还是外部市场环境,都是不断变化的,因此影响产品价格的因素也会不断变化,企业要实现自己的目标,必须对产品价格不断进行调整。调整价格有主动和被动之分,主要采取降价和提价两种策略。

一、降价策略

企业采取降价策略的条件:

(1)企业生产能力过剩且达到一定规模,增强推销、产品改进等策略都不能增长企业的销售额。

(2)整个市场处于萎缩状态,行业不景气,市场吸纳能力差。

(3)为争取市场的支配地位。

降价的方式有直接降低单位产品的价格、折扣、附送、打包销售等形式。

二、提价策略

企业采取提价策略的条件:

(1)物价上涨,成本增加,迫使产品价格提高。

(2)户外运动产品供不应求。

(3)产品具备一定的市场基础,户外产品在提价过程中都具有销售停滞期甚至是短期的回落期,如果不具备相当的基础,极易一蹶不振。

(4)拥有高忠诚度的会员。要拥有了一定数量且忠诚度极高的会员后才能够开始实施,在消费的过程中发展成为一种对产品的信任和依赖性。但提价后依然使会员们觉得物有所值。

(5)具备公信力。从消费心理上说,消费者总是愿意相信自己熟悉的、印象好的、有能力的地方消费。企业应通过诚信经营来修炼自身,增强信心和力量以及综合实力的再提高而不断努力。

为避免直接提价带来的负面影响,企业可以采取以下一些隐性的提价方式。

(1)取消任何原定的降价。对于已降价的商品恢复原价出售。

(2)停止任何折扣销售。打折商品恢复原价销售。

(3)增加售价较高的产品。专卖店内增加受消费者喜爱且利润大的产品。

(4)不再捆绑销售。"不加价却减量"的销售方式。

为避免形成公司缺乏信誉的形象,在提价之前应事先告知消费者,讲明提价事由。

案例分析

Cerro Torre 平易的价格策略

Cerro Torre 在韩国及欧美市场中已经成为知名品牌。无论从功能上,还是从颜色、款式设计上都拥有独特优秀的品质,为市场提高从攀岩、攀冰、滑雪、一般徒步、到专业攀登包等多样种类的产品,满足了不同环境下的户外运动者的需求。

从表面看来,Cerro Torre 产品的售价比其他国产品牌及韩国品牌更为昂贵,但若将它与其他世界级品牌产品相比,你会发现 Cerro Torre 产品在设计或质量上,均不比欧美名牌逊色,而价格相对更为平易。正如他们所宣扬的:经验+技术+坚固独特的设计理念=最好的产品和最好的价格。

扩展阅读

耐克渠道若下沉　李宁安踏们将如何寻找出路?

新兴而广阔的中国二三线城市市场,无疑是越来越多国际巨头们力争的"下一块"战略高地。但考虑到目前大多数在华国际品牌主要根据一线城市的消费水平而制定定价策略,二三线城市总体偏低的消费水平却会阻碍它们进入和征服这块特殊的市场。也正因如此,才让那里首先成为国内品牌积极扩张的阵地。

然而,瑞银证券近期发布的一份分析报告却以中国运动服饰业为例,作出了一个有趣的假设:如果那些国际一线品牌,如耐克、阿迪达斯等,选择针对二三线城市推出价位较低的鞋类产品,那么会对国内品牌造成怎样的影响呢?

耐克若"下沉",成本控制先从经销商那里入手

2011 年 5 月初,阿迪达斯公布一季度业绩,显示十中国区销售额同比下降

15%。与此同时,耐克却预计,未来五年其包括大中国区在内的新兴市场每年收入将以10%左右的速度增长。这意味着,一方面原本为这些国际品牌所熟悉的一线市场已渐渐趋于饱和;另一方面,它们必须尽快地调整销售渠道和产品组合,以杀入消费水平较低的二三线城市,而非坐等那里的消费者消费能力的自然提升。

然而,根据瑞银的报告分析,目前二三线城市鞋类的"完美定价"在170～250元之间,而耐克(作为市场占有率第一的国际一线运动品牌)在中国销售鞋类的价格则在400～1 000元不等,两者之间150元的价差正是阻碍其业务无法打入二三线市场的重要原因。相比之下,目前正积极专注在二三线城市拓展市场的几大国内品牌,其定价则基本围绕在170～250元这个区间上下浮动50～70元。

如果耐克将鞋类产品的最低价格做到300元,虽仍略高于"完美定价",但"多花50元就能买到一双耐克鞋"的想法却很可能会驱使那些现在购买李宁、安踏、特步等国内高档运动鞋品牌的消费者率先发生转移。

于是,一个率先需要解决的前提性问题便是,耐克是否可能将运动鞋做到300元一双呢?

根据瑞银进一步的分析指出,假设在目前的定价策略下,耐克最便宜的运动鞋标价395元(不含折扣),那么经销费用在成本中所占比重最大(134元/双),约为售价的1/3。其次是生产总成本(95元/双,包括原材料、劳动力和管理费用)。接下来就是耐克的利润78元/双。

如果耐克将最便宜的运动鞋的售价调整至298元(不含折扣),那么首先受到压缩的便会是经销商们的销售管理费用,压缩幅度达36%。其次是生产总成本,压缩了约26%。尽管耐克和供应商的单位利润也可能下降,但进入二三线城市后迅速增长的销量却可以抵消单位利润的下降。

而对于经销商们来说,因为原本134元/双的销售管理费用中有很大一部分来自一线城市昂贵的店铺租金,如果转移到店铺租金成本只相当于一线城市1/3但销售额可能是一线城市的50%的二三线城市,那么降低36%的经销商销售管理费用的目标便很有可能实现。

更精准的价值定位,国内品牌的出路?

毫无疑问,耐克、阿迪达斯等国际一线品牌的销售渠道下沉与产品组合的调整,首先会对国内高档的运动品牌带来不小的冲击,而二三线城市消费者消费水平的自然提升也会很快让目前整体均价在150～250元/双的小型国内品牌面临业绩进一步提升的压力。

但瑞银的报告也指出,从总体上看,2010年中国的运动鞋市场(包括知名品牌和一般品牌)规模将可能达到690亿元人民币,而到2020年则知名品牌运动鞋市场规模可能达到2 970亿元人民币。换句话说,在未来10年内,中国运动服饰业的年均复合增长率仍将达到15.7%。

那么，对于国内品牌来说，究竟该如何把握在二三线城市中的发展机遇呢？

如果单纯从品牌营销的预算来看，除李宁、安踏这两个国内高档运动品牌的营销预算能够达到10亿元以上之外，其他国内品牌的预算均只在3.5亿～5亿元之间。这就意味着，后者在品牌曝光率及知名度上将会长期处于劣势地位。

于是，对于这些品牌而言，如何利用自己更早地进入二三线市场所积累起的对当地市场的理解力，来将有限的品牌营销预算真正花在刀刃上，就成了它们在二三线城市立足的关键。

值得注意的是，与一线城市的消费者相比，二三线市场中的消费者对某一品牌的认可所遵循的是一套完全不同的逻辑。

运动服饰行业的消费主力大致为16～35岁左右的年轻人群。在一线城市中，这一年龄段的人不仅拥有更为丰富而成熟的品牌认知能力，而且大多更渴望在茫茫人海中一举凸现出自己鲜明的个性。因此，在品牌诉求的定位上，更需要商家给出一个特立独行，甚至有些极端的口号，以吸引他们的注目与追捧。

但在二三线城市里，这一年龄段的年轻人相对而言，还是会更多地受到身边人的影响，他们对个性的追求仍然会留有传统消费观念的印记。同时，也由于消费能力的相对有限，如何让他们以更低的代价获得对自我个性和美好生活的追求，将是渴望赢得这部分消费者认可的品牌最主要的努力方向。

也正因如此，主张"永不止步"的安踏、"我能无限可能"的匹克、"勇敢做自己"的361度等，才可能在网购日益发达，而国际品牌的实体销售渠道也不断下沉的今天，依旧在二三线城市中大行其道，占据着不容小觑的市场份额。

而从长远来看，这一类的价值主张还必须进一步细化，更精准地锁定二三线城市中某一部分有着更强共性的消费者。如此一来，国内品牌才能真正奠定自己的利基市场，并在与国际品牌的"短兵相接"中，分得属于自己的一块"蛋糕"。

本章讨论题

1.谈谈户外运动产品定价的目标。

2.影响户外运动产品价格决策的主要外部因素有哪些？

3.试论户外运动产品定价策略。

参考文献

柴丽芳,龚雪燕.我国户外服饰发展前景分析[J].天津纺织科技,2007,(8)

陈林祥.体育市场营销[M].北京:人民体育出版社,2010

陈钦兰.市场营销学[M].北京:清华大学出版社,2012

陈清斌.体育市场及其市场细分[J].内江科技,2010,(2)

陈述.奥索卡专注户外从未改变[J].新财经,2011,(1)

陈玉柱,陈文倩.我国户外运动产业发展现状及营销策略研究[J].运动,2011,(6)

戴伯勋,沈宏达.现代产业经济学[M].北京:经济管理出版社,2001

戴维·希伯里.体育营销学[M].北京:清华大学出版社,2004

单曙光,刘恺豪.中国体育用品市场研究[C].第26届中国国际体育用品博览会暨体育产业与体育用品业发展论坛论文集,2010

丁吉林.奥索卡的雪山情缘——访奥索卡品牌营销总监贾旭[J].财经界,2011,(9)

丁志忠.安踏:坚持体育营销[J].成功营销,2010,(3)

董范,刘华荣,国伟.户外运动组织与管理[M].武汉:中国地质大学出版社,2009

杜丛新,刘新民.体育产品定价策略的研究[J].西安体育学院学报,2002,(3)

方旭东.体育用品企业定价策略分析[C].第18届中国国际体育用品博览会暨体育产业与体育用品业发展论坛论文集,2006

房艳萍.体育市场营销理论框架的分析[J].辽宁体育科技,2011,(12)

何娜.户外运动网站运营模式及网站发展趋势研究[D].北京:北京第二外国语学院,2008

侯海波.我国户外运动产业现状及发展策略的研究[C].第八届全国体育科学大学论文摘要汇编(一),2007

侯琦.中国运动品牌体育营销组合策略分析——以李宁为个案[J].商场现代化,2009,(1)

胡春.市场营销渠道管理(第2版)[M].北京:清华大学出版社,2012

胡立君.体育营销[M].北京:清华大学出版社,2005

黄婷茹.木林森挺进户外休闲领域[N].中国工业报,2010－05

纪宝成,主纺民.市场营销学教程(第5版)[M].北京:中国人民大学出版社,2012

加里·阿姆斯特朗,菲利普·科特勒.市场营销学[M].北京:中国人民大学出版社,2010

拉福雷,著.周志民,译.现代品牌管理[M].北京:中国人民大学出版社,2012

雷鹏,杨顺勇.市场营销案例与实务[M].上海:复旦大学出版社,2011

李冠君.北京凯图巅峰户外运动有限公司产品组合分析[D].北京:华北电力大学,2006
李红艳.户外运动的理论与实践研究[D].北京:北京体育大学,2006
李健.我国开展体育营销的策略研究[D].济南:山东大学,2008
李芮.从外国户外用品的发展探讨我国户外用品公司的发展战略[D].北京:首都经济贸易大学,2009
李文义,刘进,张存明.市场营销策划[M].北京:中国财政经济出版社,2012
李香君.户外运动参与者的基本特征分析[J].山东体育科技,2011,(6)
李雪飞.论体育市场中的市场营销组合[J].浙江体育科学,2001,(10)
梁强,罗永泰.需求导向的我国户外运动产品体验营销创新[J].上海体育学院学报,2009,(1)
梁强,杨晓晨,李宗浩.基于SCP范式的我国户外运动产业发展对策分析[J].户外与科技论坛,2009,(9)
刘华荣,刘良辉.全民健身时代户外运动俱乐部发展思考[J].体育与科学,2013,(1)
刘江南,侯玉鹭.我国体育市场若干问题的初探[J].广州体育学院学报,1993,(3)
刘丽虹.论体育产品生产企业的品牌营销战略[J].太原科技大学学报,2007,(4)
刘璞.我国"体育营销"研究的现状与发展建议[J].华中师范大学,2006,(6)
刘英,蔡文.企业营销视角下的体育市场开发[J].四川体育科技,2005,(9)
刘勇.体育市场营销(第2版)[M].北京:高等教育出版社,2001
马成顺.我国体育竞赛产品市场竞争力研究[J].北京体育大学,2009,(5)
马宏霞,汤丽萍.体育营销学[M].北京:航空工业出版社,2010
聂清德.体育市场营销案例编写研究[J].体育成人教学学刊,2012,(6)
佩罗,著.孙瑾.译.市场营销学基础(第18版)[M].北京:中国人民大学出版社,2012
秋竹.专业户外的守望者——访奥索卡品牌营销总监贾旭[J].环球体育市场,2010,(10)
申力.论市场细分化运作[J].军事体育进修学院学报,2006,(10)
唐海平,许云前.论体育市场营销的市场细分与目标市场的定位[J].网络财富,2009,(7)
唐平.市场营销学[M].北京:清华大学出版社,2011
万后芬,汤定娜,杨智.市场营销教程(第2版)[M].北京:高等教育出版社,2003
汪洋,周彩华,许广海,王延平.论体育用品竞争中的市场细分与营销组合[C].第18届中国国际体育用品博览会暨体育产业与体育用品业发展论坛论文集,2006
王保荣,耿红.对体育营销创新的思考[J].体育文史,2001,(5)
王波.中国户外用品市场的品牌竞争格局分析[J].中国商贸,2011,(12)
王海云.市场营销学[M].北京:经济管理出版社,2008
吴泗宗.市场营销学(第4版)[M].北京:清华大学出版社,2012
晓群,Rick Burton.体育市场营销的现状与前景[J].中国广告,2000,(10)
肖沛雄.论体育市场和大众传播[J].体育科学,2001,(1)

肖鹏，杨铁黎．试析体育市场细分与目标市场选择[J]．西北师范大学学报（自然科学版），2006，(11)

肖维青．体育市场营销探析[J]．商场现代化，2005，(10)

谢义平．论体育市场的营销策略[J]．商场现代化，2007，(5)

熊扬名．浅谈体育代言在体育市场营销中的地位[J]．科技资讯，2009，(4)

熊智斌，陈新平．体育营销手段创新策略简析——以361度为例[J]．现代商业，2010，(3)

徐莹．"户外新领域，任我雪狼行"——宁波雪狼户外服饰有限公司的品牌营销策略[J]．经营与管理，2010，(4)

闫红巍，张如泽，李娜．市场营销[M]．北京：中央广播电视大学出版社，2011

杨帆．户外用品零售商探寻"寒冬"出路[N]．北京商报，2009-02

姚笑坤．户外运动休闲服装的设计及品牌研究[D]．苏州：苏州大学，2012

叶楠，我国体育市场发展研究[D]．武汉：武汉理工大学，2009

于颖．市场营销[M]．大连：大连理工大学出版社，2008

苑斌．户外运动市场研究及BT品牌营销战略优化研究[D]．天津：天津大学，2011

张斌．体育市场营销综述[J]．科技资讯，2011，(3)

张格格．体验式营销 引领户外运动用品业探路先行[N]．经理日报，2012-06

张理，高学争．市场营销管理学[M]．北京：清华大学出版社，2012

张梦，胡春华．户外运动产品市场发展现状与对策[N]．中国旅游报，2005-02

张营利．基于体验营销的服装品牌终端竞争力研究[J]．东华大学学报，2010，(12)

张雨．我国山地户外运动赛事组织理论与实践研究[D]．北京：北京体育大学，2011

赵昆．品牌精神的传播——看耐克体育营销策略[J]．科技信息，2010，(2)

赵晓罡．市场营销经典案例[M]．西安：西安交通大学出版社，2012

赵岩．国内户外用品行业身陷两难[N]．华夏时报，2009-08

[美]马修D尚可．体育营销学——战略性观点（第2版）[M]．北京：清华大学出版社，2003

[美]B约瑟夫·派恩，詹姆斯 H吉尔摩，著．体验经济[M]．北京：机械工业出版社，2002

编后寄语

近年来，随着我国经济的快速发展，人民生活水平的不断提高，工作压力也日益增大，人们追求“休闲、自由、亲密接触大自然”的心情更加迫切。各类户外运动从业机构应运而生，如雨后春笋，总量迅速增加。消费者是行业发展的基础，只有参与户外运动的消费者数量不断增加，消费能力不断提高，户外运动市场才能发展壮大。掌握户外运动消费者心理，深入研究消费者购买行为，确立科学合理的市场定位，是户外运动从业机构有效开展营销活动的基本前提和必要环节。为户外运动及相关专业的研究生、本科生呈现系统的户外运动营销理论知识，指导户外运动经营者科学、合理地开展营销活动，引导户外运动消费者进行理性消费，正是编著本书的根本出发点。

本书在凝练编著思路、推敲写作框架的过程中，得到了武汉体育学院郭惠平教授、中国地质大学(武汉)董范教授的精心指导；在构建户外运动营销基础理论的过程中，得到了中国地质大学(武汉)杨汉教授的点拨和指导，在此表示衷心的感谢。中国地质大学(武汉)体育教学训练学硕士研究生胡玲、周文源，华中科技大学硕士研究生孙会兵、张俊，湖北科技学院青年教师张军、邱承柏为本书的编著查阅了大量的文献资料，进行了广泛的实践调查；中国地质大学(武汉)艺术传媒学院岑秋雯同学为本书设计了精美的封面；中国地质大学(武汉)户外运动专业本科生李勇、涂盛宇、田璐、卢冠军、徐亮、张宝等同学对本书的文字进行了仔细校正，对他们付出的辛勤劳动，在此一并表示感谢！特别感谢北京奥盛体育、绿野、三夫；上海户外公社、体育场攀岩中心、恒毅攀岩；武汉青野体育、万里路、天龙、人上人、风云、穿山豹、指南针；深圳火狐狸、百合；西安绿蚂蚁；长沙激情山水、北极光、山水行；杭州临安锐达、毅行；沈阳勇者；长春自游人;济南踏青人等户外运动公司或企业为"构建户外运动营销基础理论的研究"项目的调研提供翔实数据。最后,我要由衷感谢我的妻子李红霞对我工作一如既往的支持!

本书在编著过程中,参阅、借鉴和引用了诸多国内外专家和学者的文献、观点及研究成果,对此我们已经尽可能地注明了出处。因篇幅所限,还有一些参考文献未能一一注明,在此我们向有关作者、编者致以深深的歉意,并表示诚挚的谢意!本书的编写尽管做了很大努力,但囿于当前我国户外运动市场营销的相关研究极其有限,可供参阅的文献资料不多,加之作者水平有限,本书还存在一定纰漏,敬请各位专家和读者指正。

编著者

2013 年 5 月